本书为江苏高校哲学社会科学研究重点项目

“类型学视野下的汉语‘范围’范畴研究”（项目批准号2017ZDIXM104）

结题成果

汉语范围范畴研究

朱军 卢芸蓉 钟玲萍 著

上海三联书店

目　　录

第1章 汉语范围范畴概说[①]

1. 范围范畴及相关研究

范畴化(categorization)就是归类命名,是人类认知世界的重要方式,范畴的语言化,就是形成各种句法、语义范畴。汉语中形态范畴如“性”“数”“格”不是特别丰富,但也有“时间”“处所”“方式”“情态”“语气”“量”等重要语义范畴,这些语义范畴(range category)主要通过词汇或句法的形式表现。同以上范畴一样,范围范畴也是汉语的重要语义范畴之一,确切地说,**范围范畴指的是语言中表示空间、时间、数量、人/事物、行为/事件等的界限或变化幅度的语义范畴,也包括语法结构中具有范围语义或充当范围角色的语义成分**。

范围问题的重要性及其与人们生产生活的相关性,使之较早就受到语言学界的关注,但这种关注并未转化为实际的研究行动,也并未产生系统研究成果。

早起的范围范畴研究零碎地出现在各种文献中,在系统功能语法和转换生成语法中都有论及,但不成系统。系统功能语法把范围看作过程(process)中的、与“目标”成分相对应的一种参与成

---

① 本章部分内容曾以《汉语范围范畴初探》为题名发表在《新疆社会科学》2012年第5期(作者魏红、朱军),本次收入有较大改动和扩增。

分。Halliday对范围成分与“目标”成分作了如下定义：每个过程都有动作者，有些过程还有另外一个参与者，定义为“目标”，范围成分的主要功能是说明某一过程所涉及的范围或领域：have a bath/do a dance中的bath和dance在此以范围成分的形式出现。范围可以在物质过程、心理过程、言语过程、行为过程中出现（参见胡壮麟等2005：85—87）。形式语法理论中，与范围有关的研究是范域（或辖域），范域是一个重要的语法概念，可追溯到标准理论末期Chomsky关于语义和句法关系的讨论，解释的是句子成分之间的某种语义关系，基本精神是所谓的约束理论三原则（Chomsky 1980：1-46）。

汉语早期跟范围范畴有关的研究主要有三种情况：一是与系统功能语法有关的研究。杨国文（2001）运用系统功能语法理论系统分析了汉语物质过程小句中范围成分与“目标”成分的差异，并比较了英汉语范围成分的差别。二是语义结构角度的研究。如袁毓林（1998：51—54）把“班长选了张三”中的“班长”看作范围成分，以区别于动词后典型的受事成分“张三”。三是词语角度或某类范围范畴的研究。如张谊生（2004）对范围副词的系统研究；齐沪扬（1998a）对现代汉语空间范围的研究；储泽祥（1997）对表示空间范围的方位短语的研究；李向农（1997）对现代汉语时间范围的研究，等等。

近期，范围范畴的研究得到进一步的重视。首先，明确提出范围范畴并对其加以界定，朱军（2010）在《汉语构式语法研究》中明确提出了“范围范畴”的概念，即“语言中表示时间、空间、数量、人物、事物、事件，或表示人物、事件、行为变化界限的范畴”[①]；魏红、朱军（2012）在《汉语范围范畴初探》一文中进一步从认知语言学的角度进行分析并提出：“范围范畴应是一个原型范畴，是以空

① 朱军. 汉语构式语法研究[M]. 北京：中国社会科学出版社，2010：224.

间范围为典型成员，涵盖了时间、数量、事物、事件等成员的一个认知网络系统；范围范畴包括概念、特征、句法功能、表现形式、范围标记、范围构式、语义功能以及范围关系等内容。”①通过这些界定，可以看出范围范畴是一个基本的语义范畴，可以通过隐喻、转喻等手段产生一些非基本的概念范畴。这不仅对理解语义范畴、构建认知网络系统有很大帮助，而且由于涵盖范围十分广泛，涉及表层句法结构以及深层语义结构的诸多内容，在深度与广度上有一定的发展。

其次，范围范畴的研究主要聚焦于范围副词上，不仅在语法著作中做了明确的分类说明，而且关于其语义结构、语法结构的研究也十分深入，是范围范畴研究的重心。正如毕亚丽(2012)在《现代汉语范围副词研究综述》一文中对范围副词的研究所做的较为全面的概括，发现学者们的研究主要集中在范围副词的界定、分类、语义指向、语法功能以及语用上，涉及范围十分全面，这里不做展开论述②。

再次，有关范围范畴的研究也关注到范围介词，主要是具体某一个范围介词的研究，如时昌桂(2009)《范围介词“除”的产生和发展》等；某一类范围介词的研究，如陈昌来、朱峰(2009)《“除”类介词及“除”类介词框架的产生和发展》；也有专书中的介词研究，如龚梅(2013)《〈梼杌闲评〉范围介词研究》等等。

最后，对范围构式与范围短语的研究也有学者涉及，如朱峰(2006)《介词框架“除了……以外”》、朱军(2010)《汉语范围构式“从X到Y”研究》、王娟(2012)《现代汉语范围构式“X+(的)+L”研究》、戴春蕾(2013)《汉语范围构式群“x前后/左右/上下/内外”的共性与个性考察》、王玉姣(2013)《汉语总括式范围构式群

① 魏红、朱军.汉语范围范畴初探[J].新疆社会科学，2012(05)：143.

② 详见本书第7章第1节的“汉语范围副词的研究现状”部分。

“满/全/整 NP”的共性与个性》、马喆、邵敬敏(2015)《“包括 NP 在内”的语义功能及其焦点凸显作用》等等。

综上所述,可以这样说,范围范畴的研究主要集中在范围副词方面,不仅有个案研究也有总体分析;而范围介词、范围名词、范围短语、范围构式的研究都是个案研究,没有涉及整体全面的研究;关于范围动词的研究较为少见,更谈不上系统研究。

可见,汉语范围范畴近年来渐渐得到了研究者的重视,并取得了一些进展,但研究尚不够系统、深入,表现为:一是论文、论著的数量还是有限。据粗略统计,国内外各种刊物发表的与范围问题直接相关的研究论文,仅寥寥数十篇,这一数字远远不及其他范畴的研究,而且也没有系统研究的论著出现,这充分说明了汉语范围问题研究受重视程度不够。二是理论薄弱,系统性较差,与相关的范畴如时间、空间、数量等分割不开,很少被看做一个独立的范畴对待。上文所列为数不多的论文和著作因其研究对象的关系,虽涉及到了范围问题,但都是在讨论主体问题时顺带提及,没有触及范围范畴系统性、深层次、规律性的问题,如范围的类型、各种范围之间的关系、语言中各个层面的范围表达、不同语言或方言中范围表示法的差异等,上述文献虽对人们了解汉语范围范畴和认识范围范畴的意义起到了积极作用,但是仍然无法完整揭示汉语范围范畴的整体面貌,更谈不上建构汉语范围范畴的理论体系。

2. 范围范畴的性质和特点

2.1 范围范畴的性质

范围范畴的概念有广义和狭义之分,狭义的范围范畴指的是语言中表示空间、时间、数量、事物、事件等的界限或变化幅度的范畴;广义的范畴范畴除了上述内容外,还可指语法结构中充当范围角色的语义成分,以及一些含有范围义的语法成分,如范围动词、范围副词等，本书的研究对象是广义的范围。

范围范畴一般有三个要素：范围成分，在范围中存在、出现、消失或运动的目标事物（对象）以及目标事物存在/运动的状态，或者仅仅反映范围成分与目标成分的关系。例如：

（1）我在屋子里急得打转。

（2）房地产从四月份起又恢复了平稳发展。

（3）他是大学生。

“在屋子里”“从四月份起（至今）”分别是目标事物运动或存在的空间范围和时间范围，“我”与“房地产”是目标事物，“打转”“平稳发展”是存在状态或运动状态；“大学生”是人物范围，“他”是对象，用判断句来表示两者之间的关系。

此外，范围成分有时会隐含在目标事物中或存在/运动/关系/状态中；有的是行为/事件的变化；有时只有范围成分和对象，并没有直接的表示存在/运动/状态/关系的词语。例如：

（4）除我外，小王也来了。

（5）孩子们从不懂到懂、从不会到会，花费了老师多少心血啊！

（6）篮子里的苹果

例（4）中，目标事物“我＋小王”同时隐含了（对象）范围“应该来的人”，也可以理解为承语境隐含；例（5）中，通过对象“孩子们”“从不懂到懂、从不会到会”的行为变化幅度表示行为范围；例（6）则只有范围成分“篮子里”和对象“苹果”，暗含“苹果存在于篮子里”的范围关系。

范围成分本身又有两个要素：分界点/分界线/分界面（因范围性质不同而异）与因之形成的范围。如果是空间范围，既有分界点，也有分界线，还有分界面，如“从北京到天津”是用两个分界点构成一维直线空间范围，“水平线以上的部分”是用分界线构成二维平面空间范围，“红墙里面”是用分界面构成的三维立体空间范围。如果是其他性质的范围，也可以做类似的理解，如时间范围也有分界点和分界线，甚至分界面，如“三号早晨至五号晚上”“五号以后”“这段时间里”，前例可理解为用到分界点，中例用到分界线，后例用到分界面。

2.2 范围范畴是原型范畴

范围范畴是原型范畴，是以空间范围为原型形式再投射到时间范围、数量范围、事物范围以至行为范围、事件范围的复杂范畴，范围概念具有立体性和系统性。空间范围、时间范围、数量范围、人物范围、事物范围、事件范围等，表义很复杂，但并不是杂乱无章的，内部有较强的规律性，是依据范围表达式本身的属性与对象的属性共同决定范围的下位类型。例如：

(7) 我们村从来没有这个人。

(8) 十二年的时间并没有真正改变他。

(9) 迷茫中我始终没有认清自己。

(10) 在这一系列的案件中他是一个重要角色。

“我们村”“十二年的时间”“在这一系列的案件中”本身的范围义表达都比较明显，分别是空间范围、时间范围、事件范围；而“迷茫中”则比较抽象，属于抽象事物（认识、情态）范围，范围成分通过与后面的对象比照确定范围身份与范围类型。

范围范畴是原型范畴，范畴内的成员有原型与边缘之分。从范围范畴的具体语义类型上看，空间范围作为一种直观、可视的范围形态，较早为人们所熟知，并通过隐喻形式表达更为抽象的对象，因此可看作原型成员，其他范围都是空间范围通过隐喻投射而来的。当然，这是从宏观上来说。从微观上来说，也有一些范围表达与空间没有任何联系，也具有原型性，这是相对而言的。

从范围范畴中的具体成分来看，比较典型的范围成分一般是有比较明确的、具体的、多维的分界点/分界线/分界面，分界点/分界线/分界面越多、越具体，范围就清晰、越典型，反之就越模糊、越边缘。我们说一个部门在北京什么地方，如果只说"北二环以北"，虽然也给定了一个范围，但分界线较单一，范围就不清晰，可以在北三环，也可以在北四环、北五环；如果说"北二环以北、北三环以南"，用了两个分界线，范围就更清晰一些。再如，我们说"三天内（完成）"就不如"三号至五号（完成）"表达的范围典型，因为后者的分界点更清楚。

2.3　范围范畴与相关范畴的关系

范围范畴是原型范畴，与相关的范畴之间（如空间范畴、时间范畴）虽也有一些交叉和交集，但不同范畴之间相似或有交集的往往是边缘成员，不同范畴的核心成员之间有明显的界限。典型范围范畴必须有清晰的边界，范围内、范围外也要有比较明确的界限。如"椅子上"是典型的空间范畴，而并非典型的范围范畴，"椅子以上、桌子以下"则是典型的范围范畴；如"以前"是典型的时间范畴，却非标准的范围范畴；再如说"（摘）绿色的叶子"，孤立地看，似乎是描写树叶的颜色，属于限定范畴，但如果这里既有绿色的叶子，也有黄色的、红色的、紫色的叶子，这里的"绿色"就起到了区别其他颜色、限定了摘树叶范围的作用，这种范围义就是在特定语境中浮现（emergent）的。总之，范围范畴与相关的范畴之间具有交叉、交集的关系，可图示如下：

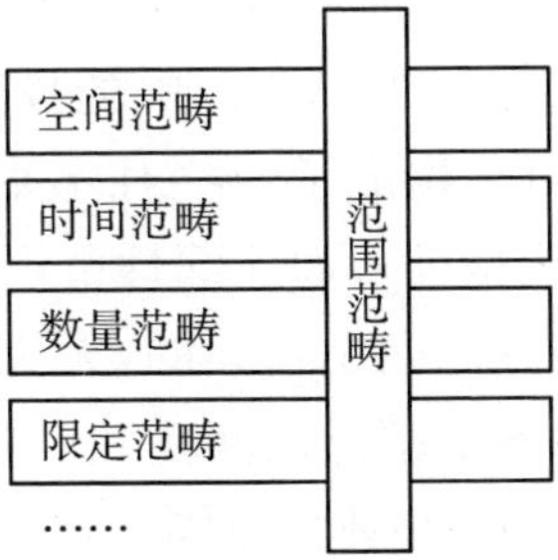

图 1－1　范围范畴与相关范畴的关系

3. 范围范畴系统与理论框架

范围范畴作为一种语义范畴，至少包括以下几个方面的内容及其构成的基本框架：

（一）现代汉语范围范畴的“范围”。作为原型范畴的范围主要指语言中表示空间、时间、数量、事物、事件的界限或变化幅度的范畴，其关键点就是界限、幅度；语言学中的范围范畴与自然界的范围范畴之间并不是一一对应的，自然界的范围范畴是空间范畴的一个子范畴，而语言学中的范围范畴的范围远远超出空间限制，涉及到时间、数量、事物、行为、事件等诸多领域；范围范畴与相邻近的时间范畴、处所范畴的区别点主要在于前者要有界限或幅度变化，后两者则不做此要求；作为原型范畴的范围范畴中典型的范围范畴与非典型的范围范畴之间的差异也与此密切相关，典型成员的界限或变化幅度比较清晰。

（二）现代汉语范围范畴的类型、认知联系及特征。现代汉语范围范畴的语义类型主要有空间范围、时间范围、数量范围、人物范围、事物范围、行为范围、事件范围等，这些主要内容中还有子类型，如空间范围有二维空间范围和立体空间范围。各种语义类型范围并不是孤立存在的，而是构成了一个以空间范围为基点的语义网络系统，其联系方式是认知隐喻的投射模式。现代汉语范围的特征类型也多样化，构成了一些对立关系，凸显了汉语范围范畴的立体性、多样化特征。如连绵性范围与离散型范围，连绵性范围指的是范围节点之间是连续的，无法截然分开的范围；离散性范围指的是范围各个端点之间是独立的、分散的，没有连续性的范围。局部性范围与整体性范围，整体性范围即表示整个范围，局部性范围只能表示局部范围。单向性范围与双向性范围，单向性范围是指起点和终点方向固定的范围，具有单向性；双向性范围是指起点和终点可以互换的范围，具有双向性。顺向性范围与逆向性范围，顺向性范围是指起点和终点是均质的，变化为量变的范围；逆向性范围是指起点和终点不是均质的，变化是质变的范围。主观性范围与客观性范围，前者表示客观存在的范围，在客观世界中有对应的实体；后者表示主观想象的范围，在客观世界无对应实体，需依靠想象划定范围。抽象性范围与具象性范围，抽象性范围指的是抽象的、模糊的范围，其外延具有相对不确定性；具象性范围指的是具体的范围，其外延是相对确定的，当然具体与抽象都是相对来说的。静态性范围与动态性范围，静态性范围描述范围的确定状态，动态性范围表示范围的变化状态，等等。

（三）现代汉语范围成分的句法功能。范围成分可以在主语位置上出现，范围主语最显著的句法特征是作存现句的主语，如“村子里到处充满了欢声笑语”，当然也不局限于存现句，如“从小学到大学都忽略了学生动手能力的培养”；范围主语的语义特征是施事性很弱，不是充当主语的最优选语义角色；范围主语句体现了句式的特异性。范围成分作为话题成分比作为主语成分更为常见，相比较于话题位置上的其他成分，它为后面的事件提供了更为具体的时间、空间、数量范围，使整个事件的表述更为具体准确，如“三千点到两千点，股市发生了剧烈的震荡”；范围话题一般与主语成分之间存在着语义联系，但它一般不受动词的直接指派，不是动词的直接论旨角色。宾语位置上的范围成分也叫代指宾语或非受事类宾语，与动词之间不存在支配和被支配的关系，如“爬山”“吃食堂”，与之相对的是目标宾语，直接受动词的支配；虽然范围宾语一般不受动词直接支配，但它是动词的论旨角色；不同语言中的范围宾语会表现出某种差异性，如汉语的范围宾语十分丰富，具体类型也多样化，与其他语言如英语、法语的宾语之间具有类型学比较的价值。状语位置上的范围成分比较丰富，类型也多样化；句法位置也比较灵活，可以在主谓之间，也可以在主语前面（注意不同于话题）；在语义上可以指向主语，如“他们班除了张三都去春游了”，也可以指向谓语动词或整个事件，如“他在两张书桌之间的方寸之地紧张地工作着”，有的范围状语既可以指主语也可以指动词或事件，如“他从肉体到精神都垮了”。定语位置上的范围成分一般指的就是限制性定语，但又不能画等号，因为修饰性的定语有时也可以表范围，但修饰性定语表达的范围义典型性程度不如限制性定语，另外多层限制定语虽然都是独立的定语，但共同构成一个范围成分，限制中心语的范围。此外，还有范围谓语（如“餐费共计五百八十元”中的“共计”）和范围补语（如“他跑遍了商场”中的“遍”）。

（四）现代汉语范围范畴的表现形式。语素形式的范围有前素、后素之分，前素如：满 X（满额、满堂红、满怀、满面、满目、满腔、满心、满员等）、全 X（全局、全集、全力、全貌、全面、全能、全民、全盘、全球、全权、全体、全息等）、整 X（整体、整套、整年累月等）等；后素如：X 们（人们、他们、它们、她们、我们、咱们、你们、哥儿们、姐儿们、爷儿们、娘儿们等）、X 类（人类、门类、丑类、同类、异类、词类、败类、种类、品类、部类、调类、鸟龙类、有蹄类等）等。词语形式的范围也多样化，有范围动词，如包括、共、一共等，它们在语义上一般指向于后面的宾语；有范围副词，如都、就、也等，它们的句法功能一般都是充当状语，在语义指向上有一些差异，“都”“也”范围前指，“就”范围后指；有范围代词，如“咱”，包括说话人和听话人，范围非常清楚。短语形式的范围种类繁多，如方位短语、数量短语、重叠量词短语、重叠名词短语等。方位短语不仅能够表达空间范围，如“桌子前”，还可以表达时间范围，如“三个小时前”；方位短语表达范围既有典型的，如“这间房间里”，也有不太典型的，如“房子外面”。数量短语单独表达范围因其表义的无定性一般是不太典型的，比较模糊，如“三个（人）”；但如果和指示词或代词以及其他词语结合使用，可以使范围明晰化，如“这三枝（笔）”“我们五个（人）”“红色的六个篮球”。重叠量词短语或重叠名词短语都表示全量范围，如“个个（争先）”“村村（都发展）”。

（五）现代汉语范围标记。范围标记的类型根据性质有联络标记和属性标记之分，如“在椅子以上”“从昨天起”，前者是个表示处所范围的短语，“在”充当的就是联络标记的角色，“以上”充当的就是属性标记的角色，后者是个表示时间范围的短语，“从”充当的是联络标记，“起”充当的是属性标记。范围标记的位置类型主要有范围前标、范围后标，前者有常见的类型，如“在”“从”等，也有不常见的范围前标，如“自”“于”等；后者也有常见的类型，如“（X）上/下/左/右/前/后/里/外/内/中/东/西/南/北”，不常见的范围标记如“（X）上下/左右/前后”等。范围标记一般是配套使用的，即联络标记和属性标记、前标和后标要配套使用构成框式标记，这才是比较标准的范围标记模式；当然，联络标记（前标）或属性标记（后标）也不都是必须出现的，甚至也可以都不出现，如“椅子上”“从昨天”“咱们五十个人”。不同语言中，范围标记的使用具有类型学价值，例如英语的联络范围标记一般前后都有名词性成分出现，可真正起到联系语义项的作用，而汉语语序相对灵活，联络标记往往起不到联络的作用，但汉语也有自己的补救办法，就是用属性标记替代联络标记的功能，而在英语中往往没有相对应的属性标记存在。

（六）现代汉语典型的范围构式。“从 X 到 Y”范围构式，其中的 X、Y 可以由语素到词、短语、句子甚至复句充当，也可以不限于 X、Y 两项；可以表示空间范围、时间范围、数量范围、事物范围、行为范围、事件范围；它与英语中“from X to Y”构式相近，也有不同，英语构式中 X 与 Y 可以同形，另外英语构式的固化程度比较高，形成了很多习语性的用法。“除了 X，Y”范围构式与“从

X到Y”范围构式一样，从形式到语义使用范围比较广泛，其构式义有包含范围、排除范围、选择范围、同一范围四类，比英语中类似结构“except ...”和“besides ...”加起来的范围都要广。同样，范围构式“X+之/以+方位词”中X的形式可以多样化，构式表义也有多种类型，不限于表空间方位范围。“X+中/里+之/的+X”范围构式比较有特点，表范围的同时，也有强调的意味。“X上下/左右/前后”范围构式表示的是一个大致的范围，表示是非典型的范围。

（七）论元结构中的范围配项。论元结构中有无范围成分，学界存在争议，最主要的原因是范围成分有时与处所、时间、条件等成分有交叉的情况，但我们认为，不能因此否认范围成分的存在，重要的是做好范围配项的标准判断，使之能与相关语义成分区别开来。另一个方面的问题是要注意范围成分的层次性，在功能语法中（参见杨国文2001），范围成分是与目标成分对应的，在层次上比受事、结果、时间、处所之类的语义成分要高，而在袁毓林（1998）的分析中，范围与受事被看作对应的成分，所以，应该把范围放到什么层面去处理是值得进一步探讨的问题。

（八）句法结构中蕴涵的范围关系。句法结构中蕴涵的范围关系在形式语法中叫范域，形式语法的范域主要指小句中指代成分的管辖与约束能力，我们称之为“管辖范围”。汉语中指代成分的管辖范围与英语句法结构中的范围关系有异同点，具体来说，有三种情况：完全相同的情况、部分相同的情况和完全不同的情况。其实，在句法结构中，除了“管辖范围”外，还有“系联范围”和“共现范围”，前者指的是句法结构中某个句法成分与其他句法成分之间的语义联系，有的成分之间系联范围小，如句法上相邻的、有直接句法关系的成分，有的成分之间系联范围大，如不相邻的、没有直接句法关系的成分之间存在语义关系的；后者指的是句法成分共现中也存在着范围关系，如论元范围大的成分一般在范围小的成分前面出现，再如并列结构中并列项要按照范围大小排序。

在以上框架下，后面各章分别以范围范畴的类型、范围配项、范围标记、范围动词、范围副词、范围构式以及汉语范围范畴的教学为主题分别展开。

4. 本书理论方法与研究意义

4.1　理论方法

4.1.1　隐喻理论

隐喻(metaphor)在修辞学中是一种辞格，而认知语言学中的隐喻主要指概念从一个认知域(源域)向另一个认知域(目标域)的投射。如空间方位词“(房子)前”“(屋子)后”表达时间“(年)前”“(节)后”就是一个隐喻过程。

隐喻理论在范围范畴中的应用非常广泛。范围范畴内部可分为多个子范畴，如空间范围、时间范围、数量范畴、事物范畴等等，不同子范畴之间可能产生投射。朱军(2010)指出“从 X 到 Y”范围构式能够表示空间范围、时间范围、数量范围、人物范围、事物范围、行为范围等，表义很复杂，但并不是杂乱无章的，内部有较强的规律性。空间范围作为一种直观、可视的范围形态，较早为人们所熟知，并通过隐喻形式表达更为抽象的形式，据此，建立起各种语义范围之间的隐喻图示：

图 1－2　各种语义范围之间的隐喻关系

“从X到Y”构式是比较典型的范围构式，其隐喻模式具有一定的代表性。但并不意味着，所有范围范畴都源发于空间范围，也可以在其他任意两者之间完成隐喻投射；另外，也存在大量隐喻性的空间范围，如“心里面的想法”，就是通过一个隐喻的空间范围限定某个对象。

4.1.2 原型范畴理论

被称为经典范畴理论的传统观念可以追溯到亚里士多德。它的基本假定主要有：

(1) 范畴是根据一组充分必要特征的合取来下定义的；

(2) 特征是二分的；

(3) 范畴有着明确的界限；

(4) 范畴内的所有成员地位相等。(引自吴为善 2011：29)

英国哲学家维特根斯坦(L. Wittgenstein, 1953)第一个发现了经典范畴化理论的缺陷。他举了“游戏”一词为例：下棋、玩纸牌、打球、奥运会等都被叫做“game”，由它指称的活动有些具有竞争性，有些要论输赢，有些有娱乐的因素，有些靠技巧和运气，但这些特征中没有一条是所有的“game”都共有的。“game”的所有成员在某些特征方面会重叠，在另外一些方面又不重合，它们就像一个家庭成员在一幅照片里看起来都有些相似的地方，维特根斯坦把这种特性称之为家族相似性，这类范畴是无法用经典的范畴化理论进行范畴化的。(引自张敏 1998：53)认知语言学把这种范畴化理论叫“原型范畴化”(prototype categorization)理论。

吴为善(2011：35—36)认为原型范畴化理论具有一些基本要点：

(1) 个体范畴化的依据是其属性(attributes)而非其基本特征(essential)。两者的区别是：前者是事物性质的心理体现，与人们的认知及与现实的互动模式密切相关；后者则被理解为事物固有的本质特征，它们与主体无关，是客观而独立地存在的。

（2）自然类各成员地位并不平等，其中有典型成员和非典型成员的区别，典型与非典型形成一个非离散型的连续统。最典型的成员最具原型性（prototypicality），与较差、最差的成员之间，可有等级差异。

（3）范畴中原型性更高的成员具有更多的与同类其他成员共有的属性，并具有更少的与相邻类别的成员共有的属性；也就是说原型成员最大限度地区别于其他范畴的原型成员。而非原型成员（或边缘成员）则相反，它们与同类其他成员共有的属性较少，而与相邻范畴共有一些属性。因此，自然类的边界往往是模糊的，相邻范畴常常不是由严格的边界截然分开，其边缘成员往往互相渗透、交叉。

（4）实体的范畴化典型性评估涉及的心理过程不光是属性的计算，而更是完型感知（gestalt perception），即将范畴化对象功能重要、视角显著的部分整合为一个整体视觉——心理的表征。这是因为在我们心目中作为一个原型物体，构成的部件固然重要，但更重要的是这些部件之间的比例、造型及整体感觉。

原型范畴理论在范围范畴的研究中得到充分验证，汉语范围范畴的内部成员之间不是均等的，有原型成员与边缘成员之分，典型成员与非典型成员之间构成一个连续统，如：直陈式范围表达式＞附加式范围表达式＞隐含式范围表达式＞语境式范围表达式。

4.1.3　从语义到形式的研究方法

语法研究既要注重形式研究，也要注重意义研究，不同的语法理论侧重点不同，结构主义、生成语法更注重研究语言形式，认知功能语法则重视语义研究。中国语法学界历来主张形式、语义/功能并重、互为参照，这是非常有道理的，至少是非常适合汉语语法实际的。

而从研究的切入点来说，针对不同的研究对象可有不同的切入点。如针对一个语法形式，研究它多种语义和功能，这是从形式到语义的路径；也有从语义到形式的路径，如各种语义范畴的专题研究，本书属于后者。就是以语义范畴（表达范围意义）为研究出发点，将汉语中主要表达这种范畴的语言手段挖掘出来，并以一定的理论进行贯通，罗列类型、划分层次、构建系统。

具体的研究方法：

1）比较法。多角度比较是贯穿全书的主要研究方法。

2）数据统计法。基于特定语料范围的统计分析，是书中一些结论与倾向性结论的主要依据。

3）图表法。通过图表来展示部分结论和一些观点。

4.2　研究意义

范围问题在语言中无处不在，加强范围范畴的研究不仅有重要的理论意义，也具有可观的应用价值，同时也拥有良好的研究前景。

理论意义表现为：在宏观上，能推动汉语语法研究的深入。汉语范围问题的研究，有利于汉语语法研究在事实描写的基础上再向理论建构方面迈进一步，人们关注到了各种范围问题，但还需要将之理论化、系统化。在微观上，能促进对汉语范围问题的再认识。范围同“时间”“处所”“方式”“空间”“量”等范畴一样，是与人们的生产生活密切相关的，但其受关注度较低，研究不够系统、深入，需要加深这方面的研究，以便挖掘出更多与范围有关的问题和语言现象。

应用价值表现为：一是有利于汉语语法教学。在汉语教学特别是在汉语作为第二语言的教学中，一些与范围有关的语言事实的定位、性质始终是一个难题，范围范畴的研究成果能部分地解决此难题。二是有助于自然语言处理。本书中有关论元结构的研究将为计算机自然语言处理与机器翻译提供理论支持和依据。

范围范畴研究具有良好的研究前景，国内外语法学研究领域的不少知名学者在其著述中都触及范围问题，但目前尚缺进一步、系统的探讨，具有广阔的研究空间，本书算是一个积极的尝试。

5. 语料来源说明

本书语料的来源，主要采用 BCC 和 CCL 开放语料库，网络媒介语料以及作者自建 500 万字语料库，另有一些没有标注的语料为笔者自拟（经过多人验证为合法说法）。另外，有一些章节的语料来源在这之外的，都有特别说明。

第 2 章　汉语范围范畴的类型

1. 引言

我们在第 1 章主要讨论范围范畴的概念、性质，一个最核心的看法是范围范畴中有两个基本的成分：对象＋范围成分，其中范围成分又是由分界点/分界线/分界面（因范围性质不同而异）与因之形成的范围构成。汉语中能够表达范围意义的语言形式多种多样，可以说范围范畴在形式上是个复杂的系统。同样地，范围范畴在语义上、功能上也都不是单一的，也是一个复杂的系统。汉语范围范畴的类型可以从不同角度进行分析，如从表达范围范畴的语法单位来说，可以是词、短语，也可以是特殊的构式、单句以及复句，当然，这是最简单形式的分类。本章还将从不同角度对范围范畴进行下位类型的分类，如基于特征的分类，基于语义的分类。

2. 范围范畴的形式类型

范围范畴的形式类型是在考虑不同语言单位的基础上，从语言形式表达范围语义的直接程度进行的分类，主要有四种类型：直陈式范围表达式、附加式范围表达式、隐含式范围表达式、语境式范围表达式。

2.1　直陈式范围表达式

直陈式范围表达式指本身就具有范围语义的语言形式，实际上是指词汇层面的表达形式：

范围名词，包括带范围义语素的名词：上限　下限　满X　全X　整X

范围动词[①]：包括　共　一共

范围副词[②]：都　就　也　仅

范围介词：除(了)　包括

范围连词：连同

2.1.1　范围名词

范围名词是指具有范围意义的名词，可分为四种情况：

1）直接表示范围语义的名词，如“范围”“辖域”“部分”等。例如：

(1) 和前宅相比，宅子的后面更宽阔，超出了目力所及的范围。(杰克·伦敦《荒野的呼唤》)

(2) 地处帕米尔高原的塔什库尔干塔吉克自治县，平均海拔4000米，辖域面积2.5万平方公里，总人口3.12万人。(《人民日报海外版》2000-07-22)

2）由具有“全部/部分”义的语素与名词性语素合成的表示整体或部分范围的名词，合成后的范围名词将语素的范围义扩展到整个名词中，使之具有确定的范围。此类词所表范围外延的大小由范围语素直接决定，无需借助其他成分，如表全部范围的“满X/全X/整X/一X”，表部分范围的“半X”。

带有语素“满”的范围名词表示全量，如“满面”“满眼”“满口”等。例如：

---

① 范围动词我们在第6—7章专门讨论。

② 范围副词我们在第8章专门讨论。

(3) 我问他跑哪去了,春生摇着头说不知道,满面凄惶。(迟子建《七十年代的四季歌》)

(4) 写字的手笔也握不住了,满眼全是五线谱的影子。(大卫·米切尔《云图》)

(5) 不贴她几个就好了,满口子仁义道德,只会白嚼人。(张爱玲《连环套》)

带有语素"全"的范围名词也表全量,"全盘""全身""全程""全集""全价""全景""全局""全貌""全情""全票""全情""全速""全文""全音""全线"等。例如:

(6) 他听着达尼埃尔的劝告毫无异议,全盘接受。(巴尔扎克《幻灭》)

(7) 直到一九三三年在《托尔斯泰全集》(纪念版,第三十二卷)中,才第一次完整地发表了《复活》的全文。(巴金《随想录》)

(8) 当初合同上写得明白:依图琢玉,三年为期,全价两千,预付三成,任何一方中途毁约,赔偿对方的经济损失。(霍达《穆斯林的葬礼》)

(9) 今天,作为一个省委书记,我不能为了要全票,就不要党的原则;我不能为了要全票,就苦了老百姓;我不能为了要全票,就不要良心;更不能为了要全票,就忘了根本!(张平《抉择》)

带有语素"整"的范围名词表全量,如"整套""整队""整机""整料""整体"等。例如:

(10) 出版庆典在人民大会堂香港厅举行,厅内陈列着齐鲁书社出版的蓝色封面内地版,整套 36 万元;台湾庄严文化事业有限出版公司出版的棕色封面海外版,整套 8 万美元。(《人民日报》1997-11-03)

(11) 截至 1985 年底,公司已向外扩散了五种整机、一百七十多种铸件和九百多种加工零部件。(《人民日报》1986-03-11)

(12) 同时,在不影响质量的情况下,工人们用裁缝补衣的办

法，把小料、边料、余料焊接起来，当整料、大料使用。（《人民日报》1959-03-07）

带有语素“一”的范围名词同样表全量，这里的“一”是将成分作为整体来看，相当于“全”的意思，如“一口”“一路”“一起”“一身”“一生”“一世”“一体”等。例如：

（13）第三座寨房燃起来时，他张开一口黄牙的嘴，打了个长长的哈欠，叫一个白白净净的小男兵扶到树荫下面吸烟去了。（阿来《尘埃落定》）

（14）那天的太阳压得很低很低，刺了他眼睛一路。（蕾秋·乔伊斯《一个人的朝圣》）

（15）让读者忘记我，这是我的心愿。但是我永远忘不了读者。这不是矛盾吗？既然愿意被人忘记，为什么还不肯放下自己的笔？我说过我这一生充满了矛盾。（巴金《随想录》）

（16）一座巨大的浪峰猛地撞碎在两个年轻人站的木筏上，将水花溅了他们一身。（施托姆《茵梦湖》）

带有语素“半”的范围名词表示部分量，严格意义上的部分量较为确定，即表示整体范围的一半；但也有一部分词在发展过程中语义发生了变化，表示约量，且是倾向于大部分甚至全量的约量。前者如“半山腰”“半价”“半数”“半月刊”等，范围是确定的；后者如“半天”“半壁（江山）”“半边（天）”等，范围是不确定的，且存在夸大的意味。例如：

（17）他知道家里安息得早，不必深更半夜打搅他们，便到海依市场戏院出半价去看了一出戏。（萨克雷《名利场》）

（18）他最近在北京出版的《奋斗》半月刊上面读过一篇热情横溢的文章。（巴金《家》）

（19）我走到柜台跟前，从三三五五散在那里的回形针中抓一个拿在手里，细细看了半天。（村上春树《世界尽头与冷酷仙境湖光山色》）

带有语素“半”的名词可表示时间范围、空间范围等具体范围类型。其中,“半辈子”“半生”主要表时间范围。例如:

(20) 像我这样出生于二十世纪六十年代的人,基本上是把半辈子扔给了二十世纪,而另外的半辈子则会在二十一世纪上奔波。(迟子建《晚风中眺望彼岸》)

(21) 兆谦闯荡半生,混帐半生,糊涂半生,现在想念书求知活得明白,做个好人。(陈忠实《白鹿原》)

“半空”“半山腰”“半途”常表空间范围。例如:

(22) 那官军气势汹汹地举起鞭子,正要向一名在地上挣扎的妇女抽打,蓦地发现眼前多了一个怒目圆睁的书生,倒呆了一呆,鞭子也停在半空。(刘斯奋《白门柳》)

(23) 乡区在春雨下呈棕色,高山间的空气蓝蓝的,薄雾在半山腰飘浮。(温赛特《克丽丝汀的一生(上)》)

(24) 走上山顶,先在半途遇着了一道道观外围的女墙,这女墙的栅门,却已经掩上了。(郁达夫《钓台的春昼》)

3) 由方位语素与其他语素合成构成的表示范围的名词,合成后的范围名词将语素的方位义通过隐喻或转喻引申为范围义并扩展到整个名词中,使之具有限定范围的作用,如限制数量范围的“上限”“下限”,限制空间范围的“谷底”“边境”“边界”“底线”“边线”等等。例如:

(25) 今早听电台说今年经营正常的企业,要给职工增加11.5%的工资,上限16%,下限4%。(BCC微博)

(26) 他回想自己年轻时的情形,想象着最初几次恋爱的光景,他仿佛回到少年时期,在那里的悬崖峭壁间奔跑,攀上高高的山峰,下到深深的谷底。(夏多布里昂《墓畔回忆录》)

(27) 赫尔曼和玛莎继续旅行,他们在离加拿大边境不远的一家旅馆里住下来。(艾萨克·巴什维斯·辛格《冤家,一个爱情故事》)

(28) 我总是在一条底线前边止步,总是将双方的热情集中在一个明朗可鉴的平面上,而不使其往纵深发展。(张炜《你在高原》)

4) 由时间语素与其他语素合成构成的表示时间范围的名词,合成后的范围名词将时间语素在时段上的特性扩展到整个名词中,将无限的时间变为有界限的时段,如表示时间段的“X期”,具体如“近期”“档期”等。例如:

(29) 除了近期在报纸照片上看到的战场伤员和流离失所的百姓,婉喻是焉识看到的灾难最深重的一个人。(严歌苓《陆犯焉识》)

(30) 一路热映、创造了1.3亿元票房的影片《英雄》依然炙手可热,北京各家影院纷纷与发行公司联系,要求延长《英雄》的放映档期。(《人民日报海外版》2003-01-01)

2.1.2　范围介词

范围介词是表示范围的介词,其作用在于介引范围成分,通过范围成分间的关系限定范围。范围介词中最为典型的是表排除的“除”类介词,如“除”“除了”“除去”“除开”等,将介引成分排除在所表述范围之外。例如:

(31) 除了《长恨歌》《琵琶行》,孙小姐能背全本《西厢记》。(汪曾祺《晚饭花》)

(32) 他剪裁精致的衣领随着海风来回摆动,除却他凄凉的神色,整个是副喜剧相。(约翰·丹顿《达尔文的阴谋》)

值得注意的是,“除”类介词在具体的语言使用中因其与其他关联成分配对使用的不同或运用语法手段的不同也表现出不同的语义,可表排除,也可表加合与补充。但就其本义而言,“除”类介词的语义功能仅在于排除。例如:

(33) 这次职评办下达给我们全厅的业务部门两个高职名额,可除了《西京杂志》编辑部,还有一个《西京剧坛》编辑部,那么多

的编辑，狼多肉少，这不是制造知识分子之间的矛盾吗？（贾平凹《废都》）

（34）外面什么都没有，我什么都没有看见，什么都没有听见，除了6点的钟响。（卡夫卡《煤桶骑士》）

例(33)“除了”与“还有”搭配使用，表示加合；例(34)“除了”及其介引的成分位于句末，借助语序加以强调，表示补充。但究其根本，“除了”与其介引成分的结合本身仅表示排除，“除了《西京杂志》编辑部”表示该编辑部被排除在说话人所考虑的编辑部之外；“除了6点的钟响”排除在“我”所听见的内容范围之外。

“包括”同样具有范围介词的功能，也可看作范围介词，表示在范围中着重强调某些成分。例如：

（35）我知道他非常敏感，他痛恨一切的争议，包括《笨拙周报》中的漫画和《名利场》里令人恐怖的素描。（约翰·丹顿《达尔文的阴谋》）

此外，“和”“跟”“同”“与”在某些情况下也具有范围介词的属性，表示介词前后成分具有范围上的语义关系。例如：

（36）“他变得和其他人一样了，”他说：“他已不再希望了解自己不明白的事情了。”（奥尔罕·帕慕克《白色城堡》）

（37）哲学家从书架上又取下几本书，同《妇女论》垒在一起，挟在臂里，笑着向我们的太太说：“这几本书可否借我一读，迟日我再送来。”（冰心《冰心全集第三卷》）

（38）考虑到布吕歇尔的军队没有被彻底消灭，而且极有可能随时与威灵顿的军队会合。为了防止这种可能性，拿破仑决定抽调出一部分军队去追击普鲁士军队，阻止他们与英军会合。（斯蒂芬·茨威格《群星闪耀》）

“和”“跟”“同”“与”作为范围介词时，其目的在于将介词前的成分置于介词后的成分所表示的范围中，前后成分有主次之别。如例(36)将“他”纳入原来“其他人”所表示的人物范围之中；例(38)将

"他们"置于"英军"所处的处所范围之中。

2.1.3 范围连词

范围连词是表示范围的连词,表示所连接的成分同属某个范围,包括"连同""和""跟""同""与"等词。例如:

(39) 茶壶里装满了浓茶,连同两个茶碗放在托盘上,还有一碟蘸寿司用的酱油。(井上靖《冰壁》)

(40) 他跟船员都听了弥撒,也行了圣礼。(温赛特《克丽丝汀的一生(上)》)

(41) 木兰一次在夏天清早,吃早饭之前,同丈夫到景山以西御河的岸边去,离家很近,趁清露未晞之时去闻荷香。(林语堂《京华烟云》)

上述例句中连词前后直接关联的名词性成分都属于谓语部分所表述的范围之中,范围连词前后成分无主次之别。具体而言,"茶壶"与"茶碗"同属于"放在托盘上的东西"这一事物范围;"他"跟"船员"都属于"听了弥撒,也行了圣礼的人"这一人物范围;"木兰"和"丈夫"都属于"到景山以西御河的岸边去闻荷香的人"这一人物范围。

另外,还有少量形容词也鲜明地表范围义,如"百分百"等。例如:

(42) 他能够感受到她的恐惧,还有她对自己百分百的信赖。(克莱儿·麦克福尔《摆渡人》)

2.2 附加式范围表达式[①]

附加式范围表达式是在对象成分的基础上加上范围标记而形成的语言形式,这一类型主要是短语层面的表达形式:

X+后标:树林之中　视野以外　车里边

前标+X:从厨房　自17世纪　满屋子　全戏院　一房间

① 在第4章还会专门讨论范围标记的问题。此处简说。

框式标记+X：在夕阳之中　打从出生以来　除开工资不算　包括厨房在内

2.2.1　X+后标

典型的范围后标一般由方位词充当，既可是单纯方位词，也可是合成方位词。我们在王娟(2012)基础上再整理，认为范围后标主要有以下类型：

A. 单纯范围标：东/南/西/北/前/后/左/右/上/下/里/内/外/中/间

B. 合成范围标：

a) 之/以+东/南/西/北/前/后/上/下/左/右/里/内/外/中/间(“以”与“中、间”不能搭配)

b) 东/西/南/北/前/后/左/右/上/下/里/外+边/面/头/方/部(“左、右”与“头”，“里”与“方、部”不能搭配)

C. 复合/对举范围标：前后/左右/上下/内外

吕叔湘(1999：472)也认为“之间，中间；中，之中，当中；内，以内，之内；以外，之外；里，里边，里面”和名词组合都可以表示范围。例如：

(43) 他带领他们通过画廊后面的门，来到一个较有人性、较为整洁的房间，零星摆设着两张办公椅和一张磨损的皮制长沙发，一台电脑和一台传真机挤在成堆的艺术书籍中间。(彼得·梅尔《追踪塞尚》)

(44) 从飞机上往下看，我们发现一个近代的城市，许多高大的楼屋和工厂的烟囱，矗立在浓密的树林之中。(冰心《冰心全集第五卷》)

(45) 海炮有一个优点：三个人便能操作，但也有一个缺点：与普通大炮相比，射程不远，落点不准，因此必须让敌舰进入射程以内。(维克多·雨果《九三年》)

(46) 在人类思想那个闪烁的小平面的上边和下边——是什

么呢？在最好的望远镜的视力以外——远在太空的朦胧的视野以外——有大群的星星。（西奥多·德莱塞《天才》）

（47）车前边的帘子是半掩半卷的，使人得以看到里边去，车里边是红堂堂地铺着大红的褥子。（萧红《呼兰河传》）

2.2.2 前标+X

前标以介词为主，主要是“在、从、自、自从、至、于”这几个介引时间、处所成分的介词，表示范围的起止点。例如：

（48）从厨房出来，她的银匠丈夫正在院子里干活。索郎泽郎把我的决定告诉了他。小厮的话还没有说完，银匠就把锤子砸在了自己的手背上，脸唰一下白了。（阿来《尘埃落定》）

（49）自从中风，他再没说过一个字。有时他咧开嘴，发出一记响亮而悠长的声音——啊！（卡勒德·胡赛尼《群山回唱》）

（50）至18世纪初，肖像画已渗入各个阶层，其时所出著名肖像画家，如弗朗索瓦·德·特鲁瓦、拉吉利埃、里戈等人皆为此一时期之杰出代表。（李叔同《弘一法师全集》）

但值得注意的是，此类介词一般独用不多，多与其他成分构成框式结构。例如：

（51）自16世纪晚期以来，城市的发展，尤其是伦敦的发展带动了煤矿业迅速发展。（艾瑞克·霍布斯鲍姆《革命的年代》）

此外，“满/全/整/一/半”等表全部或部分范围的语素同样可以作为范围前标使用，其与词或短语结合构成范围短语以限定范围。例如：

（52）满屋子忽然寂静，只有王伯申的手指轻轻弹着桌面的声音。（茅盾《霜叶红似二月花》）

（53）全戏院大概总共有二十来个英国人，听得这支无人不知无人不爱的国歌，都离开座位，站得笔挺，让人家看出他们是英国人。（萨克雷《名利场》）

（54）一房间人都眼睁睁向他们望着，那小女孩也在内。（张

爱玲《半生缘》)

2.2.3 框式标记+X

框式标记一般由两个成分配套使用,一方面组成成分各自表示不同的语义,实现不同的功能;另一方面,成分组合构成框式结构后具有特定的范围构式义,表示不同的范围界限。较为典型的范围框式标记有“在……之(以)上/中/下”“打/自/从/打从……起/开始/以来”“除/除了/除开/除却……外/之外/不算”“包括/连……在内”等。

1) 在……之(以)上/中/下

“在……之(以)上/中/下”是典型的表示范围语义的框式标记。从其构成成分上看,“在”具有定位的功能;“之(以)上/中/下”具有典型的空间义以及由此引申而来的范围义,其附加在名词后可将名词转换为有界范围,凸显其范围义。从其整体的构式义看,“在……之(以)上/中/下”表示对象成分大体位于范围中的某一位置或处在某种范围之中。例如:

(55) 虽说所有的教师一致认为我很懒惰,可是我仍然不断有所长进,我的名次<u>在中等以上</u>。(赫尔曼·黑塞《彼得·卡门青》)

(56) 四周的人离开后的田野,呈现了舒展的姿态,看上去是那么的广阔,无边无际,<u>在夕阳之中</u>如同水一样泛出片片光芒。(余华《活着》)

(57) 院子笼罩<u>在黄昏之下</u>,满是草和马以及咕咕叫着的鸽子的气味。(戴维·赫伯特·劳伦斯《嫉妒》)

2) 打/自/从/打从……起/开始/以来

“打/自/从/打从……起/开始/以来”是典型的表示范围起点的框架标记。从其构成成分上看,“打/自/从/打从”是介引时间、处所成分的介词,表示时间或处所范围的某一确定边界,在该框架标记中,一般是介引由事件成分所表示的时间范围成分;“起/开始”则是对时间起点的明确说明,其使用是“打/自/从/打从”等单音节词在结构上对称性以及完整性要求的体现。从其整体的构式义看，“打/自/从/打从……起/开始/以来”一方面表示的是某一确定时段的起点，对某一确定时间范围的边界进行明确界定；另一方面表示的是由某一确定时点延伸出的时段范围。该框式标记具有明显的构式压制作用，所有进入该构式中的成分都表示为时间范围，无论该成分本身所表示的范围如何。例如：

(58) 从15岁起，她经带都是陪自己祖父坐到正厅，而且不是普通的正厅，是最好的座位，靠中间的第三排。（约翰·高尔斯华绥《福尔赛世家三部曲1：有产业的人》）

(59) 他终于明白，孤独的痼疾将永远缠着自己，打从出生以来，这股无法治愈的孤独感就如一圈不幸的光晕，笼罩在他周围。（奥尔罕·帕慕克《黑书》）

3) 除/除了/除开/除却……外/之外/不算

“除/除了/除开/除却……外/之外/不算”是典型的表示范围成分判断的框架标记。从其构成成分上看，“除/除了/除开/除却”将介引的成分排除在论断范围之外；“外/之外/不算”则是对介引成分与论断范围之间排除关系的进一步明示与强调。从其整体的构式义看，“除/除了/除开/除却……外/之外/不算”表示对介引成分进行判断，并将其排除在论断范围之外。

(60) 你那天晚上到祠堂里去，除了客不算，就是我们姚姓自己人，在坐的也是不少。（张恨水《北雁南飞》）

(61) 当我穿过边门走上露台的时候，最吸引我注意力的，除开覆盖了一切的银白色月光之外，是夜间花朵的芳香——挂满干砖砌的边墙上厚厚簇叶间的杜鹃花、狭长花坛里白色的紫罗兰，以及大门旁檐槽里那许多石竹花。（苏珊·希尔《德温特夫人》）

(62) 里尔克除却他诗人的天职外，还是一个永不疲倦的书简家。（里尔克《给一个青年诗人的十封信》）

4）“包括/连……在内”

“包括/连……在内”是典型的强调范围成分的框架标记。从其构成成分上看，“包括/连”在该框架中是作为范围介词存在的，同样起介引成分的作用，但其介引的成分是在范围中具有特殊地位的需要着重强调的部分；“在内”是介引成分与范围之间包含关系的明示与强调。从其整体的构式义看，“包括/连……在内”表示在范围中着重强调某些成分。凡进入该构式的成分，其在主观上的地位都具有一定的特殊性，带有一定的评价色彩。例如：

（63）我是图书管理员，负责在夜晚时为整幢大教堂上锁，包括厨房在内。（翁贝托·艾柯《玫瑰之名》）

（64）在新娘的婆家，全家连仆人在内，都在前厅等待新娘花轿的来临。（林语堂《京华烟云》）

2.3 隐含式范围表达式

隐含式范围表达式是由语法手段或语法结构赋予范围义，语法成分本身并没有明显范围义的语言形式，主要以短语或小句或特殊构式的形式存在：

名词/量词重叠式：人人　个个　处处

特殊构式/句式：对举式

归属句　双受事句　代体宾语句

2.3.1 名词/量词重叠式

名词/量词重叠是汉语中较为重要的语法手段之一，重叠后的形式具有遍指义，带有“每一”之义，并引申出“全部”之义，在表义范围上可指范围的全部。

名词重叠如“年年”“月月”“分分”“秒秒”“家家”“户户”“村村”“寨寨”等。例如：

（65）年年、月月、天天地穿着寿衣，每一会儿一刻都准备着死，她就活到了二百四十一岁，从乾隆时候活到今天了。（阎连科《受活》）

（66）在这巴斯克地区，土地看来都很肥沃，一片翠绿，房屋和

村庄看来富裕而整洁。村村有片回力球场。在有些球场上，孩子们顶着烈日在玩耍。（海明威《太阳照常升起》）

表单量的名量词重叠如“个个”“只只”“块块”“根根”“张张”“间间”“件件”等。例如：

(67) 他志气昂扬，精神健旺，红脸膛上焕发着光彩，双眉如卧蚕，目光如点漆，下巴上的胡须，根根如马尾，直垂到案桌边缘。（莫言《檀香刑》）

(68) 春天雨后的傍晚，山清水秀，空气清新；块块云彩悠然漫浮；麦苗孕穗，油菜结荚；……（陈忠实《信任》）

表复量的名量词重叠如“双双”“对对”“副副”“套套”“群群”“伙伙”“帮帮”等。例如：

(69) 周围的世界白雪皑皑，我荒原狼奔走在荒野，群群乌鸦从样树上惊起，兔子麋鹿却不知何在。（赫尔曼·黑塞《荒原狼》）

(70) 可今年的春联内容与往年不同：“建设小康农民任重走向富裕百姓欢乐”“结构调优共奔小康文明路科学种养同唱时代进步歌”……副副春联抒发着农民全面建设小康社会的豪情。（《人民日报》2003-02-05）

值得注意的是，单量名量词重叠与复量名量词重叠后在表义范围上无差别，都转变为全量，表示范围的全部。

动量词重叠如“回回”“次次”“遍遍”“趟趟”“场场”“阵阵”等。例如：

(71) 这种冲动总是表面上显得没有抓住正确时机，而实际上次次侥幸。（卡尔维诺《树上的男爵》）

(72) 这篇文章我读了一遍又一遍，遍遍有启发，句句都使人激动，我受到极大教育。（《人民日报》1965-08-23）

临时量词也可重叠，重叠后也表全量。临时量词是借用名词当量词使用而来的，如“咬一口”“瞪了两眼”“画一笔”“开了三枪”“踢了几脚”“打了三拳”中的“口”“眼”“笔”“枪”“脚”“拳”。例如：

(73) 敌的拳头雨点般打来,打在身上分外的疼。而且好象拳拳打在小坡的良心上了!(老舍《小坡的生日》)

(74) 药方的纸儿变黄,那些拿馆阁体的蝇头小楷写的字依旧笔笔清晰。(冯骥才《神鞭》)

2.3.2 特殊构式与句式

特殊构式与句式也是表达范围义的重要语法手段。汉语中较为典型的表达范围义的构式和句式主要有对举式(如"要A有A,要B有B/要A没A,要B没B")、归属句、双受事句与代体宾语句。

1) 要A有/没/就A,要B有/没/就B

自然(2015)认为"要A有/没/就A,要B有/没/就B"是表全量的对举构式群。我们认为该构式是典型的范围构式,可表范围义,限定范围的全部。该构式既可表肯定,也可表否定,表肯定时强调包含范围A中的全部内容,表否定时强调不包含范围A中的任何内容。如(自然2015)所举的例子:

(75) 提倡晚婚和计划生育要大声疾呼:"要政策有政策,要措施有措施!"(《人民日报》1990《提倡计划生育第一人》)

(76) 项羽力拔山、气盖世,怎么楞是让一要人品没人品,要武功没武功,满肚子花活,下流到"分我一杯羹"的沛县流氓给灭了。(李零《侠与武士遗风》)

2) A得X,不A也得X

唐卫卫(2014)认为"A得X,不A也得X"是无条件式偏倚性对举格式。我们发现该构式同样也可用于表示范围,且表示全量范围,并通过肯否对举形式强调范围内成分不受条件限制,具有范围内部的同一性。例如:

(77) 可是,他还是有些怕梦莲。他很想一手托着水烟袋,一手指着梦莲,小眼珠钉在她的脸上,堂堂正正的说,我的主意,我的命令,你嫁给刘二狗!愿意,也这样;不愿意,也得这样!我是

你的爸爸，我应当给你主婚！（老舍《老舍长篇1》《火葬》）

3）归属判断句

归属判断句是判断句中的一种特殊类型，可用于表示范围，强调动词前的成分归属于动词后成分所表示的范围之中。例如：

(78) 谢清斋在躺椅上忽地坐直身子，小眼里迸出恶毒的凶光，“我看，得首先把臭老婆子除了！”“那李能也不是个好东西！”（魏巍《东方》）

(79) 杰生找不出办法，忽然从口中溜出一句话来：“你是哪里的人？”“俺是山东人。”这位姑娘抬起头来，说了这一句话，又将头低将下去了。（蒋光慈《徐州旅馆之一夜》）

4）“双受事”句

“双受事”句是句中有两个受事成分的句子，句中的两个受事成分一般具有范围上的整体部分关系或领属关系，因而也可用于表示范围。例如：

(80) 1959年由上海中华书局出版，这是一本小册子，全书只98页。其中如《老子》只选了“小国寡民”第81章。（BCC科技文献）

(81) 我们发誓以后再不管他的闲事了，他就是被人打断了腿，被人揍瞎了眼睛，被人阉割了，我们也都视而不见。（余华《空中爆炸》）

5）代体宾语句

代体宾语句是句中含有代体宾语的句子，代体宾语在汉语中是十分特殊的存在，其是对常规宾语替代而成的，如“吃大碗”“吃食堂”。这种替代并非随意为之，而是有条件限制，要求代体宾语与常规宾语以及动词都有语义上的关联。而代体宾语所代表的事物与常规宾语所代表的事物语义上的联系在广义上可以看作范围关系，如“大碗”“食堂”与其所替代的成分“饭”之间的关系可看作处所范围与对象成分间的范围关系，故其也可用于表达范围。例如：

(82) 平常，彭振铎总是吃食堂，吃有耗子屎的发霉的红米饭，吃炒芸豆，还有一种叫做魔芋豆腐的紫灰色的烂糊糊的东西。(汪曾祺《钓人的孩子》)

2.4 语境式范围表达式

语境式范围表达式是最为"隐蔽"的范围表达形式，是必须通过与相关句法结构句法成分的对比或通过上下文语境衬托出来的语言形式，主要以句子或篇章的形式存在：

句子层面：地址表达　同类句法成分共现的语序

语篇层面：叙事语序

2.4.1 地址/时间表达语序

汉语表地址的同类句法成分在句子中的分布总是依据语义范围的大小，从大范围到小范围，且小范围总是包含在大范围之中，因此地址表达的语序可清晰地反映出各地址每一级之间的范围关系。例如：

(83) 母亲的名字是孙熙顺，身份证号码是"280306-2806414"，身份证上的地址是"庆尚北道尚州市咸昌邑旧乡里38-2世进花园楼甲洞108号"。(金河仁《再见妈妈》)

(84) 另一种方式是发送电子邮件或邮寄信件，电子邮件地址是：ghc@shdrc.gov.cn，邮寄地址是上海市人民大道200号1108室市。(《文汇报》2005-12-14)

(85) 她住在堪萨斯城。她的地址是堪萨斯州堪萨斯城梅特卡夫大道一四二五号三单元b室。(西德尼·谢尔顿《祸起萧墙》)

时间的表达存在英汉的差异，汉语依旧是从大到小，如"2012年12月25日"，英语的时间表达语序有两种：范围小的成分在前，依次出现最大的成分，或按"月、日、年"的顺序，如：on December 25th, 2012 或 on 25th December, 2012。

2.4.2　配项共现的语序关系

人在认知时一般遵循从大到小、从背景到图形的认知路径，这种认知经验同样也体现在语言组织上，尤其是同类配项成分共现时，它们在句中的语序有语义上的内在要求，即从大范围到小范围、从背景到图形，因此同类配项成分共现时的语序有时也体现范围关系。例如：

(86) a. 他心里一直在想，在羡慕那些信徒们，以及那些信心动摇了的人。(欧文·华莱士《箴言》)

b*. 心里他一直在想。

(87) a. 欧达乌德坐在走廊里，在一丛倒挂金钟旁边。(帕特里克·怀特《人树》)

b*. 欧达乌德坐在一丛倒挂金钟旁边，在走廊里。

上面例句中的 b 句都不能说，原因是范围小的成分(心里、一众倒挂金钟旁边)不能放到范围大的成分(他、在走廊里)前面。

2.4.3　一种与范围相关的叙事语序

叙事语序一般有其内在的逻辑关系，如由远到近、由总到分、由大到小等，这些逻辑关系也清楚地表达了叙述内容之间的范围关系。例如：

(88) 我们都可能知道这样一个故事：从前有一座山，山上有一座庙，庙里有一个老和尚和一个小和尚，有天老和尚在给小和尚讲故事。(http://www.jxln.ccoo.cn/forum/thread-10140985-1-1.html)

(89) 一九五九年十月三日，由胡松带领的开荒队，上了全大队最大的一座山——燕子潭。燕子潭的老林里，响起了长砍刀、开山斧的声音。(《人民日报》1966-01-31)

(90) 清晨，在朦胧之中透过窗户可以看见南京那迷茫的街道，夹杂着人们的吆喝声还有偶尔几声清脆的鸟啼……也许你怕热，不用怕，当你外出旅行时经常伴着蒙蒙的细雨，淅淅的下着，似乎下着罢，又似乎没下。或许你想找一片炽热阳光下的阴凉，躲避酷暑，在看向地面时那古色古香的石砖，有映着阳光斑驳的影子。感受历史的同时，绿荫丛生的路也遮蔽了强烈的阳光和热量。走在南京的集市上，也是感觉不一般的看，一群孩子热闹的守着卖糖人的小车子，静静地观看买糖人的人儿那灵巧手指，将栩栩如生的景象摆弄出来，弄得人都舍不得吃了……（小溪看世界《南京游记》）

（91）这一期的内容，从大处说，无论经、史、子、集，或者说哲学、史学、文学，应有尽有；往细处分，则包括老庄哲学、佛学、古文字学、考古学、医学、谱牒学、文献学、近代史、古代诗歌和小说，以及古今学人作家传记等等，都属专门之学。（《文汇报》2000－01－22）

从叙事的角度说，从范围大的成分到范围小的成分，从宏观到微观，是逐步深入、逐步具体化到叙事对象的过程，也是一个聚焦的过程，不大可能采用相反的叙事方式。

3. 范围范畴的特征类型

范围范畴的特征类型是根据范围成分所具有的语义特征和功能特征而划分出来的类型，与范围表达形式本身所具有的语义特征、语义指向以及句法分布情况息息相关。

3.1 基于特征的基本类型框架

范围范畴的特征类型划分具有一定的层级性，是不断对某个特征类型进行次范畴划分的结果，因此可形成基于特征的基本类型框架。

3.1.1 范围内与范围外

首先对范围范畴进行最基本的类型区分，范围范畴成分具有明显的范围性，其最基本的特征与功能都是限定范围、对成分与范围间的关系进行判断，故按成分是否属于范围内可分为范围内与范围外两个最基础的范围特征类型，范围外其实就是排除范围。例如：

(92) 我也做过这样的实验，但信念不坚，实验条件也不完善，因为按照我的不可动摇的观点，至少土地得进行一定的耕作，就算不相信这些的异教徒是对的，那也没有得到证明，因为喷洒土地是迫于某种需要，而且在某些范围内根本无法避免。(卡夫卡《一只狗的研究》)

(93) 全村上至70岁老人，下至学龄前儿童，都能背诵或说出《农民交通安全守则》的内容和交通安全的意义。(《人民日报》1997-10-20)

(94) 不过，她每次遇到新的情人，总会否认自己过去爱过的情人，梅西亚是个例外。(克拉林《庭长夫人》)

(95) 据介绍，利用手机软件的订车服务，在香港的法律规管下，有合法的经营方式和空间，但并非所有用手机订车服务都符合法律，警方认为Uber涉嫌在合法范围外经营。(《人民日报海外版》2015-08-21)

上例中，“在X范围内”与“上至X，下至X”表示对象属于范围内成员；而“例外”“在X范围外”则表示成分不属于某个范围内成员，即排除范围。

3.1.2 限定范围与包含范围

对表示范围内的成分可根据语义特征和语义指向进行进一步的类型划分，可分为限定范围与包含范围。例如：

(96) 不惑之年的他是武汉大学法学教授，在全国各地做过1000多场关于宪法的讲演，听众上至中央领导，下至基层干部和普通群众。(《人民日报》2003-11-13)

(97) 在任何职业范围中，如果不具有通常具有的职业病，这个人就不可能在他那一行业中出人头地。(徐兴业《金瓯缺》)

(98) 去年,全省红十字会投入救灾款物1354万元;今年在抗击非典的战役中,全省投入款物总计1500万元,其中省红十字会就投入740万元。(BCC科技文献)

上例中"上至中央领导,下至基层干部和普通群众"是对"听众"所表人物范围的具体限定,"上至"与"下至"分别限制范围的上边界与下边界,使所表范围具有确定的外延,且"上至N,下至N"构式在表义上具有整体性,表示全量范围;"在任何职业范围中"同样是对全量范围的限定,所表范围是具体的。而"总计1500万元"则是对数量的总括,这个总括的数量里包含了"省红十字会投入的740万元"。

3.1.3 确定范围与不确定范围

按限定范围外延的确定性与否可分为确定(封闭性)范围与不确定(开放性)范围,前者表示范围的外延是确定的或边界封闭的,而后者所表示的范围外延具有一定的不确定性或边界是开放的。例如:

(99) 谁知两天的时间收音机就被抱光了,公社上至书记,下至临时工,人手一台。(《人民日报》1981-07-30)

(100) 在以江泽民总书记为首的中国共产党第三代领导人的倡导下,产生于延安革命时期的延安精神又重新复活,并且在全国范围中形成了颇有声势的学习和研究延安精神热潮,产生了颇有影响的"延安学"及"延安精神现象"学派,对我国的双文明建设产生了重大影响。(BCC科技文献)

(101) 一般售价在5万元以下的经济型轿车,经销商的利润大概在1000元左右;而二十三四万的中高档轿车的利润则在一万元以上。(BCC科技文献)

(102) 从5月1日起,证券交易佣金不再执行目前固定3.5‰的标准,开始实行最高上限3‰向下浮动制度。(《人民日报海外版》2015-12-02)

上例中“公社上至书记，下至临时工”中通过限定上边界“书记”、下边界“临时工”从而对“公社”这一范围外延进行了清晰的界定，范围是十分确定的；“在全国范围中”将范围外延限定为“全国”这一确定的范围，同样也是封闭性范围。而“一万元以上”则只规定了范围外延的下边界，其上边界具有不确定性；“上限 3‰”则只确定了范围外延的上边界，下边界具有浮动性，故此类范围属开放性范围。

3.1.4 全量范围与唯一性范围

确定范围根据其所指范围的大小又可分为全量范围与唯一性范围(并不只指一，可指极少且确定的量)，前者所表示的是范围的全部，是范围外延最大化的表现；而后者则仅为范围中的某一具体成分，是范围外延最小化的结果。例如：

(103) 我认为武术无论是健身还是比赛，都有丰富的内涵。日本有 100 多万人参加太极拳活动，而且还在增加，从小孩到老人都喜欢。(《人民日报》1995)

(104) 青少年总有几件事瞒着父母，不是吗？所有的 16 岁少年都有自己的秘密，不是吗？(扬·马特尔《少年派的奇幻漂流》)

(105) 他们享受过多么美好的阳光！多么美好的下午，单单两个人，在花园深处的树荫下！(福楼拜《包法利夫人》)

(106) 不过，他一定要她受罪，所以他要把她一个人留在那里，赤身受冻，双脚锁在地板上。到目前为止，一切尚好，她还有一个机会，仅仅一个机会。她从摇椅上滑落下来，滚到地板上，向壁炉爬去。(内尔森·德米勒《小城风云》)

上例中的“从 X 到 Y”构式表示的人物范围具有整体性，意为“所有人”；“所有的 X”同样如此，表示范围的全部，二者都是将范围外延扩至最大的结果。而“单单 X”“仅仅 X”则只表示范围中的唯一量，是将范围外延缩至最小的结果。

综上所述，范围范畴基于类型的划分是层层递进性的划分，是根据不同的特征对范围范畴不断进行次范畴划分的结果，因而可以形成关于范围范畴特征类型的层级框架，表示如下：

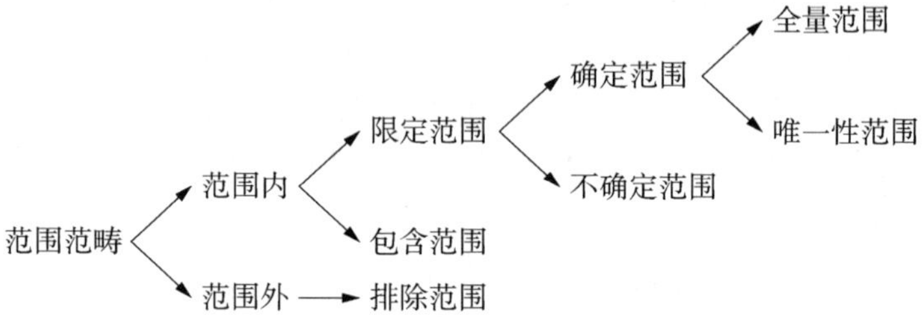

图 2－1　范围范畴基于特征的基本类型框架

3.2　基于其他对立特征的类型

另外，范围范畴内部具有很多对立性的特征：如范围具有离散性，同时也具有连绵性，等等。根据不同特征，会得到不同的范围类型，我们在朱军(2010b)对“从 X 到 Y”分析基础上扩展至其他范围表达。

3.2.1　连绵性范围与离散性范围

范围中成分的分布具有连绵性与离散性的对立特征，根据此对立特征可构成连绵性范围与离散型范围。连绵性范围指的是范围节点之间是连续的，无法截然分开的范围；离散性范围指的是范围各个端点之间是独立的、分散的，没有连续性的范围。例如：

(107) 死有什么？从这个星球诞生到今天，已经死过无数的人。在我们每一个活着的人背后，都站着四十个死人。(毕淑敏《预约死亡》)

(108) 全村上至 70 岁老人，下至学龄前儿童，都能背诵或说出《农民交通安全守则》的内容和交通安全的意义。(《人民日报》1997－10－20)

(109) 大哥是普通农民，从李堡到北京，他头上有多少人需要

他在池塘的劳作中养活呢？（刘震云《土塬鼓点后：理查德·克莱德曼》）

(110) 使馆上至大使，下至公务员、司机，一有空就去帮厨。(《人民日报》1991-05-06)

例(107)中的“从X到Y”构式表现了范围的连绵性，“星球诞生”到“今天之间任何一天都是这个范围中的一员，且具有连续性、有序性；例(109)中的“从X到Y”构式表现了范围的离散性，只有“李堡”“北京”两个节点在起作用，它们是独立的，中间并没有其他成员。例(108与(110)中的“上至N，下至N”构式同样具有连续性与离散型的对立，例(108)中的“上至70岁老人，下至学龄前儿童”是泛指的，指全村中从老到少的所有人，具有人员上的连续性；而例(110)中的“上至大使，下至公务员、司机”则是确指的，受使馆中成员构成的简单性的影响，人员既处于范围的端点，也表示范围的全部，呈现中断的特征。

3.2.2　单向性范围与双向性范围

范围还具有方向性，根据范围方向性的不同可形成单向性范围与双向性范围。单向性范围是指起点和终点方向固定的范围，具有单向性；双向性范围是指起点和终点可以互换的范围，具有双向性。例如：

(111) 于观满面堆笑地高声对大家说：“从今往后冯老师冯先生将要和我们一起工作，大家鼓掌欢迎！”(王朔《你不是一个俗人》)

(112) 从即刻起至4月30日0:00截止，我根据截止时本人粉丝数量捐款粉丝数量X2的人民币金额给药家鑫事件中的张妙家人，上限200万人民币。(BCC微博)

(113) 第七舰队的活动地区北至白令海，南迄南极圈，占地球上海域的五分之一。(《人民日报》1962-03-27)

(114) 从北京到九龙，从九龙到北京，岂止是火车的往返，更

是历史深远的飞跃和腾升！(《人民日报》1995)

例(111)中的“从X到Y”构式表示的范围具有单向性，只能是“从今往后”，不能是“从后往今”；例(112)所表示范围同样具有单向性，确定了范围外延的上边界，范围只能向下延伸而无法再往上扩展。例(113)确定了范围的南北两端，具体“活动地区”限制在该范围内，南北虽在地理上具有不可逆性，但“活动地区”在该范围内无限制，可以来回折返，可看作双向性范围；例(114)中的“从X到Y”与“从Y到X”以并列的方式出现，所表示的范围具有互逆性。

3.2.3 顺向性范围与逆向性范围

根据范围变化方向性以及变化程度的不同可分为顺向性范围与逆向性范围。顺向性范围是指起点和终点是均质的，变化为量变的范围；逆向性范围是指起点和终点不是均质的，变化是质变的范围。例如：

(115) 我渐渐从冷却到幻灭，但又做不出为调回北京而不惜一切的事。(《小说月报1980》)

(116) 该首长对我有知遇之恩，也属于劲旅中的豪杰，早年曾一马当先擒敌于沙河岸边，手里仅仅是一枚手榴弹而已。(张炜《你在高原》)

(117) 写信人是谁呢？从漠然离去到热望回归，他的思想究竟是怎样变化的？(《人民日报》1981)

(118) 那是智慧的种子，像泥中的白莲，出污泥而不染。(林语堂《风声鹤唳》)

例(115)中“从X到Y”构式表示的范围具有顺向性，“冷却”到“幻灭”是顺向的，变化也是量变；例(117)中“从X到Y”构式表示的范围具有逆向性，“漠然离去”到“热望回归”是反向的，变化是质变。例(116)与(118)也体现了范围顺向性与逆向性的对立特征，“劲旅”与“豪杰”是同向的，后者是前者所表范围中较为突出的成员;而"泥"与"白莲"具有对立性,后者是前者质变的结果。

3.2.4　客观性范围与主观性范围

根据表范围的成分是否有客观存在的实体作为对应物可分为主观性范围与客观性范围。客观性范围表示客观存在的范围,在客观世界中有对应的实体;主观性范围表示主观想象的范围,在客观世界无对应实体,需依靠想象划定范围。例如:

(119) 从教室到走廊,从走廊到操场,著名人物的画像和格言,无时不在激励着学生奋发向上。(《人民日报》1995)

(120) 所辖场地东至下砂场界,西至高桥镇界,南至袁浦场界,北至下砂场界,延袤八十五里。(BCC科技文献)

(121) 村边有条小河蜿蜿蜒蜒,从大山深处一路欢唱奔来,从身到心纯净无瑕,绝没有半点污染。(何申《老赫的乡村》)

(122) 在历史和现实轮回范围中有一个人类认识的误区:人们总以为理性和痛苦的经验使得人类对过去吸取了足够的教训,都认为那种"荒诞岁月"绝不会再次出现。(BCC科技文献)

例(119)中的"从X到Y"构式表示的范围具有客观性,即是实实在在存在的范围;例(121)中的"从X到Y"构式表示的范围具有主观性,"小河的身体"与"小河的心灵"之间的范围是主观想象的。例(120)中的处所都是客观存在的,因此由其构成的处所范围同样是客观性的;而例(122)"历史"与"现实"都是抽象的概念,需要主观界定与识别,由此构成的范围也是主观性的。

3.2.5　抽象性范围与具象性范围

根据范围外延的确定与否可分为抽象性范围与具象性范围。抽象性范围指的是抽象的、模糊的范围,其外延具有相对不确定性;具象性范围指的是具体的范围,其外延是相对确定的。当然具体与抽象都是相对来说的。例如:

(123) 从小到大,从读书到高考落选到进工厂工作,四清都是个波澜不惊的人。(池莉《你是一条河》)

（124）例如，帮他们尽快熟悉学校的环境，从学习情况、生活情况到具体的选课、上课、食堂、图书馆的情况等等。（王登峰、张伯源《大学生心理卫生与咨询》）

（125）高大的烟囱依然摄人心魄，只是记忆中的彩虹不再出现。（格非《江南三部曲》）

（126）战前日本渔业居世界第一位，活动的渔场北至白令海峡，南至澳洲，西至印度洋，占世界渔场三分之一。（《人民日报》1956－05－23）

例(123)中有两个并列使用的“从X到Y”构式，相对来说，“从小到大”表示的范围是抽象的，“从读书到高考落选到进工厂工作”表示的范围是具体的；例(125)中的“从X到Y”构式比较有特色，X(学习情况、生活情况)相对抽象，Y(具体的选课、上课、食堂、图书馆的情况)相对具体，即范围的起点、终点是同指的，但抽象度不同。

3.2.6　静态性范围与动态性范围

根据范围所表示的状态可分为静态性范围与动态性范围。静态性范围描述范围的确定状态，动态性范围表示范围的变化状态。例如：

（127）从此，康伟业和段莉娜开始了频繁的鱼雁传书，每周都有两封信越过长江和汉水，一封从武昌到汉口，一封从汉口到武昌。（池莉《来来往往》）

（128）基地范围东至武昌武珞路，南至彭刘杨路，西至体育街，北至九头鸟房地产开发公司。（BCC科技文献）

（129）马青语重心长地说，“咱们还是一起混吧，人多力量大，敢叫日月换新天。人心齐泰山移蚂蚱还有四两肉一个萝卜一个坑咱们怎么就不能从无到有从小到大由弱变强呢……”。（王朔《一点正经也没有》）

（130）去年3月21日，温州瑞安、苍南两地作为全国8个试

点县之一，首先启动改革试点，存款利率最高可上浮30%，贷款上浮上限70%。(《文汇报》)

例(127)中的"从X到Y"构式表示的范围是静态的，不能变化；例(129)中"从X到Y"构式表示的范围具有动态性，表示的是变化的范围，"从无到有"、"从小到大"。例(128)中所表范围同样是静态的，处所范围各个方向的边界都有明确的说明；而例(130)中仅限定上限范围，下限范围处在浮动变化之中。

4. 范围范畴的语义类型

朱军(2010b)、王娟(2012)、王玉姣(2013)、戴春蕾(2013)等都根据不同的研究对象，对汉语范围范畴的下位范畴根据语义进行了分类，大部分是一致的，但因研究对象的不同，也有一些不一致之处。朱军(2010b)研究范围构式"从X到Y"时将范围范畴的语义类型分为空间范围、时间范围、数量范围、人物范围、事物范围和行为范围；王娟(2012)研究现代汉语范围构式"X+(的)+L"时将范围范畴的语义类型分为空间范围、时间范围、数量范围、人物范围、事物范围、等级层次范围和信息媒介范围；王玉姣(2013)研究范围构式群"满/全/整NP"时分为空间范围、时间范围、数量范围、身体部位范围和事件范围五种语义类型；戴春蕾(2013)以"X前后/左右/上下/内外"范围构式群为对象将范围范畴细分为以下语义次类范畴：空间范围，时间范围，数量范围，年龄范围，事件范围，人物范围等；钟玲萍、朱军(2019)讨论包容类范围动词的语义结构时将范围成分的语义类型分为时间范围、空间范围、数量范围、事物范围(具体)、事件范围、概念范围(抽象)等。

综合几种说法，我们本着系统简洁、分类清晰的原则，将范围范畴的语义类型大致先分为：空间范围、时间范围、数量范围、人物范围、事物范围和行为范围。其中，空间范围又分为实体空间范围与隐喻空间范围，时间范围分为普通时间范围与年龄范围，事物范围又分为普通事物范围与抽象事物范围。下文我们在朱军(2010b)、王娟(2012)、王玉姣(2013)、戴春蕾(2013)基础上进行补充说明。

4.1 空间范围

空间范围是范围范畴最基本的意义类型。范围范畴在表空间时既可表一维、二维平面空间，也可表三维立体空间。

“从X到Y”表空间范围有时只具有一维性，表示空间距离。例如：

(131) 我和刘会元搬桌子摆椅子铺好毯子，把一盒麻将牌哗哗倒在桌上，从里往外拣“混儿”。(王朔《一点正经也没有》)

“从里往外”不具备三维特点；只提供了起点与终点，主要表示空间的距离。

王娟(2012)认为“X+(的)+L”构式表空间范围既可以表示三维空间范围，又可以表示二维空间范围。举的例子分别是：

(132) 实际上明清以后的民间祠祀与佛寺、道观已很难区别，许多民间杂神祠庙或以僧主持，或以道主持，而传统的民间神祇也堂堂正正地高踞于寺庙、道观之中。

(133) (彩陶盆)盆的内壁上部画了三组跳舞的人像，每组五人互相牵手而舞，而且服饰划一，动作整齐。

王玉姣(2013)认为现代汉语构式群“满/全/整NP”基本的语义类型是空间范围，该构式群不仅可以表示三维空间范围，还可以表示二维空间范围和一维空间范围。举的例子分别是：

(134) 满箱书籍都散在地下，箱子是樟木所制，箱壁厚达八分，甚是坚固。(金庸《神雕侠侣》)

(135) 文章对猪、鸭等动物的简单描写，也有《小芳》等流行歌曲的歌词，还有满页的百家姓。(李作明《回归人类的猪女》)

(136) 胆小的人会张皇失措，就连自己这在战斗生活中过了

整二十年的人,也感到心情沉重。(杜鹏程《保卫延安》)

戴春蕾(2013)分开讨论几种构式的此范畴表达,认为"上下"也可表空间范围。举例如下:

(137) 故而张猫总是整洁干净,满面笑容地出入大楼上下。

(138) 纷纷扬扬的雪花飘了一天一夜,大漠河上下变成了一片银色世界。

此处的"上下"具有"里"型空间的属性。

空间范围从其具体与抽象程度来看又可分为实体空间范围与隐喻空间范围,前者指的是本身就具有空间特征的成分所表示的空间范围,而后者指的是本身不具有空间特征的成分通过隐喻等认知加工而成的空间范围。例如:

(139) 这里的房子有自己的特色,有朝北窗户的房间、十八世纪的山墙、荷兰式的阁楼、低廉的房价,这些也都是艺术界的那些人选择这里的原因。(欧·亨利《最后一片常春藤叶》)

(140) 他的视野涵盖了人类所有的情境,人生的每一个面向在他的眼底都是息息相关的。(克里希那穆提《生命之书365日的静心冥想》)

(141) 剧中的南方仍梳这样一条辫子,她面对学生时,脸上永远挂着浅淡的微笑,笑容里仿佛藏着无尽的爱和包容,让她形神潇洒,富有亲和力,还有一种让我一时无法说清的更深的触动。(BCC科技文献)

上例中的"房子"本身就具有明显的空间特征,属于实体空间范围;"他的视野"所表现出的空间特征有所减弱,但仍有一定空间性的存在;而"笑容"的空间性则是完全无法从词本身看出来的,而要借助表空间的"里"进行识别,属于隐喻空间范围。

4.2 时间范围

表时间的范围也十分常见,时间范围一般与时段有关。朱军(2010b)认为时间是直线型的,方向很明确。时间范围实际上就是时间的跨度、时间的长短，也就是时段。例如：

(142) 从八岁那年目睹父亲的死亡到今天的十七岁，漫长的九年她过的是什么日子？母亲的谩骂和讽刺是她的家常便饭。(池莉《你是一条河》)

“从X到Y”构式表时段，X表示起点时间，Y表示终点时间。例(142)中时段的具体长度“九年”在“从X到Y”构式后面又再次出现，对该时段的长度加以强调。

先前有学者认为“X上下”不能用于表示时间范围的语义，牛顺心(2004)在《对举的方位复合词》一文指出：“X前后”和“X左右”都可以隐喻时间范围，而“X上下”则不能产生时间范围的隐喻含义。而戴春蕾(2013)通过考察发现“X上下”构式有表时间范围的用法。例句如下：

(143) 但面对大规模的，日益猖獗的拐卖人口活动，这五年上下的有期徒刑，不足以使人贩子望而生畏。

(144) 过去40多万年上下努力想达到而未达到的目标在近三四年间实现了，奥妙何在呢？

王玉姣(2013)认为从适用范围来看，形容词“整”的适用范围较广，可以和大部分时间词组合。“整NP”中“NP”可以为表示某个时间段的词语，如“上午，下午”，突出的是时间的整体性特征。这种具有模糊界限的时间段能与“整”进行组合，而与“满”和“全”的组合程度较低。

王娟(2012)认为通常情况下，除“东/西/南/北”类方位词以外，所有的方位词都可以出现在“X+(的)+L”中L位置上，构成表时间范围的构式。

另外，时间范围除了用来表时段范围的普通时间范围外，还包括一类特殊的时间范围即年龄范围。戴春蕾(2013)对年龄范围进行了论述，举例如下：

(145) 今天签约的街球高手年龄都在20岁上下，充分体现了这项运动的年龄特征。

(146) 纳比勒，沙拉维系阿尔及利亚人，现年35岁上下，以冷酷无情著称。

上例中的“20岁上下”是指以“20岁”为基数上下略有浮动的年龄范围，在某种程度上也具有时间范围的特征，可归为时间范围的次范畴；“35岁上下”也同样如此。

4.3 数量范围

数量范围是限定数量多少的范围，其也是较为典型的范围范畴语义类型，因为数量具有可数的特征，其在范围外延上具有明显的确定性，易于描写与识别。

朱军(2010b)认为“从X到Y”构式也可以表示数量范围，X、Y分别表示数量的最小值、最大值，说明事物存在于这样的数量范围内。例如：

(147) 沙丘的高度一般从几米到几十米，也有高达一百米以上的。(竺可桢《向沙漠进军》)

上例中“从X到Y”构式说明表示沙丘高度的数量范围。

王娟(2012)划分的数量范围最为细致，其将数量划分为金钱数量范围、时间数量范围、年龄数量范围、人数数量范围、次数数量范围、温度数量范围、长度数量范围、面积数量范围、容积数量范围、体积数量范围、重量数量范围。

王玉姣(2013)认为“全NP”和“整NP”也能够表示数量范围，其中的“NP”通常是由数词和量词(物量词)构成的数量短语，认为“满NP”没有数量范围的表达。

戴春蕾(2013)研究发现“X前后/左右/上下/内外”范围构式群都可以表数量范畴。所举的“NP上下”表数量的如下：

(148) 该公司也可以将普通车辆改装成一个“移动办公室”，花费在1万美元上下。

(149) 多数加拿大民调公司预测自由党所能争得的议席在

110 个上下。

(150) 安东尼奥马刺队，均是轻松获胜，与对手的比分差距几乎都在 20 分上下。

上例中所举的数量范围都有一个基准数量的存在，具体所表的数量范围是围绕其上下浮动的约量范围。

4.4 人物范围

人物范围是范围范畴中与人相关的次类类型，具体的人物范围较为复杂，有多种下位类型。

朱军(2010b)认为"从 X 到 Y"构式表示人物范围相对较复杂，既可表示人物类型范围，也可表人物变化范围，还可表示人物特征范围。例如：

(151) 从 80 高龄的老教授到 25 岁的青年科研人员，三代人聚在克美公司的麾下，成为我国第一个专业化从事谐波传动及特种传动科技开发、设计研制、制造生产、销售服务的集科工贸于一体的高新技术实业公司。(《人民日报》1995)

(152) 从一个贵族之子、勤勉学人、开业律师、业余拳手、黑人领袖、卅载囚徒到国家总统，曼德拉英雄史诗般的传奇经历何等辉煌！(《人民日报》1995)

(153) 从外表到谈吐，李耀先给人以敦厚、稳重之感。(《人民日报》1988)

上例中"80 高龄的老教授、25 岁的青年科研人员"表示的是不同人物的类型范围，而"一个贵族之子、勤勉学人、开业律师、业余拳手、黑人领袖、卅载囚徒、国家总统"则是表示同一个人的身份变化范围。

王娟(2012)认为"X＋(的)＋L"构式也可以表示人物范围，此时的"X"通常为群体人称代词"我们、咱们、你们、他/她/它们、大家"和表人的复数名词或短语，L 主要为"中/之中/之间/里边/里面/里头"。

戴春蕾(2013)认为"X上下"也可表人物范围。她认为此处的"X"可以是某个国家、某个行政区划区域或者是某个队伍、某个场所。而"X上下"表示的是在这个范围或领域中的所有人的集合,具有"遍指"意义。其举例如下:

(154) 在这个春天,中国上下齐心协力,谱写了一幅众志成城阻击禽流感的壮丽篇章。

(155) 在辽阳,辽宁队上下对这场事关保级能否成功的关键一仗非常重视。

(156) 去年防治非典和今年预防禽流感,全区上下都极为重视,做出了周密部署,挡住了疫情的传播。

上例中"中国上下"指的是"全体中国人民","辽宁队上下"指的是辽宁队全体成员,"全区上下"值得是"全区所有人",都是由空间范围转指人物范围的结果,表示人物范围的全量。

此外,人物范围中还有一个特殊次类即身体部位范围,对其的界定具有争议性。王玉姣(2013)将身体部位范围单独作为范围范畴的次类,并认为形容词"满""全""整"与"口、身、手"等身体部位词组合而成的短语,意义有时并不是实指人们所熟悉的身体部位的整体性范围,而是表达比较丰富的内涵。例如:

(157) 我笑了,用手指点点他的脑袋,"你这小子呀,满脑子鬼主意!"(施亮《无影人》)

(158) 长大了,慢慢学会选择,没有能力将整身的服装配成同一个色调,至少,也有一条手帕呀。(蔡澜《怀旧》)

而戴春蕾(2013)将身体部位范围看作事物范围,其认为"上下"用于事物范围(即我们所指的身体部位范围)时,大多具有"整体"意义。例如:

(159) 仅一分钟,车身上下就光亮如新,开进了成都市区。

(160) 天还没亮,我就起来了,把自己认为最得体的衣服找了出来,浑身上下收拾得干干净净的。

“车身上下”指的是整辆车子,“浑身上下”指的是“整个人”,都具有整体义。

我们认为身体部位是与人相关的直接成分,故可将其视为人物范围的一个特殊的下位类型。

4.5 事物范围

事物范围是指与客观实体相关的范围类型,事物范围也十分典型,因为客观实体总是有界的,其范围外延的界定较为简单具体,其所体现出的范围性也十分强烈。

朱军(2010b)认为“从X到Y”构式表示事物范围时既可以表示具体事物的范围,也可以表示抽象事物的范围,最重要的是还能够将具体事物、抽象事物纳入构式中进行序列化。例如:

(161) 从门前的石狮子到相互间的礼让到社会上的“师道尊严”都被打倒了。(《中国青年报》1988)

上例中“门前的石狮子”是具体事物,单独使用时表示具体范围,但在该句中具有象征意味,可看作抽象范围;“相互间的礼让”“社会上的‘师道尊严’”是抽象事物,明显表示抽象范围。二者共同构成“封建礼教”这种抽象事物范围。

此外,其认为“从X到Y”构式还可以表示事物、情况的变化范围。例如:

(162) 可以欣慰的是,20余年来,他手把手带教了五批飞行员,从一种气象到“全天候”,20余名年轻飞行员由他亲手送上蓝天。(《人民日报》1995)

上例中“一种气象”“全天候”是表示情况变化范围的两个端点:起点是“一种气候”,终点是“全天候”。

事物范围同样具有复杂的下位类型。王娟(2013)论述了事物所表的等级层次范围与信息媒介范围,其认为“X+(的)+L”构式表示等级层次范围时L通常为“上/下”类方位词,“X”具有序列义;“X+(的)+L”所表示的信息媒介范围是指以“X”作为信息载体的一种范围类型，此时L通常为“上”类方位词和“里/内/中”类方位词。例如：

(163) 英镑下面的货币单位(辅币)为先令和便士。1英镑等于20先令，1先令等于12便士。

(164) 行省之下，一般为路、府、州、县四级，它们的长官分别为总管、知府、知州、县尹。

(165) 那离我50年代从一部叫《在西双版纳的密林中》的电影里头第一次听说西双版纳，已30余年。

(166) 在此之前，他从广播里和报纸上得知，党中央在北京召开了全国农村工作会议……

例(163)—(164)中的事物表示等级层次范围，此类事物的上位概念本身就是可以分等级的，它们上位概念分别为“货币单位”“行政区划”，具有明显的等级划分特性。例(165)—(166)中的事物表示信息媒介范围，其中的“电影”“广播”“报纸”都是表示信息载体类的事物。

王玉姣(2013)认为总括式构式群“满/全/整NP”表示事物的范围具有多样性，不仅可以表示信息媒介范围、量化的容器范围，还可以表示地理概念、行政建制类或组织机构类等范围。

4.6　行为范围

行为范围是范围范畴语义类型中最具动态性的类型，表示行为的变化范围，行为一般与事件的发展有关，其变化范围一般是事件的发生与结束之间的范围。

朱军(2010b)认为“从X到Y”构式可表示行为的变化范围。例如：

(167) 他说：“我7岁上学，你是我的班主任，教我们从不会到会，从不懂到懂，一笔一划，多不容易呀！……”(马鹏军、赵怀玉《重于千斤的一等奖》)

“从X到Y”构式表示行为范围，各种行为往往构成一个完整的事件，事件都具有过程性，X、Y 分别表示某个事件过程中的起点环节和终点环节。例如：

（168）产妇从怀孕到生产全身筋骨都松懈了，元气大伤；若不养好，落下月子病，那什么药也治不了，女人这辈子就算病痨鬼了。（池莉《太阳出世》）

例（168）表示"生孩子"事件，"从 X 到 Y"构式分别表示了该事件的起点和终点，具有有序性的特点，行为范围在该事件过程中不断变化。

4.7　具体类型间的隐喻模式

关于范围范畴语义类型的隐喻模式，不同的研究者通过对不同对象进行研究得出了十分相似的结论，即认为空间范围是原型范围，隐喻投射是由空间范围向其他范围进行的。王娟（2012）认为"X+（的）+L"构式可以表示空间范围、时间范围、数量范围、人物范围、事物范围、人物等级层次范围和信息媒介范围等范围范畴，虽然该构式的构式义很复杂，但并不是杂乱无章的，而是有迹可循的，它们内部有很强的规律性。空间范围因其最具体也最直观，所以最先被人类所感知，并通过隐喻来表达和描写其它非空间结构和概念，据此，其发现各种范围构式义的隐喻轨迹如下：

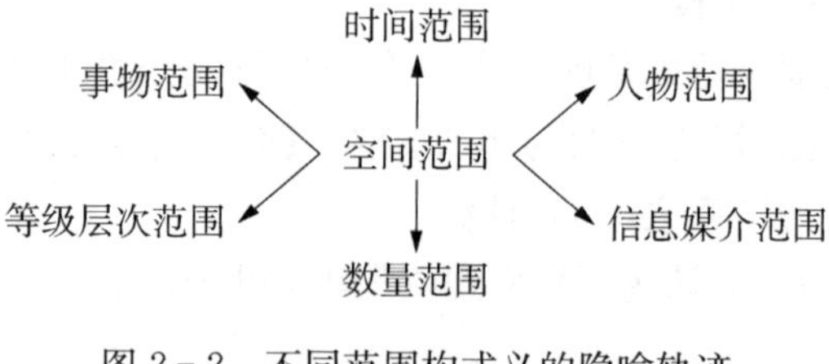

图 2-2　不同范围构式义的隐喻轨迹

王玉姣（2013）认为人们可以借助某一个领域的经验来认识另一个领域，即从认知的角度来把握隐喻功能。构式群"满/全/整 NP"可以表示空间、数量、时间范围等等。表面上看起来，这些用法没有规律可循,其实并非如此,它们在语义之间是有关联的。这些用法的空间范围具有可视性,让人一目了然,通过隐喻功能可以将空间范围投射到其他认知领域,使其表达的形式多样化。据此,其为了更清楚地表达空间范围、时间范围、数量范围、身体部位范围、事物范围之间的联系建立了如下隐喻图示:

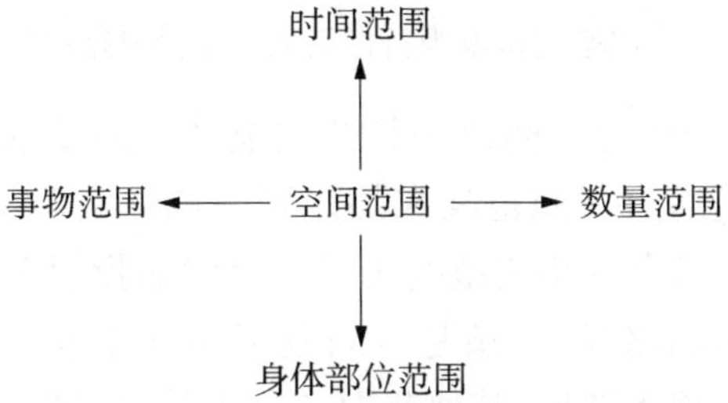

图2-3　构式群所表范围义关系的隐喻图示

戴春蕾(2013)认为"X前后/左右/上下/内外"构式群由单义转变为一个多义构式正是基于"空间范围"的隐喻,空间概念在人类的认知概念体系中处于最基本的地位,这就使得人们在认识周围事物的过程中自然地以空间概念为基础来构建其他的概念,同时,对空间方位的感知能力也是人类最基本的能力,所以,人们可以将空间域的概念,投射到其他的认知域,如数量域、时间域等,表达与其结构相似的抽象概念。空间隐喻的这种投射不是随意的、任意的,它遵循着"所投射的结果应与目标域的原有内部结构相一致"的原则。基于此种理论,其认为"X前后/左右/上下/内外"构式群从空间范围语义延伸到其他范围领域是通过隐喻的路径实现的。

以上提到的隐喻路径具有普遍性,实际是这些空间语义表达手段通过隐喻产生了很多新的用法,可以直接用来表达时间、事物等其他语义,逐步固定下来,成为约定俗成的用法。

我们认为,范围范畴的表达中,除以上方式外,还存在另外一条隐喻方式，即临时性的隐喻投射，即其他语义、概念也可借用空间范围模式来表达，即将其他概念放到空间概念的容器/导管模式中来理解，特别是一些抽象的概念或事物用空间概念的容器/导管模式来理解就更为简单。该隐喻模式的路径图示如下：

其他范围 —容器/导管隐喻→ 空间范围

图 2-4 以空间范围为目标域的隐喻投射路径(总体)

综上，我们认为空间范围是范围范畴中最基本的语义类型，其他范畴都是通过空间范畴来加以理解的。空间范围与其他语义类型之间以及其他语义范畴之间具有隐喻投射关系，并呈现出两条相反的隐喻路径，一条是空间范围向其他范围的隐喻投射，即将空间范围视为源域，其他范围都是由其经过概念域转换而来的目标域，投射路径表现为辐散状，这是一种宏观、约定俗成的途径，很多空间标记逐步演化为可以表示多种范围语义的范围标记；另一条是其他范围语义(不太好确定的)向空间范围的隐喻投射，即将空间范围视为目标域，其他语义范围为源域，通过容器/导管隐喻对其进行概念域的转换，并最终转换为空间范围，投射路径表现为辐合状，这是一种微观、临时性的途径。其实两者本质上是一致的，后者是具体的、个别的，形成常规后，就变为前者。

5. 结语

本章对汉语范围范畴的类型进行了讨论，认为范围范畴是一个复杂的系统，可从不同的角度进行下位类型的分类。范围范畴的分类依据复杂，涉及形式、语义、功能等多个方面，总的来说范围范畴可分为形式类型、特征类型与语义类型。具体而言，范围范畴的形式类型是在考虑语言单位大小的基础上从语言形式表达范围语义的直接程度进行的分类，主要有四种类型：直陈式范围表达式、附加式范围表达式、隐含式范围表达式、语境式范围表达式,每种表达形式类型又有不同的下位类型。范围范畴的特征类型是根据范围成分所具有的语义特征和功能特征而划分出来的类型,与范围表达形式本身所具有的语义特征、语义指向以及句法分布情况息息相关。一方面,范围范畴的特征类型划分可层层缩小,构成基于特征的基本类型层级框架;另一方面,可依据范围范畴所具有的对立特征进行类型划分,分为连绵性范围与离散性范围、单向性范围与双向性范围、顺向性范围与逆向性范围、客观性范围与主观性范围、抽象性范围与具象性范围、静态性范围与动态性范围。范围范畴的语义类型是根据语义划分出来的类型,不同的学者有不同的划分标准,我们将其划分为空间范围、时间范围、数量范围、人物范围、事物范围和行为范围;同时我们发现不同的语义范围类型间具有内在的语义关联,并呈现出两种相反的隐喻模式,即空间范围向其他范围的宏观隐喻投射模式与其他范围向空间范围的微观隐喻投射模式。

第3章 汉语范围配项及其句法功能

1. 引言

“配项”(item)指的是围绕在动词前后的名词性成分(包括通过介词介引的名词性成分),很多语法理论如配价语法、论元结构理论都涉及相关问题,如配价语法中“价”(value)与论元结构理论中的“论元”(argument)。但无论是“价”还是“论元”的界定,汉语语法学界都有很大争议,难以形成一致的观点,所以本文用“配项”来指称相关成分,一般来说,“配项”比“价”“论元”的范围要广泛。

朱军(2009a)专门讨论了现代汉语受事宾语句中配项的匹配模式,涉及的配项类型有施事、与事、时间、处所、关涉、工具、材料、方式、依据、动机、受事等11类,但因为是特定句式(受事宾语句),并没有涉及本文所要讨论的范围配项。我们认为范围配项是与范围范畴相关的语义成分,范围范畴是一种常见的语义范畴,指的是语言中表示空间、时间、数量、事物、概念、事件等的界限或变化幅度的范畴。(朱军 2010a,2010b;魏红、朱军 2012)范围配项指的就是在特定句式中表达范围意义的配项。例如:

(1) 四个选项中填一个。

(2) 班长选张三。

(3) 迷雾中走过来一个人。

与其他配项一样,范围成分也与句式、动词密切相关,三者之间是一种互动关系(朱军 2009b),是动态性的(魏红、朱军 2009),呈现出错综复杂且具有层次性的特征。

在以上认识的基础上,本章主要系统讨论现代汉语中范围配项的类型与表达成分,范围配项与相关的动词、句式之间的互动关系、范围配项的句法功能、范围配项在不同句法位置上的制约因素以及不同范围配项连用的情况,以对范围配项进行全方位、深层次、系统性的解读,初步建构其关于范围配项的理论框架。

2. 范围配项的类型与表达成分

范围成分有两种类型:词汇性的和语法性的,前者指词语本身就表范围义,如"百分之百的 NP""大部分 NP",但这些词语进入语义结构后不一定充当范围配项,所以不是本文讨论的重点,我们关注的是进入语法结构中充当范围配项的成分。根据范围配项的意义,其下位类型主要有空间范围、时间范围、数量范围以及人物范围、概念范围、事物范围、行为范围等。在语义结构中充当范围配项的语言成分与范围配项的类型之间有一定的对应关系。

2.1　表达数量范围的体词性词语

主要是"数量词语+名词"的组合,充当句子的主语,表示"数量范围"。例如:

(4) 三千考生录取二百人。

(5)? 三个学生来了。

(6) 二千户摇四百套房。

(7) 在苏联国民经济各部门中工作的妇女,每一千人中有八百六十二个具有高等或中等教育程度。(《读者》合订本,CCL)

要注意的是，单独的数量名结构不一定表达范围配项，如例(5)中“三个学生”是施事。数量名充当范围配项有两个条件：一是非施事，二是结构中有其他数量成分匹配，构成数量配比关系，如例(4)(6)(7)。

一些带有“满”“全”“整(个)”或者“一部分”限定成分的词语也是常见的表达数量范围的成分。例如：

(8) 因为要画画，所以经常要弄得手黑黑的，要么就是颜料涂满身。(BBC 微博)

(9) 喜轿前头的刀枪斧戟讲究排满半条街。(萧乾《一个北京人的呼吁》)

形容词性的“满”“全”“整”可以以语素的形式出现在一些名词中，且多数是后跟名词的情况，构成表达全量的名词或名词短语，如“满面”“满地”“满眼”“全身”“全盘”“整队”“整套”；“半”“一(小/大部分)”与名词组合后构成表部分量的范围配项。

2.2 表达空间范围的体词性词语

表空间、处所为何不是处所配项，而是范围配项？这里要说明的是，这些成分表达的空间范围，既与空间有关，也与范围有关，若仅用处所配项对其加以概括则不够全面，故用空间范围配项来表示。表达空间范围的一般都要带有明显的方位标记词，例如：

(10) 夜空中有一颗最闪亮的星。

(11) 脖子以下都是世界级。

(12) 在这种背景下，胡适不得不再次向蒋介石及其国民政府提出辞职。(《宋氏家族全传》，CCL)

关于方位标记可以表示范围，前辈学者早就有过论述，如丁声树等(1980：77)认为方位词可以用来表示范围和表示界限，举例如“乡村人口中”和“八十岁以上的人都得去”。吕叔湘(1999：472)进一步提到“名词＋方位词”可以表示范围，如在描述方位词

"上"的用法时，指出"名＋上"可指范围，举例如"书上/报上/村上只有十来户人家"；除"上"外，"下"以及"之间，中间；中，之中，当中；内，以内，之内；以外，之外；里，里边，里面"等方位词和名词组合也都可以表示范围。当然，我们也要注意，这些标记词有些表空间范围非常清晰，有些则相对含蓄，例如：

(13) 三楼以上空气好。

(14) ？三楼是好楼层。

(15) ？楼上共住着三个人。

(16) 这个运动着的一团在空中有一定的体积与位置，在它的范围之内，欧椋鸟可以沿着自己的飞行方向飞行，但不能破坏球体的形状。(卡尔维诺《帕洛马尔》)

比较以上例句有明显的差别："三楼以上"表空间范围十分明显；而"三楼"没有方位词标记不表范围；"楼上"表空间范围相对含蓄，可看作单纯的处所配项；介词框式"在……范围之内"则是典型的范围配项标记，无论何种成分进入此框架，基本都表范围配项。

2.3　表达时间范围的体词性词语

表时间范围的主要是表时段的时间成分，表时点的成分一般不认为具有表范围的功能。表时间的范围配项可以充当话题、主语、宾语、状语。例如：

(17) 我们的出场时间在九点至九点半。

(18) 五点以后你过来。

(19) 下午这段时间很热。

(20) 甚至在围城期间，战争十分剧烈之际，他也同意何栗的建议，制止张叔夜的出击计划。(徐兴业《金瓯缺》)

以上例句的范围成分(划线部分)分别充当宾语、话题、主语、状语。例(17)中"(从/自)九点至九点半"是典型的时段表达；例(18)中"五点"是时点，带上范围标"以后"才表达时间范围；例

(19)是由两个表示时间的成分构成复指短语表达时间范围；例(20)比较特别，“在围城期间”表示时间范围，其后的“战争十分剧烈之际”既可以看作范围配项，也可以看作单纯的时间配项。

2.4 表达其他范围类型的词语或结构

范围配项最常见的语义类型就是上面所提到的的数量范围、时间范围、空间范围；此外，还有一些可表示人物、事物、事件以及概念范围的语义类型，与充当范围配项的成分有密切的关系。

首先是具体名词或名词性短语，表达事物范围或人物范围。例如：

(21) 桃子只吃绿色的。? 他只吃绿色的桃子。

(22) 船长拍拍他的背，说道。“有什么了不起！世界上可爱的姑娘不止一个哪！”(狄更斯《董贝父子》)

例(21)中“桃子”充当范围配项，“绿色的”是“的”字短语，充当受事，对无定成分“桃子”进行具体限定；“他只吃绿色的桃子”中“桃子”也具有范围属性，但不是单独的配项，而是与“绿色的”直接组合构成限定性短语，充当受事。

其次是抽象名词，以及具体名词和抽象名词的组合也可充当范围配项，一般是表达概念范围。例如：

(23) 他只是在精神层面出轨了。

(24) 他从精神到肉体都出轨了。

例(23)中“(在)精神层面”要理解为范围配项，不能理解为处所或其他语义成分；例(24)中“从精神到肉体”则是由具体名词与抽象名词组合成的短语充当范围配项，整体上表达的是全量范围。

另外，一些代词特别是“咱(们)”也表示范围，看作人物范围。例如：

(25) ? 咱们——你，我，钱先生——要是组织个什么诗画社，消极的能保身，积极的还许能交往上日本人，有点什么发展！(老舍《四世同堂》)

（26）"……至于别的船员，有一个马耳他人和三个西西里人。""还有咱们。""对，还有咱们。总共八个人。带九百箱咱们人手可能不够，但是到了那儿会有一批人来帮忙。"（保尔·鲁·苏里策尔《绿色国王》）

例(25)中"咱们"表范围义很明显，但不是范围配项，而是充当施事；例(26)中的"咱们"则充当范围配项。二者产生差异的原因在于动词的不同导致"咱们"的角色也相应不同。

名词、量词的重叠表全量，又可兼表人物、时间、空间、数量范围。人物范围如例(27)，再如"上上下下"；处所范围见例(28)，再如"前前后后"；时间范围如"大宝天天见"中的"天天"；事件范围如"里里外外他都是一把好手"中的"里里外外"。

（27）在这个得天独厚的国家里，政治家们个个"才智出众"。（埃萨·德·凯依洛斯《马亚一家》）

（28）据当时传教士的记载和幕府内部文书的记录，征伐岛原、天草之乱虐杀者无数，以致使当时的人口减半，特别是岛原半岛村村人烟稀少，处处可见飞鸟行走。（山崎朋子《山打根八番娼馆》）

以上讨论的范围配项在属性上都是统一的，即都是名词性的（体词性的），那么有没有例外呢？谓词或谓词性短语能不能充当范围配项呢？从语料情况看，一些谓词性词语也可以表达范围配项，但一般都是要进入到特定的格式中，受到构式压制(construction coercion)的作用，才具有指称性功能，整体上表达事件范围。例如：

（29）人从死到出殡有七天，七天喊下来，罗长礼嗓子不倒。（刘震云《一句顶一万句》）

（30）我看着这几双发亮的感激的眼睛，使我想起了许多往事，从欣赏到写作，从幼芽到小树，是经过多少人的细心培养呵。（冰心《冰心全集第六卷》

例(29)中“从死到出殡”是事件范围,指称的是丧葬的过程;例(30)中两个“从……到……”结构都是范围配项,表达的语义类型都是事件范围,指称的是事件的过程。例(30)很能说明问题,进入两个结构的成分分别是动词和名词,但整个结构都是名词性的,具有指称功能。

3. 范围配项与相关句式

上面分析可见,有些语言成分本身或所带标记就具有范围意义,在句子中非常显性地充当范围配项;也有一些语言成分只是隐性地具有这个特性,表达范围义的语义功能主要由所在句式的作用来实现,激发出该成分成为范围配项的潜能。下文我们分析几种较为常见的带有范围配项的句式。

3.1 “双受事”句

“双受事”句在语法上是不被允许的,因而在此加上引号,其指的是位于动词前后的两个成分可分别单独充当句子动词受事的句式。那同时出现怎么办?一般我们认为其同时出现时二者之间的关系遵循“框架大于内容原则”(The Principle of Frame Being Bigger);且我们同意袁毓林(1998: 52)的做法,将前面的成分看作范围配项,后面的成分看作受事。先看我们(朱军 2010a)举过的例子:

(31) 总统选了布什。

(32) 桌子搬了五张。

(33) 四虎将落网的鹰王扎了翅膀。

(34) 饼干被他吃了大半桶。

(35) 这间房子锁了门。

(36) 那个姑娘糟蹋了自己。

划线的部分我们看作范围配项,动词后的名词性成分则看作受事。这种句式的特点在于句中的范围配项也可单独作为该动词的受事。该句式对动词前后配项成分之间的关系具有一定要求，一般要具有以下四种关系，即整体部分关系（例32、34）、领属关系（例33、35）、类属关系（例31）与复指关系（例36）。

这些成分（划线部分）单独看，并没有显著的范围义，但在“双受事句”中却充当了范围配项的语义角色，因而从这种意义上说，范围意义是句式赋予的。

3.2　归属判断句

以动词“是”作为谓语的句式叫判断句，“是”字判断句的类型有多种，其中有一类为归属判断句，表示主语归属于宾语的类别。例如：

（37）我是老师，他是学生。

（38）军营里的战友们都是20岁左右的年轻人。（王小波《东宫・西宫》）

在语义结构理论中，表示判断关系的主语、宾语的语义角色分别是起事、止事，但判断句类型不同，具体语义关系也不同，这样处理未免过于笼统。在我们的系统中，将归属判断句的起事与止事分别看作对象配项与范围配项，表示某个对象属于某个范围。

这里我们特别要提到一个结构“NP是个好东西”，该结构也属于归类判断句。例如：

（39）日耳曼人沉吟一下，用坚决的声调说：“我办不到！爱情是好东西，可是在这个世界上，它不是占第一位的东西。……”（契诃夫《三个当中选一个古老而又永远新颖的故事》）

（40）人奶是好东西。农民觉得这个解释是让人信服的。（韩少功《马桥词典》）

这里的“东西”“好东西”基本就是“事物”的意思，具有泛义名词的特点（这个词义是词本身所具有的，在此句式中得到激发）。随着用法的扩展，人们也说“脑子是个好东西”“时尚是个好东西”等等；而且在网络语言中，“脑子是个好东西，可惜你没有/希望你也有”还进一步规约化为具有评论性的让步义流行构式。

3.3 部分代体宾语句

代体宾语是邢福义先生(1991)提出的一个重要概念，主要用于处理汉语中一些特殊宾语(即非受事宾语或动词常规宾语，如“吃食堂”“吃大碗”)的定位问题。

我们认为有些代体宾语可以看作范围配项，以“吃食堂”为例，“食堂”看作“吃”的处所或受事(通过转喻)都有一定的道理，但也不是毫无争议；这里将“食堂”处理为范围配项也是一种尝试，认为“吃”的处所或途径在人们的常规意识中是基本规约的，“吃食堂”是限定了这些途径的范围。如果我们的认识合理的话，“压马路”中的“马路”也一样可以处理为范围配项；同理，很多的代体宾语都可以看做范围宾语。例如：

(41) 有几个朋友知道了，说是他的大问题已经解决，拉了去看电影吃馆子。(张恨水《啼笑因缘》)

(42) 晚风中二龙和姑娘遛马路，转商场，逛公园。(史铁生《“傻人”的希望》)

上面例句当中的“吃馆子”“遛马路”“转商场”“逛公园”都可以看做表空间范围的范围配项。

除了以上句式外，比较确定带有范围配项的是范围动词构成的各种句式，我们在下一小节详细介绍。

4. 范围配项与范围动词

汉语中直接表达范围义的除了一些名词及短语外，还有范围动词(许剑宇 2015；马喆、邵敬敏 2015)。钟玲萍、朱军(2019)、钟玲萍(2019)详细分析了范围动词及其句法语义结构。本书的第 6

章、第7章将详细讨论范围动词及其句法结构、语义结构，这里只简单介绍范围配项与范围动词的关系。

范围动词指的是在语义上界定事件所表示范围的界限，即在某一范围内对事物外延的大小或数量的多少进行限制和概括的动词。从限制范围、语义指向及复杂的句法语义结构来看，范围动词可分为包容类、总括类与排除类。钟玲萍（2019）根据《现代汉语词典》（第7版）的释义确定的典型的范围动词有（按首字母排序）：

包容类：包、包藏、包含、包括、包罗、包容、包孕、包蕴、盛、带、富含、含、含蓄、含蕴、涵盖、涵蓄、内蕴、囊括、容[1]、容纳、隐含、蕴藏、蕴含、蕴涵、蕴蓄；

总括类：概括、共计、归并、归拢、归纳、归总、合、合并、合称、合计、合拢、计、累计、统称、统计、综计、综括、总、总称、总合、总计、总括；

排除类：裁、除、除去、除却、除外、减、扣、扣除、扣减、例外、免、抹、排除、刨、刨除、去、去除、剔、剔除。

范围动词语义上的特点对其进入句法结构后有一定的影响，就是前后总是伴随范围配项。以包含类范围动词为例，其具有[＋存在；＋限制范围]的基本特征，其构成的语义结构中范围配项是必现成分、必有配项，大部分情况下都是显性存在的（有时会承上下文隐含）。根据钟玲萍、朱军（2019）统计，包含类动词不同语义的范围配项出现频率坡度如下：

事物范围＞概念范围＞人物范围＞处所范围＞数量范围/事件范围＞时间范围

包含类范围动词最为常见的语义结构是以下几种类型：概念范围＋范围动核＋概念对象、事物范围＋动核＋事物对象、人物范围＋动核＋概念对象、事物范围＋动核＋概念对象、处所范围＋动核＋事物对象，这些语义结构占到总量的半数以上。我们列举一些如下：

事物范围＋范围动核＋事物对象：

（43）这盒口粮里包括18块强化饼干。（扬·马特尔《少年派的奇幻漂流》）

事物范围＋范围动核＋概念对象：

（44）这支曲子里蕴含一种英雄气概。（亨利·米勒《北回归线》）

人物范围＋动核＋概念对象：

（45）我也会包藏一颗最可怕的杀心。（莎士比亚《奥瑟罗》）

概念范围＋动核＋概念对象：

（46）吃的文化中不经意地就包罗了许多视觉、听觉的享乐与讲究。（BCC微博）

处所范围＋动核＋概念对象：

（47）眼中竟蕴含了异样的欲望之光。（桐生操《令人战栗的格林童话》）

事件范围＋动核＋概念对象：

（48）若是暴乱，领民就定是对领主不满，可是此中却似隐含他意。（山冈庄八《德川家康6·双雄罢兵》）

上述类型的范围配项基本都在范围动核的前面，这也是总体的位序特征；只有在变序句中才会出现相反的语序，且不违背整体的语序规律。例如：

（49）她其实一直把善良包藏在冷漠的表象下，做着一份很有意义的工作。（董妮《拜金女郎》）

此例的语义结构是“施事＋概念对象＋范围动核＋概念范围”，概念范围在范围动核后面，而概念对象在范围动词的前面，主要原因是“把”字句特殊语序的影响。

5. 范围配项的句法功能

范围配项总是充当一定的句法成分，范围配项能充当的句法成分有主语、宾语、定语、状语、话题（如果也可以看作句法成分的话）或大主语。下文我们通过具体的例子来分析。

主语位置上的范围配项。例如：

（50）这时期中的作品，除通讯外，还有小说，如《悟》《剧后》等。（冰心《冰心全集第三卷》）

（51）这天早上整个世界充满了阳光。（西奥多·德莱塞《嘉莉妹妹》）

（52）这些小球员总有几个人能踢出来。

（53）那天，我让你大哥帮我算了一下，全村323户贫雇农已经有33户卖了地，有卖一亩二亩的，也有卖三分五分的。（魏巍《东方》）

例(50)(51)中划线的范围配项充当的是简单句的主语，而例(52)(53)中划线的范围配项充当的是“有”字兼语句的主语。

话题或大主语位置上的范围配项。例如：

（54）平时不怎么抽烟的人，这几天也非跟着凑热闹，特别是熬夜打麻将时，满屋子烟雾弥漫。（BCC科技文献）

（55）这个周末，大街上人流拥挤，商店里人气旺盛，美容院、健身房等社区休闲场所里，也一扫前日冷清，居民顾客络绎登门。（BCC科技文献）

（56）黑夜里星光点点，白皑皑的积雪中的道路显得更黑了，前一天，即是作战的那天下了一场雪。（列夫·托尔斯泰《战争与和平第一卷第二部》）

（57）整个公司固定资产五千多万，每年利润一千多万，可以说是“新潮”公司最大的分公司之一，也是盈利最多的分公司之一……（张平《抉择》）

话题句中，往往还有一个主语和主谓结构与之对应，如例(54)中“满屋子”与“烟雾弥漫”、例(56)中“黑夜里”与“星光点点”。而有的话题还统管多个主谓句，如例(57)中“整个公司”既是“固定资产五千多万”的话题，也是“每年利润一千多万”的话题。也有多个范围话题句连用的情况，如例(55)中“大街上”与“人流拥挤”、“商店里”与“人气旺盛”、“美容院、健身房等社区休闲场所里”与“居民顾客络绎登门”。

宾语位置上的范围配项。例如：

(58) 当时，我家烧酒作坊院子里，摆着十几口大瓮，瓮里满装着优质白酒，酒香飘遍全村。（莫言《红高粱家族》）

(59) 所以到了外国，我便强烈地意识到自己是个“中国人”，处处注意严格要求自己，以不损害中国人的形象。（BCC 科技文献）

(60) 酒是好东西，其色清正，其味甘淳；可以美人口欲，激人心志。（BCC 科技文献）

(61) 村长余实这样说话是有道理的，从正式公布改选那天起，除了他，再也没有第二个人登记参选村长。（刘醒龙《天行者》）

宾语位置上的范围成分，一定有一个与之相对的对象成分在它前面出现，还有行为、状态与之共现，构成完整的范围表达式，如例(58)中“全村”是范围配项，对象是“酒香”，状态是“飘遍”；再如例(61)中范围配项是“村长”，之所以是范围而不是其他配项，与对象“他”以及行为“参选”相关。还有一种情况就是“归属句”的宾语，一般由范围配项充当，如例(59)的“中国人”、例(60)中的“好东西”。

状语位置上的范围成分。例如：

(62) 在这些“回忆”中，还有一个身穿绣金蓝色服装的亚细亚高官，他在医院的过道往来穿行，面无表情，沉默寡言，十分可怕。（玛格丽特·杜拉斯《物质生活》）

(63) 我不知道那些热闹的人们是怎样的过年，我只在牛奶中加了一个鸡子，鸡子是昨天苇弟拿来的，一共二十个，昨天煨了七个茶卤蛋，剩下十三个，大约够我两星期吃。(丁玲《莎菲女士的日记》)

(64) 我母亲喜欢表哥。曾一度，她想把表哥要过来，做她的儿子。这事情在大人们之间秘密地商谈了一阵，后来，也不知道为什么，不了了之了。(付秀莹《锦绣年代》)

(65) 他们，在全球范围内，习惯于用火和利剑、绞台和刑车互相摧毁。(斯蒂芬·茨威格《异端的权利》)

范围配项充当状语，与之对应的对象位置相对灵活，可以出现在它前面，如例(64)中“这事情”在“在大人们中间”前面、例(65)中“他们”在“在全球范围内”前面；也有在后面的，如例(62)中“一个身穿绣金蓝色服装的亚细亚高官”在“在这些‘回忆’中”后面、例(63)中“一个鸡蛋”在“在牛奶中”后面。

补语位置上的范围配项。例如：

(66) 话说这一家子惨淡经营，勉为其难，载沉载浮于岁月间，门可罗雀，常掩不开，倒也还算平安。(王旭烽《茶人三部曲》)

(67) 他是那种爱空想、多愁善感的笨蛋，他“正是他的多愁善感，要命就要命在这儿。(佩勒姆·伍德豪斯《永难翻身》)

(68) 吃在台北，一说起来就会令许多老饕流涎三尺。(梁实秋《雅舍菁华》)

(69) 我就像共和国从建立以来就开始存在的那种人物，为了国家和人民的安全，老是让自己置于暗处，把别人放在明处，把别人的举止言行放在自己目光的瞄准仪中，使被观察的目标的正常举止也显出叵测意味来。(严歌苓《陆犯焉识》)

同样，补语位置的范围配项也指向不同的对象成分，但一般都在范围配项的前面，有的对象配项没有明说，需要在字里行间或前后语境中去解读，如例(68)对象没有在句内出现，但在后面的句子中出现了(老饕);例(66)情况类似,对象配项是"茶馆",但没有在句子出现,需通过语境解读出来。有的对象配项则非常清晰地出现在句中,如例(67)(69)中的对象成分。

定语位置上的范围成分(不是配项)。例如:

(70) 他们问为什么它不在房屋后面,我说这是这条巷子所有住户的厕所,幸亏它不在我们家后头,不然的话,人们就要提着马桶穿过我们家厨房啦,那还不把人恶心死?(弗兰克·迈考特《安琪拉的灰烬》)

(71) 到明天一上班,满屋子一地的死蟑螂,老的老,小的小,四仰八叉的,吓人不?(毕淑敏《蟑螂谷》)

(72) 在这个日子里,全市人民瞩目的环线工程胜利通车了。(孙力、余小慧《都市风流》)

(73) 整个公司的产业就像一堆糖果,每天都在闹哄哄地易手变卖。(《人民日报》1982-02-08)

定语位置上的范围成分,我们不称为配项,原因是它与前几个不在一个层面上,是短语层面的成分而非句子层面的。范围定语与中心语对象之间构成了限定关系,范围定语与中心语对象之间一般是整体和部分的关系。

很显然,范围配项在一个小句以及短语中往往与另一个成分对象形成比照关系,对象也是一个配项,有时显性地出现,有时也承上下文语境隐去。我们感兴趣的是这两者的相对位置。从语料呈现的情况看,有范围配项前置与范围配项后置两种情况,且二者似乎没有倾向性。我们认为这里有两种类型,也反映了两种不同的认知投射方式。一种是"聚焦式投射",范围配项总在对象配项的前面:

范围配项/成分 > 对象配项/成分

如话题、主语位置上的范围配项都在前,定语位置上的范围成分也在前。

另一种是“扩散式投射”，范围配项总在对象配项的后面：

对象配项 / 成分 > 范围配项 / 成分

如补语、宾语位置上的范围配项，它们都是位于对象配项的后面，如例(58)—(61)、例(66)—(69)。

那么怎么理解状语位置上的范围配项呢？状语位置上的范围配项既有在前的情况，如例(62)(63)，也有在后的情况，如例(64)(65)；而且，有些可以自由前置、后置，改句如下：

(64)’ 在大人们之间，这事情秘密地商谈了一阵，后来，也不知道为什么，不了了之了。

(65)’ 在全球范围内，他们习惯于用火和利剑、绞台和刑车互相摧毁。

我们是这样解释的：汉语的状语位在小句中间，相对自由，范围状语可根据需要采用“扩散式投射”与“聚焦式投射”，这也是它们通常可自由变换位置的原因。

6. 范围配项在不同句法位置上的制约因素

6.1　聚焦与扩散

一些范围配项的位置可以有变化：

(74) 张润霞被差额选举选上安徽省副省长了！(《人民日报》1988-02-04)

(75) 这次共提出候选人20名，从中重选了16名。(《人民日报》1983-04-15)

从范围与对象的关系来说，例(74)是对象在前范围在后的情况，属“扩散式投射”；例(75)则刚好相反，范围(20名候选人)在前对象在后，属“聚焦式投射”。

下文重点讨论可在多个句法位置上出现的范围成分以及制约因素，我们以“在X范围内/外/中/上/下”这个最常见的带框式标记的范围配项为例。“在X范围内/外/中/上/下”最为常见的两个句法位置是主谓之间以及句首（主谓之前），有一些在动词后（句末）充当补语。例如：

（76）在某种范围内，可爱的人品与风韵是可以用人工培养出来的，世界各国各种不同样的淑女教育全是以此为目标，虽然每每歪曲了原意，造成像《猫》这本书里的太太小姐，也还是可原恕。（张爱玲《谈女人》）

（77）根据您先前提出的要求，您，我，还有公证人及诉讼代理人，我们在小范围内谈一谈，我要把我们所有的权利委托给您。（巴尔扎克《邦斯舅舅》）

（78）你想要动物生气、发怒、烦恼、不安、厌恨、恼怒出恶狠狠的嘟嘟声和嘲笑声，把你的挑衅就控制在这个范围内。（扬·马特尔《少年派的奇幻漂流》）

不同句法位置上的范围成分，有时是可以互换位置的，如上面例（76）中的“在某种范围内”可以移到主谓之间，例（77）中“在小范围内”可以移到主谓“我们谈一谈”之前，例（78）如不考虑前后语句的连贯，也可能说成“在这个范围内控制你的挑衅”。它们根本的区别就在于是聚焦还是扩散，范围配项在前就是聚焦，范围成分在后就是扩散。范围成分在主语前与主语后的都是聚焦，两者的区别是，前者关涉的对象往往是一个事件，而后者关涉的对象往往是一个行为。

6.2 动词后范围配项的句法语义特点

从语料统计的情况看，范围配项前置更为常见，范围配项后置于补语位置受到一定的句法制约，主要有以下几种情况。

6.2.1 韵律因素

如果谓语动词是单音节动词，范围配项“在X范围内/外/中/

上/下”就被限制在句末补语位置，无法出现在其他两个位置。例如：

(79) 一只大鹌鹑飞起来，然而……可恶的医师偏巧站在射击范围内，几乎挡住枪口。（契诃夫《圣彼得节》）

(80) 凡一九九四年六月一日至一九九五年六月一日期间，在正式出版的报刊上发表的有关未成年人的消息、通讯、评论、报告文学等文字报道均在评选范围内。（《人民日报》1995-02-26）

上面例句中谓语“站”“均”都是单音节词，对范围配项后置具有强制性要求，否则句法不合格。

6.2.2　无宾语且无其他补语

范围配项能出现在动词后的补语句，在句法上还有一个要求，就是动词后位置空缺，没有宾语更不能有其他补语。如果动词后有了其他成分，范围配项“在X范围范围内/外/中/上/下”就不能再出现在这个位置上了，换一句话说，范围配项不与其他成分在动词后共现。例如：

(81) 有人曾经说过：一个有些姿色的女人，如果不够道德，那么就一定会在某个范围内造成极大的毁坏；她仅凭一己之力，就会使一个地方变得荒唐无序、杂乱无章、怪事迭出。（张炜《你在高原》）

上例中补语位置已有成分“极大的毁坏”存在，不存在成分空位，范围配项“在某个范围内”只能前置于状语位，作为状语限定谓语行为所表范围。

6.2.3　动词要具有一定的支配性

此外，动词要有一定的动作性，动作性弱不能带宾语的动词后一般也不能出现范围配项“在X范围内/外/中/上/下”，即便其后面留有句法位置，范围配项也无法占据。例如：

(82) 他认为，光是系统地阐述一下教规仍是不够的，因为那可能让个人留下一定程度的自由，决定他是否和在什么范围内照

办。(斯蒂芬·茨威格《异端的权利》)

(83) 研究生绝大多数在服务范围内就业,层次比较高。其中到高校工作的占 36%,到科研单位的占 18.2%,到国家机关工作的占 24.8%,以上共计 79%。(《人民日报》1995-06-16)

"照办""就业"不能带宾语或不能直接带宾语,句中出现范围配项只能前置。

6.2.4 被动句

被动句的特点就是原本在宾语位置的成分(主要是受事)前置了,动词后位置空置;但宾语前置后动词前的位置比较拥挤,考虑到句子平衡性的要求,范围配项后移。例如:

(84) 我一直是独自一人,又因为一直被限制在某个范围内,而紧张不安。(村上春树《我们那个时代的民间爱情传说》)

(85) 今年国家税务总局直接监控的企业达 10400 户,几乎所有的上市公司均包含在监控范围中。(《人民日报海外版》2002-07-20)

例(84)是被字句,例(85)是隐形被动句,但特点是近似的,谓语动词"限制""包含"直接的受事成分提前,范围配项后置。

6.2.5 "把"字句

"把"字句与被动句的情况较为类似,也是受事提前动词后留下空位;而宾语前置后动词前的位置比较拥挤,故将范围配项后移。例如:

(86) 我不会把她的思维固定在某个范围内,我会尽我所能地刺激她的感官,激发起她的求知欲,然后等待她的逐渐成长。(海伦·凯勒《安妮·莎立文信件集》)

(87) 科尔尼洛夫在准备向临时政府提出的报告提纲中,坚决要求必须采取下列重要措施:在全国范围内,对后方军队和居民实行战地法庭审判,实施死刑律,恢复军事首长的惩戒权力;把军队中的军人委员会的活动限制在最小范围内,以及其他等等措

施。(米哈依尔·肖洛霍夫《静静的顿河》)
很显然,上面两个例子后面的范围配项是无法出现在动词前的,这个从句子整个结构的均衡角度来说,也是必要的。

6.2.6　[+终结性]与[+过程性]

当范围配项"在X范围内/外/中/上/下"可以出现在句末或主谓间时,表义有明显区别,在主谓间表示[+过程性],在句末表示[+终结性]。例如:

(88) a. 虽然古代的城市已不复存在,神话时代也已经结束,但是有些东西仍然在一定范围内存在,它存在于我的记忆中和心灵里,并寻找新生的机会。(法格海《一个女人照亮的隧道》)

b. 有些东西仍然存在在一定范围内。

a句强调过程性,b句强调终结性。同样的原因,当动词本身含有[+终结性]的语义时,范围配项就不倾向再在句末位置,以免重复。例如:

(89) 他只在事物的表面掠过,观察到的只是彼此无关的现象,搜集到的只是七零八碎的事实,只能在小范围内进行归纳。(杰克·伦敦《马丁·伊登》)

(90) 卫河治理应该吸收这方面的经验,应该是将深山、浅山、丘陵、平原、洼地、碱地、沙地全面地规划在治理范围内。(《人民日报》1957-11-15)

比较上面两句:动词"归纳"有终结义,后面可以出现具体的对象,不适合出现终结性的范围成分;"规划"没有终结义,由后面的范围配项来表达终结义。

6.3　范围配项位于主语前后的限制因素

范围配项"在X范围内/外/中/上/下"出现在主谓前和主谓间相对自由,很多时候是自由互换的,语义方面的差异不是太大,差别主要是范围配项针对的是一个事件还是一个行为。例如:

(91) a. 服务组在收购范围内,与农民签订预购合同,实行定

点或流动收购。(《人民日报》1984-01-26)

b. 在收购范围内服务组与农民签订预购合同。

(92) a. 在矿体范围外,多次流体活动不明显或不强烈,成矿作用不理想。(BCC科技文献)

b. 多次流体活动在矿体范围外不明显或不强烈,成矿作用不理想。

但范围配项"在X范围内/外/中/上/下"也并不能绝对自由地在这两个句法位置上变换,移位还要受到其他因素的影响。

6.3.1 动词不能光杆

当句子中的谓语动词除了带有范围配项"在X范围内/外/中/上/下"外,没有其他的附属成分时,范围配项是不能前移的,例如:

(93) a. 人员、车辆在固定范围内活动,严禁践踏、破坏、污染草原。(《人民日报海外版》2004-06-05)

b. ? 在固定范围内人员、车辆活动。

(94) a. 在北方菜区,节能型日光温室工程在大范围内推广,面积已达210万亩,相近似的设施化保护菜地面积达1300万亩。(《人民日报》1998-06-05)

b. ? 在北方菜区,在大范围内节能型日光温室工程推广。

例(93)中的"人员、车辆在固定范围内活动"若前移范围配项则只能变换为"在固定范围内有人员、车辆活动",而不能直接变换为"在固定范围内人员、车辆活动";例(94)也同样如此。原因很简单,即谓语动词不能是光杆结构,否则会造成句子结构的失衡。

6.3.2 语义因素

当范围配项与主语或主语构成成分的一部分有语义关联时,范围配项的移位就会受到一定程度的限制。例如:

(95) 在全球范围内,各国的发展利益与安全利益是相互联系

的。(BCC 科技文献)

(96) 这三道作文题,在内容范围上一个比一个大,但在立意选材上又各有限定。(BCC 科技文献)

(97) 2005 年,全市在企业经营范围中带有“产权经纪”业务的机构有 130 余家,产权经纪人 1373 人。(《文汇报》)

上面三个例子的共性是,范围配项与主语构成成分的一部分在语义范围上有着明显的范围大小关系,例(95)中“全球范围”涵盖后面的“各国”,例(96)中“三道题”也是涵盖后面范围配项的“内容范围”,例(97)中“全市”涵盖后面的“企业经营范围”。以上情况,如果调换它们的语序,则说不通。

还有一种情况,例如:

(98) 这个定义尽管在一定范围内是正确的,但仍旧不够清晰和完全。(柏拉图《柏拉图全集》)

例(98)中范围配项“在一定范围内”指向后面的“正确”,所以不适合前移,因为前移即便前分句没问题,但与后分句结合起来,范围配项管控的范围就包括后分句,与原意就不相符了。

6.3.3 韵律因素

当范围配项音节数过多时,特别是超出主句的长度时,即便在语义上范围小于主语或其构成成分,也是可以位于主谓之前的。例如:

(99) 在专利权范围外或期满后,发明归属于公众。(BCC 科技文献)

上例的范围配项“在专利权范围外或期满后”,在语义上应在主语“发明”后,但范围配项过长,如放主谓之间,结构会显得冗长复杂。

6.3.4 对比语境

如果连续的语篇中有多个范围配项的对比或列举,那么它们相对的位置应该是一致的。例如:

(100) 你知道,在小范围内,地是平的,但大范围内,地是圆的。(詹姆斯·费尼莫尔·库柏《最后的莫希干人》)

(101) 在界值范围内,编码为0;在界值范围外,编码为1。(BCC科技文献)

上面两句范围配项之间是对比关系,如果移位到主谓之间,则需要两者都移位,而且对比的效果没有句首明显。

6.3.5 语篇连贯的因素

考虑到语篇连贯的要求,范围配项的位置还会受到共现成分语义的影响。例如:

(102) 他们懂那些我不懂的事情,在这个范围内,他们比我更聪明。(柏拉图《柏拉图全集》)

(103) 一具有与其他事物相异的性质,其他事物也以相同的方式具有与一相异的性质,在此范围内,我们说一和其他事物具有相同的性质。(柏拉图《柏拉图全集》)

(104) 这些不是对未来的预言式的期待,它只是标明了各种可能性的局限,在此范围内,各种决定性的力量均受到偶然的摆布。(米兰·昆德拉《不朽》)

上面三个例子中,范围配项中都有指代词"这个""此",都是前指前一个语言片段的,所以范围配项不适合移位到主谓间,因为那样会阻断语篇的流畅性。

6.3.6 综合因素

如果范围配项前面还有其他范围成分共现且语义有直接联系,则移位时两者需一起移位。可见能否移位,不仅要考虑范围配项本身,还要考虑另一个成分的特点,如韵律。例如:

(105) a. 这些人,大多数不知道自己所住街区杂货店的老板是谁,也不知道面包的价格有多高,但我却一点也不怀疑他们知道在大布里士、加兹温、设拉子和巴格达谁画得怎么样,也不怀疑他们知道哪个画坊、国王、君主、王子花多少钱编书,更不怀疑他们听说

了太多的最新谣言和传说，这些谣言和传说至少在这个范围内就像瘟疫一样流传得很快。（奥尔罕·帕慕克《我的名字叫红》）

b. 至少在这个范围内，这些谣言和传说就像瘟疫一样流传得很快。

c*. 在这个范围内，这些谣言和传说至少就像瘟疫一样流传得很快。

“至少”也是表范围义的成分，语义指向“在这个范围内”，两者要一起移位。

此外，能否一起移位还要看这个成分的韵律，一般来说，双音节的成分和范围配项一起移位比较自然，单音节的则相对来说不适合前移。例如：

(106) 只要在合理范围内，我是有求必应；可是很多情况不一定都合情合理的。（斯蒂芬·金《肖申克的救赎》）

(107) a. 毕业研究生原则上要在服务范围内就业，超出服务范围的，应按委托培养方式补办有关手续。（《人民日报》1995-12-15）

b*. 要在服务范围内，毕业研究生原则上就业。

c*. 原则上要在服务范围内，毕业研究生就业。

当然，这个例子的说法能否成立，是多个因素相互作用的结果。

7. 不同范围配项连用的情况

有时候，一个句法结构中有多个范围配项，不同范围配项之间共现时，语序是否存在一定的规律？遵循一定的规则？答案是肯定的。这里面又要分两种情况来说：同小类的范围配项共现与不同小类的范围配项共现，它们遵循的规则是不同的。

7.1 同小类范围配项语序

同小类范围配项共现，主要遵循“范围大＞范围小”的语序规则，因为这个范围配项无论是表空间范围，还是表时间范围、数量范围等，都有大小的区别。当然还有一些是受到其他规则的制约。

7.1.1 范围大＞范围小

(108) 尖锐的阶级斗争，在国际范围内，在各国范围内，在资本主义世界，在社会主义世界，都以不同的形式炽烈地进行着。(《人民日报》1966-12-14)

(109) 无论是在世界范围内，还是在本地区范围内，和平与发展的问题都未得到真正的解决。(《人民日报》1999-11-29)

(110) 在规范的公司法人治理结构中，董事长在董事会范围内行使职权，未经董事会授权，董事长不能全权代表董事会。(BCC 科技文献)

(111) 在文化艺术工作方面，新的人民的文化艺术在广大范围内代替了旧的帝国主义的、封建主义的和资产阶级的文化艺术。(《人民日报》1953-10-01)

(112) 大部分旅客，尤其欧洲人，离开肮脏的舱室，到甲板上走来走去地过夜，用擦拭没完没了地流淌的汗水的毛巾驱赶着各种毒虫。(加西亚·马尔克斯《霍乱时期的爱情》)

例(108)—例(111)中划线的都是同类的范围配项，都是范围大的优先于范围小的。例(112)划线的是含有范围义的施事成分，同样也要遵循范围大的优先于范围小的语序规则。

7.1.2 语言习惯

语言习惯是约定俗成的，但不具有绝对强制性。例如：

(113) 在市场经济条件下，在法律范围内，企业的经营和决策完全是自主的、自由的、自愿的。(BCC 科技文献)

(114) 从图 1 中可以看出在酸性范围中萃取率 K 变化不大，但在碱性范围内随 pH 的升高，K 值呈指数增加。(BCC 科技文献)

(115) 项目在宏观范围上看有产出效益；但在微观上看，项目仍是负债经营。(BCC科技文献)

(116) 词或在指称对象上，或在词义范围上，或在词义轻重上存在差异。(BCC科技文献)

(117) 在实验范围上，小班化也许只是局部，但在影响范围上，小班化所蕴含的教育思想、所带来的创新和变革，影响的绝不应当仅仅是局部。(BCC科技文献)

(118) 亚拉冈将伊西立安赐给法拉墨，成为他的封地，请他居住在艾明亚南，在王城的视线范围中。(托尔金《魔戒全集》)

(119) 这次提出的"153060"市内交通目标中的"30"指的是在市域范围中，从中心城到新城到省界，通过高速公路半小时内都能到达。(《文汇报》)

例(113)的语序是从(政治)经济到法律(文化)；例(114)说的是从"酸"到"碱"；例(115)说的是从"宏观"到"微观"；例(116)说的是从"对象"到"范围"到"轻重"，后两者语序比较自由；例(117)说的是从"行为"到"结果"；例(118)—(119)说的是从"概括"到"具体"。

7.2 不同小类范围配项语序

不同小类的范围配项共现，我们收集到的例子非常有限，这些例子主要是时间义的范围配项与空间义的范围配项共现，遵循的语序规则是：时间范围配项＞空间范围配项，例如：

(120) 今年三月以前，多数招聘是在本地区范围内进行，从四月份开始，出现跨地区、跨省市招聘趋势。(《人民日报》1992-12-27)

(121) 今年在全县范围内开展"水利工程建设年"活动，使全县四分之一的耕地成为旱涝保收基本农田。(BCC科技文献)

(122) 在时间跨度上，《申报》经历清王朝和中华民国两个历史时代，上下七十多年；在空间范围中，它纵横千里，涉及整个长

江中下游地区。(BCC 科技文献)

无论是连续的共现,如例(121),还是间隔的共现,如例(120),还是各在一个分句的共现,如(122),基本都遵守"时间范围配项>空间范围配项"的规则。

8. 结语

本章的基本观点是认为在汉语基本的动词小句中,围绕在动词周边的体词性成分除了施事、受事、结果、处所、时间等常见配项之外,还有范围配项,而这一点学界并没有太重视。研究发现有的小句中,范围配项是外围的;有的小句如范围动词句中,范围配项是核心成分,是不可缺少的。有的范围成分是词汇性的,有的则需要句式或动词将其范围义激发出来。同时,我们发现范围配项在句法中所处的位置受多种因素的制约。可见,范围配项是多层次的,是与动词、句式具有高度互动性的语言成分。此外英语中同样有范围配项,且在下位类型及与语义结构、语序结构诸方面与汉语具有平行性、一致性,因而在一定程度上认为范围配项具有跨语言的共性,是可以进一步讨论的。

第 4 章 汉语范围标记及其跨语言的比较

1. 引言

这里的“范围标记(range markedness)”是一个基于“范围范畴(range category)”的概念,指的是标示范围意义的标记词语,这个标记词语在句法上大部分是粘着的,需与“范围配项(scope item)”结合使用,共同表达动作或事件所关涉的时间、空间、数量、人物、事物、概念、事件的边界和范围。例如:

(1) 他在农民之中,和农民溶合在一起,使农民——他自己也在内——感觉到并发挥了“自己救自己”的伟大的力量。(《人民日报》1949 - 03 - 12)

(2) 我们的老师乃是存在于自然之中! 存在于我们对自然的激情之中! (太宰治《人间失格》)

很明显,范围标记有以下功能: 1)标示或激发某个语言成分的范围义;2)在小句中,将该成分定位为范围配项。

学界对范围标记的研究相对分散,如介词、连词、副词及一些格式、结构的研究中会涉及到范围标记,但多数没有专门将其作为范围标记来研究。丁声树等(1980: 77)认为方位词可以用来表示范围和表示界限,举例如“乡村人口中”和“八十岁以上的人都得去”。吕叔湘(1999: 472)在论述中多次提到“名+方位词”可以表示范围，如在描述方位词“上”的用法时，指出“‘名＋上’指范围”，举例如“书上/报上/村上只有十来户人家”；另外，他还指出“之间，中间；中，之中，当中；内，以内，之内；以外，之外；里，里边，里面”等方位词和名词组合都可以表示范围。邢福义（2010）讨论了“X以上”格式的演进，但没有明确指出其范围义。我们在系列文章（朱军2010b；魏红、朱军2012）中明确提出范围范畴的概念，并提及了范围标记。以上著述都间接说明了一些方位词具有充当范围标记的功能，只是没有明确说明。本章在已有研究的基础上主要讨论汉语普通话中范围标记的形式类型、语义类型，并分析范围标记与范围配项两种位序关系的差异，最后从跨语言比较的角度分析汉语、英语对应范围标记的共性与差异。考虑到语料的纯度，本章中文语料主要采用CCL、BCC中检索的书面语语料（文学、报刊、科技），英语语料主要采用COCA语料库中的语料，极少部分采用自拟或收集的其他语料。

2. 范围标记的形式类型①

从范围标记的构成成分看，主要有形容词（语素）、介词、名词（方位）及少量动词，另外就是一些短语与构式。我们这里主要从范围标记与范围配项的相对位置来分类，将其分为前标、后标、框架标记三类。

2.1 前标

这里的前标指的是可以单独连接范围配项的范围标记。部分前标具有显著的限定功能，介引功能反而不显著。

前标以介词为主，主要是“在、从、自、于”这几个介引时间、处所成分的介词。但有时它们的一些表达仅用处所、时间等来概括

① 这部分内容与第2章2.2节内容互为补充。

不太精准，如“于无声处”“从那时”；用空间范围、时间范围来界定更为精确。例如：

(3) 在午间人们昏昏欲睡时，一片黑云从山上飘下来，压在城市上空，瞬间大雨倾盆而下。（加西亚·马尔克斯《迷宫中的将军》）

(4) 按张家口本属直隶万全县，与独石口古北口有塞外三关之称。自民国十七年改省，遂成省会。（冰心《冰心全集第三卷》）

“除了”在《现代汉语词典》（第7版）中已经定性为介词，也可作为常规性的范围标记使用。

除介词外，汉语中还有一些动词及动词性短语也可看作前标，主要有“不算、限于、包括、所有”几个。“限于”“包括”在《现代汉语词典》（第7版）中只列有动词用法，但其实它们已有虚化用法，接近于介词的用法。《现代汉语词典》（第7版）中还没有收录“不算”，仍看做短语，但从语料的使用情况看，有很多近似介词的用法。“所有”则是限定用法。例如：

(5) 中澳关系的战略性不仅限于双边层面，对亚太地区乃至世界都具有重要意义。（《人民日报海外版》2014-11-20）

(6) 帝国主义者为了要维持他们在殖民地和半殖民地国家的经济霸权，不惜采取最残酷的办法，包括侵略战争。（《人民日报》1953-10）

(7) 例如，比利时的汪布尔克宣称：在刚果，不算方言，就有五百一十八种班图语！（《人民日报》1961-01-29）

(8) 所有“人”都搞不懂到底发生了什么事情。（艾利克斯·希尔《天蓝色的彼岸》）

有少量名词性词语也可作前标，主要是“（一/少）部分”与“有的”（代词），基本上都表数量范围，且是部分量。例如：

(9) 在科研规范管理下的第一层次的科研，侧重于基础应用研究，由大多数在岗教师兼职进行，少部分专职科研人员参与。

（BCC 科技文献）

形容词或形容词性语素，主要是“整”“全”“满”“百分之百”，也是表数量范围的，一般与名词结合使用，表全量。例如：

（10）去年，该村有 50%的农户参加技术培训并种植了香菇，全村一下发展 70 多万袋，且每户的规模较大，一般户都在 6000 袋以上，大户则上万袋。（BCC 科技文献）

2.2 后标

这里说的后标指的是附在范围配项后面，主要为范围配项定性的标记。后标以具有空间意义的方位词为主，（孙汉萍、储泽祥 1995，储泽祥 1997）。我们在王娟（2012）基础上再整理，认为范围后标主要有以下类型：

A. 单纯范围标：东/南/西/北/前/后/左/右/上/下/里/内/外/中/间

B. 合成范围标：

a）之/以＋东/南/西/北/前/后/上/下/左/右/里/内/外/中/间（“以”与“中、间”不能搭配）

b）东/西/南/北/前/后/左/右/上/下/里/外＋边/面/头/方/部（“左、右”与“头”，“里”与“方、部”不能搭配）

C. 复合对举范围标：前后/左右/上下/内外

这里要说明的是，A 类有些可以单纯作为处所标记，如“桌上”“水中”；而 B 类、C 类则主要作范围标记，如“教室以东”“相册上部”与“三千个左右”。

也有一些表起始、结束的动词如“起”“开始”具有作为后标的特征，主要作为时间范围标记。例如：

（11）明儿起，我得重新调整自己，做些有用的事情，重拾良好的生活习惯。（BCC 微博）

（12）80 年代开始，西方现代思潮卷土重来，挟带着从未有过的声势，摆开了横扫一切的架子，大有重演西方世界现代文明压

倒近代文明的态势。(BCC科技文献)

"不算"不仅可以作为前标,也可以作为后标使用,作后标时常以"不算在内"的形式出现。例如:

(13) 如若规模饲养加之产品加工增效,经济效益相当可观,江苏有的鹿场单以鹿血加工成鹿血酒出售,其他产品不算在内,每年即可获利几十万元。(BCC科技文献)

2.3　框架标记

框架标记是两个或两个以上标记的组合,多数是前标与后标的组合(邵敬敏2011),二者以配套的形式出现,如"在……之(以)上/中/下""打/自/从……起/开始""除了……之外/不算""包括/连……在内"等等。进入框架中间的成分多为体词性词语,即便有谓词性成分进入其中,也会因为构式压制(construction coercion)的作用加以指称化而成为范围配项。例如:

(14) 二和的父亲,是老爷子的长子,三十岁的人,除了原配不算,连我在内,是八个少奶奶,把一条性命,活糟蹋了。(张恨水《夜深沉》)

(15) 为了能够得到购买者的青睐,商品生产者就在法规以内积极参与竞争,就要千方百计围绕提高产品质量、劳动效率和降低成本,加强科技开发、优化劳动组合和改善企业管理,以求优胜免劣汰,立于不败之地。(BCC科技文献)

(16) 现在,除了做一些基础性工作和开展一些"自救"措施外,大众旅游公司正按照上海市统计局的要求,进行去年和今年同期营业情况的统计。(BCC科技文献)

以上例句中位于范围标记中的成分分别表示人物范围、概念范围、事件范围。例(16)中的范围配项虽由两个谓词性成分构成,但进入框架之中后,受到压制,指称化为事件范围。

也有前标与前标的组合,如"从X到Y"(朱军2010b),可用于表示各种范围次类型。

此外，还有一种组合的范围标记。例如：

(17) 江苏自贸区南京片区共 39.55 平方公里。四至范围：东至长江、横江大道、浦滨路，南至虎桥路、西江路，西至环山路、沿山大道、浦乌路，北至锦绣路、凯天路、浦东路。(闽南网 2019-08-26)

在小句中，除了带有范围标记的范围配项外，范围副词、范围动词也有表达范围义的功能，多数情况下，它们是搭配运用的。例如：

(18) 不算市里给的，现在镇里每年要给 90 万元，这还不包括装备投资。(BCC 科技文献)

(19) 他仅在精神层面出轨。(自拟)

例(18)中"不算市里给的"是带有范围标记"不算"的范围配项，后续小句中有动词范围动词"包括"；例(19)中"在精神层面"是带有范围标记"在"的范围配项，与范围副词"仅"搭配使用。

3. 范围标记的语义类型

范围标记连接范围配项表达范围语义，但用法并不完全相同，大类上有三种：限定范围标记、排除范围标记、包含范围标记。一般来说，特定的范围标记属于特定的类型；但也有跨类的范围标记，如"除了""不算"既可以表示排除，也可以表示包含。

3.1 限定范围标记

限定范围标记，指对象、动作或事件关涉的是某个范围的全部或部分，上文列举的大部分范围标记都属于这种类型。"在……范围内"类范围标记是其最为典型的形式，这是表示确定范围的标记(边界封闭)；也有表示不确定范围的标记(边界不是封闭的)，如"N 以左"。例如：

(20) 在全区范围内开展了以引进资金、引进项目(企业)、引进人才、引进技术,兴办联合企业为主要内容的"四引一联"招商引资活动,把任务指标层层分解,落实到部门、人头,取得了比较明显的成效。(BCC科技文献)

(21) 他决心把小说命名为《过期》,他相信它会在六万字以上。(杰克·伦敦《马丁·伊登》)

(22) 经市人民政府批准,阿炳故居的保护范围为雷尊殿原建筑及其院落,即今图书馆路24号至30号以及40号至50号,此范围之外20米内为建设控制地带。(《人民日报海外版》2001-12-27)

例(20)是确定范围;例(21)是不确定范围;例(22)中"此范围之外"是不确定范围,但后面跟的"20米内"又使之成为确定的范围。此外,还有一种变化方式,一些不确定的范围标记加上否定词对范围加以限制使之变为确定范围,如"不超过一个月以上"。

我们用图标的形式表示如下:

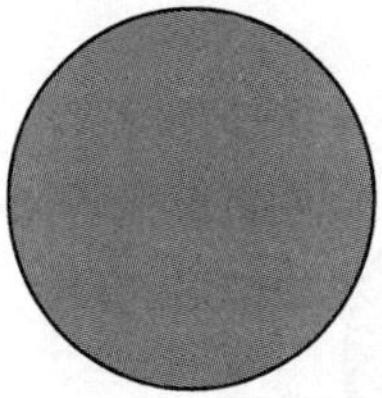

图4-1　确定范围

图4-2　不确定范围

有的标记是表示对象的全部,也有的表示对象的部分。例如:

(23) 暖暖想想这些天一次没来,甚至想都没想起过青葱嫂,满脑子里全是开田,心里确实生了愧意。(周大新《湖光山色》)

(24) 其他产品的收益在2012年只达到了23.5亿美元,而且针对科技消费者的产品的收益只占了其中一小部分。(彼得·蒂尔《从0到1:开启商业与未来的秘密》)

我们用图标的形式分别表示如下：

图 4－3　全量范围

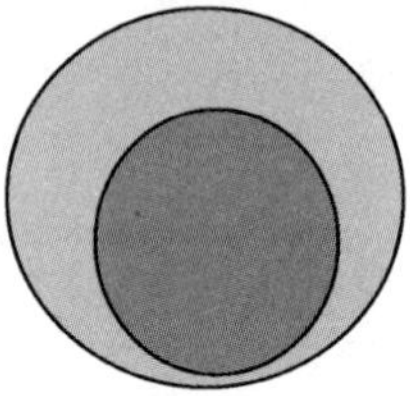

图 4－4　部分范围

3.2　排除范围标记

排除范围标记，所指称的范围是在某个特定范围的基础上排除出所特指的那一部分后剩余的部分，比较典型的标记有“除了/不算……之外/以外”。例如：

（25）除了工资，其他福利几乎没有。（自拟）

（26）许多村庄精英更多地关注“外面的世界”，他们生活的面向在村庄之外。（BCC 科技文献）

我们用图标的形式表示如下：

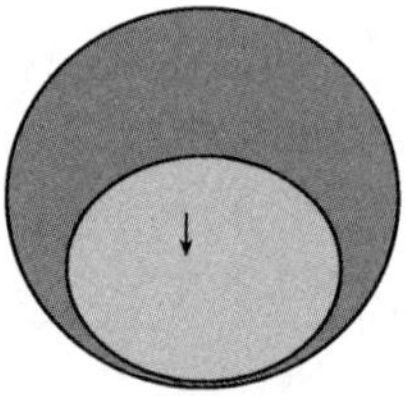

图 4－5　排除范围标记

3.3　包含范围标记

包含范围标记，指的是所指称的范围一定包括所特指的那一部分特定范围，比较典型的标记有“包括……在内”“不仅……而且”等，例如：

（27）“不知道是谁的小姨子，从老家跟着一块儿来的，你别看她，打她鬼主意的可不少，包括咱们'连首长'在内。为啥叫她来看押咱们？这就是照顾，懂不懂？大田里干活苦得很，尤其是现在，看咱们多轻松，谁都知道咱们不会跑，背着一杆枪，样子货！"（张贤亮《灵与肉》）

有意思的是，"除了/不算……之外"不但是排除范围标记，也可以是包含范围标记。例如：

（28）因此，我们的感觉中，除了视觉以外，还有听觉、嗅觉、味觉和肤觉等等。（冰心《冰心全集第八卷》）

我们将包含范围标记用图标的形式表示如下：

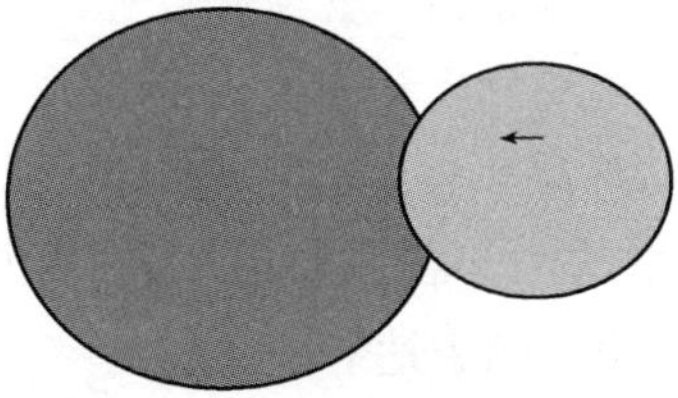

图4-6　包含范围标记

4. 复合范围标作前标、后标的差异

范围标记有前标、后标之分，一般来说前标与后标是不同的；但汉语也有少数范围标记可以作为前标、后标使用（非同时），如"不算"既可以作为前标也可以作为后标，表义基本区别不大。例如：

（29）慢慢地聊到福利待遇，余校长才知道，蓝飞虽然只是在中心小学代课，不算工资，光是奖金就超过余校长的全部收入。（刘醒龙《天行者》）

（30）要是少平教了书，两个假期不算，一年就能挣二千六百工分，公社一个月还补助六块钱呢！（路遥《平凡的世界》）

作为后标的"不算"更常见的是"除了（撇开）NP不算"的用法，单用时也可看作是后者的省略式。在上面两个例句中，变换“不算”与N的位序，语义基本一致。但几个兼有前标、后标功能的复合方位词“前后”“上下”“左右”“内外”，在作前标、后标时的表义和用法有明显的差异。

4.1 “N＋复合范围标”与“复合范围标＋N”的组合能力差异

《现代汉语八百词》(增订本)(P449)中也指出“前后”与名词的两种搭配语序：“名＋前后”与“前后＋名”：

前后秩序　前后关系　前后座位　前后车厢(八百词原例)

？秩序前后　？关系前后　座位前后　车厢前后

大楼前后　学校前后　房屋前后　(八百词原例)

前后大楼　前后学校　前后房屋

从《八百词》所举的例子看，“前后＋名”可具体可抽象，而“名＋前后”只能是具体的范围表达。

除了处所、关系类词语，表时间(时段)、数量的N在“名＋前后”“前后＋名”中都受限，“前后＋名”表时段、数量一般要加“不过”：

四世纪前后　？二十分钟前后　？五十个前后　？五公里前后

？前后四世纪　？前后二十分钟　？前后五十个　？前后五公里

再来看“左右＋N”与“N＋左右”，也都有受限的情况，抽象名词在“N＋左右”中受限，数量、时间在“左右＋N”中受限：

左右膝盖　左右派别　左右邻居　左右桌子　？左右三岁　？左右三十个

膝盖左右　？派别左右　？邻居左右　桌子左右　三岁左右　三十个左右

“上下＋N”与“N＋上下”，前者的N表数量、时间受限：

单位上下　阳台上下　上下二十米　？上下三天　？上下五十个

上下单位　上下阳台　二十米上下　　三天上下　　五十个上下

“内外＋N”与“N＋内外”，后者的N一般不能是抽象名词：

内外城门　？内外省　　内外政策　　内外时局　　内外战争　　内外交通　　内外收支

城门内外　　省内外　？政策内外　？时局内外　？战争内外　？交通内外　？收支内外

总体而言，在复合范围标与名词的组合上，“复合范围标＋N”与“N＋复合范围标”在搭配上有以下特点：

1）“复合范围标＋N”中N可具体可抽象，而“N＋复合范围标”中N一般需是具体名词；“复合范围标＋N”对数量、时间限制较多。

2）同类复合范围标与名词的不同语序组合具有一定的互补性，不同复合范围标与名词的组合差异也具有互补性，二者共同完善了相关的表达。如“二十分钟前后”不能说，“二十分钟左右”可以说；“上下三天”不能说，“前后三天”则可说。《八百词》中提到“‘上下’多指年龄，不能指时间、距离，‘左右’不受限”（P477），也体现了这种互补性；但也不能绝对化，如“五米上下”“上下五米”“上下五千年”都可说，“左右五千年”则不能说。

4.2　“N＋复合范围标”与“复合范围标＋N”的表义类型差异

“N＋复合范围标”以表达空间范围为主，四种复合范围标都可以表达空间范围。例如：

（31）我实话告诉你，我们这些同学，都是混世虫，先生走了，大家三三两两，在村子前后乱转，见了清秀些的姑娘，眼睛像作贼的一样，狠命地盯上人家几眼，回来就五通神附了体，信口胡诌，哪做得了什么事。（张恨水《北雁南飞》）

(32) 正开着秘密宴会,纯白的桌布上,典雅的烛台闪闪发亮,银制的刀叉摆放于盘子左右。(三岛由纪夫《假面的告白》)

(33) 九日晨同女伴乘雪橇出游。双马飞驰,绕遍青山上下。(冰心《冰心全集第二卷》)

(34) 片刻之后,就有十二发炮弹打着尖厉的呼哨,如一群黑老鸹飞了出去,围墙内外腾起白色的硝烟,然后就冲过来震耳欲聋的爆炸声。(莫言《檀香刑》)

有的"N+复合范围标"表时间范围受限,如不能说"一星期上下/内外""三点内外";表数量范围如"五米内外/前后"也受限;此外,"N+复合范围标"也一般不表事物、概念、事件范围。

无论是数量上还是类型上,"复合范围标+N"都以表事物/人物/概念范围为主,其他为辅,而且这些成分具有范围义,但往往在句中并非充当范围配项。例如:

(35) 罗汉大爷没说什么,悄悄地把酒篓搬到店里去,关上前后门,堵严前后窗,点燃豆油灯,挑大灯草,开始研究工作。(莫言《红高粱家族》)

(36) 如果是梅花,或许近似上下枝桠交缠狂舞的梅。(渡边淳一《失乐园》)

(37) 左右邻居窃取了花园,劫掠了那些稀有的花木。(维克多・雨果《悲惨世界》)

(38) 以我所见,除了内外浩劫,霉蚀是文物保存的最大敌人,例如中国南方于反难保存远年遗迹,就与气候有关。(余秋雨《千年一叹》)

例(35)、例(37)的"复合范围标+N"分别充当小句的受事、施事。

"复合范围标+N"与"N+复合范围标"在表义上的差异与语序直接相关,前者以N为中心,N主要表人物、事物、概念;后者以复合方位标为中心,虽然N的语义在类型上影响到范围配项的具体类型,但起决定作用的还是复合范围标,复合范围标的原义是表示空间范围的。

4.3 “N＋复合范围标”与“复合范围标＋N”的表义特点差异

从表达范围的确定性来说，“N＋复合范围标”既可表确定性的范围，也可表不确定的范围；而“复合范围标＋N”一般只能表确定的范围。如果具体到数量范围，“N＋复合范围标”既可表全量，也可表约量；而“复合范围标＋N”一般表全量。

先看“上下”：

(39) 她又说，就要你哭出来，哭出来你才更真实，她又变得温柔体贴，不断抚摸你，浑身上下。(高行健《一个人的圣经》)

(40) 光是去年就完成商品房一百四十多万平方米，约占全省民用房屋竣工面积的一半，商品率已达到50％上下。(《人民日报》1986-07-27)

(41) 按照有关金融法规，开办外币存款业务的境内金融机构，可有不同的挂牌利率，浮动范围为法定利率上下5％。(《人民日报》2000-06-19)

上例中“浑身上下”是全量(定量)，“50％上下”是约量(不定量)，“上下5％”是定量。

再看“前后”：

(42) 昨天她上北海去玩，大概是街上一乱，北海关了前后门，把她关在里边了。(老舍《四世同堂》)

(43) 第28分钟，孙继海在左路突破后为中国队赢得进攻良机，但传至门前后被巴西队的卡洛斯破坏。(《人民日报海外版》2003-02-14)

上例中“前后门”是定量，“门前后”是不定量。

再看“左右”：

(44) 左右岩壁布满裂缝般豁然闪出的岔路和令人毛骨悚然的横洞。(村上春树《世界尽头与冷酷仙境》)

（45）亭子左右各有一道“之”字曲桥通到湖岸。（郭沫若《湖心亭》）

上例“左右岩壁”是定量，“亭子左右”是不定量。

最后看“内外”：

（46）如今国势蜩螗，狐鼠横行，内外两副重担，都落在俺与四军身上。（徐兴业《金瓯缺》）

（47）从此升端一直延续到百余年后的今天，烹调手艺仍然在六十四行谋生手艺占有主体位置，白鹿原以出勺勺客闻名省内外。（陈忠实《白鹿原》）

上例“内外两副重担”是定量，“省内外”是不定量。

5. 复合范围标连用情况研究

在现有大部分的汉语教科书和词典中，“上下”“前后”“左右”“内外”都被看作表方位、处所的复合方位词。目前汉语语法学界关于“前后”“左右”“上下”“内外”这几个对举式复合方位词，很多前贤都在论著中讨论过。如：郭攀（2001）、张豫峰（2004）等。丁声树（1980：77）、吕叔湘（1999：472）都提到“名词＋方位词”可以表示范围；我们在此基础上进一步讨论认为，这几个复合方位词表义多样化，看作范围词更为准确，而且它们大多数情况下是附在其他名词前、后作为范围标记使用，可看作复合范围标记。关于这几个复合范围标记的用法共性与差异，戴春蕾（2013）进行了专门的讨论；本书无意再讨论它们的用法，我们关心的是这几个复合范围标常有连用情况（非重叠）出现，且连用时也具有表范围意义或充当范围标记的功能。例如：

（48）高明，就是思想方法对头，思想作风纯正，广听博闻，讲“两点论”，用辩证法，既看上下左右，又兼顾前后内外，既不武断，又要果断，高瞻远瞩。（BCC 科技文献）

这里的“上下左右”“前后内外”单纯理解为方位词不合适，其发生了隐喻投射，我们处理为复合范围词，包含多种下位范围类型，可以涵盖表方位以及其他用法。

“上下”“前后”“左右”“内外”这四个复合范围词的组合和语序相对灵活，本节主要考察这种组合有无倾向性规律以及受哪些因素的影响，并考察其用法的历时变化趋向。为了考察的一致性及语体区别的考虑，我们对 BCC 语料库中的文学、报刊、科技、微博、古汉语库中所有连用现象进行穷尽性的搜查。

5.1　“上下/前后/左右/内外”连用式语义类型

“上下”“前后”“左右”“内外”连用式可以与名词直接组合，也可以单独充当句法成分，独用时表示对象或参照点的成分也是存在的，承语境省略而已，此时便由连用式直接指代范围成分。如上面的例(48)，“上下左右”“前后内外”的参照点就是抽象概念“两点论”。考虑到范围范畴本身的多样性，范围词连用式表达范围语义也有多样性，基本意思就是单纯表达“X 面”的空间范围，通过引申、隐喻出其他范围义，构成范围义网络。

5.1.1　基本义及其引申

基本义是表示 X 个具体的方向/位置。例如：

(49) 前座可根据司机身体特点自动地向上下前后移动。(《人民日报》1958-08-04)

(50) 这座小平楼里上下左右住着 4 家，我们住在左上层，对门住着一个单身女人，最初的一年里，我们和邻居们只“早晨好”“今天好”地打招呼而已。(《人民日报海外版》2000-05-08)

由基本义引申出“到处”“各处”“全方位”等意思。例如：

(51) 突击队员们以无比的勇猛机智逐一打退敌人上下前后的反扑，最后把敌人压缩在一个小角落里，予以歼灭。(《人民日报》1948-10-14)

(52) 台阶四周也以造型各异的龙纹为饰，合计台基上下前后

的陈设及宝座屏风上龙纹共408条。(《人民日报海外版》2004-02-28)

如果说“到处”“各处”“全方位”针对的主要是某个客观物体或人本身的话,当客观对象充当的仅是参照点时,复合范围标则主要表示“周边/四周”的意思。例如:

(53) 突然,他们看到,他们的前后上下投来了探照灯光,周围是一片空虚。(卡尔维诺《马可瓦多》)

(54) 影子才是自己的真实写照,只要有光它就始终伴随在你的前后左右。(BCC微博)

复合范围标连用式的语义引申过程如下:

四面/六面/八面 → 全方位/到处/各处 → 周边/四周

5.1.2 基本义的隐喻

除了能够表达方位及空间范围外,复合范围标的连用式也可以表达其他的范畴概念,往往是通过基本义隐喻投射而来。

首先,由表示X个具体的方向/位置的基本义隐喻事物、概念、事件等的“各方面/X部分”,例如:

(55) 高校体育工作涉及到方方面面,可以归纳成上下前后左右6个主要方面。(BCC科技文献)

(56) 有的项目原材料、燃料、动力、运输等不落实,前后左右协作不配套,建成后不能正常生产;……(BCC科技文献)

由“全方位/到处/各处”等空间范围义隐喻出事物、概念、事件等对象的全部(全量)(也有可能由事物、概念、事件等的“各方面/各部分”义引申出对象的全部义)。例如:

(57) 见丹子飞快地跑上去,扑到老人面前:“秀芹哥,秀芹哥,我是铁香呵……”老人把她上下左右仔细看了一番。(韩少功《马桥词典》)

(58) 听人说,那里上下左右全是衙门,连打个喷嚏都会碰上

关节，都得打点。（刘斯奋《白门柳》）

由“周边/四周”隐喻出与某对象相关的事物、概念、事件等（也有可能是由事物、概念、事件等对象的全部引申出与之相关的事物、概念、事件）。例如：

(59) 故设立军邮局办理收寄平信及重要公文等简单业务，以便利前方战士通讯及上下前后方之联系。（《人民日报》1950-04-13）

(60) 此人与上下左右关系如何，与客户关系如何，与家庭关系如何？（刘玉民《骚动之秋》）

总而言之，复合范围词连用式的语义隐喻、引申过程（双向作用）如下：

	隐喻	
① 四面/六面/八面	→	④ 事物、概念、事件的几个方面
引申↓	隐喻	（引申↓）
② 全方位/到处/各方向	→	⑤ 事物、概念、事件的全部
引申↓	隐喻	（引申↓）
③ 周边/四周	→	⑥ 事物、概念、事件相关的对象

图4-7　复合范围词连用式的语义隐喻、引申过程（双向作用）

这些用法有明显的差异，①、④用法一般是不能用单用式代替连用式的，连用式的表义比较具体，单用式一般不能反映连用式的语义（或语义上有差异）；除此之外的其他用法可以用单用式替代，相互之间也是可以替换的，基本表义没什么区别。

5.2　“上下/前后/左右/内外”的连用形式

5.2.1　二项式

根据排列组合规律，四个范围标记词两两组合共有12种组合形式，我们在BCC的现代汉语语料库中都找到了用例，但不同类型例句数量差异很大。分别如下：

1）“前后上下”与“上下前后”

（61）在小槽中间，突出一个小的黄铜手柄端部用胶木包住，这只小手柄，能在槽内前后上下地移动。（弗·福赛斯《豺狼的日子》）

（62）他上下前后灿烂着。然而看到这灿烂的大概只有我。（《人民日报》1997-03-24）

2）“上下左右”与“左右上下”

（63）你尽力想像，我们这个上下左右到处都密密麻麻充满了文字的世界，在一个学会了不读不看的人眼里可能是什么模样。（卡尔维诺《如果在冬夜，一个旅人》）

（64）偏旁左右上下互异的字，应取左右字，不取上下字，如：略、峰等；但左右字不常见的，仍用上下字，如岸。（BCC 科技文献）

3）“上下内外”与“内外上下”

（65）阳池为三焦之原穴，三焦为元气之别使，人体上下内外无所不至，其原穴为疏解少阳枢机，特别是三焦气机的重要穴位。（BCC 科技文献）

（66）阳维之脉，维持人体诸阳脉生理平衡功能，所以二维脉络于人之全身内外上下。（BCC 科技文献）

4）“前后左右”与“左右前后”

（67）我称赞了他富有创新的想法，同样是“搬”却体现不同的思维方式，不但可以前后左右“搬”，不也可以往上“搬”吗？（BCC 科技文献）

（68）我弟说，我姐我终于实现当年的愿望了：左右前后都是名车，我在中间骑自行车。（BCC 微博）

5）“前后内外”与“内外前后”

（69）赛前对大腿前后内外侧及臀部肌肉的力量训练都可有效减少奔跑过程中大腿部肌肉的损伤发生。（BCC 微博）

（70）使用方法：骨折复位后，棉纸包裹骨折处，分别要在大腿内外前后侧各置一块动板，在助手的帮助下，用绷带缠绕，同时取其他纸板分别放置相应位置，一般约需3层，松紧标准为每层夹板间绷带没有不同程度的皱折，同时各夹板间留有一定间隙。(BCC科技文献)

6)“左右内外”与“内外左右”

(71) 第10天髂脊处、左右内外踝处褥疮愈合，尾骶部褥疮明显好转，继续换药，每天1次，至第22天尾骶部褥疮基本愈合。(BCC科技文献)

(72) 正骨复位后外贴接骨消肿膏，每隔5～7天换敷1次，然后采用内外左右4块小夹板，其长度视骨折部位而定，肱骨干骨折不直超过上下关节。(BCC科技文献)

5.2.2 三项式

根据排列组合规律，四个范围标记词三个三个组合共有24种组合形式，但在BCC现代汉语语料库中，我们只找到了8种类型的例句，总体数量也不多。

1) 上下前后左右

(73) 从飞机上发回的电视照片看，宇航员将货舱打开以后，遥控机械臂弯曲伸展，上下前后左右活动，证明性能良好。(《人民日报》1981-11-16)

2) 前后上下左右

(74)“碌”，是像车辘那样滚动，意思指用筷子卷起糯米粉团，像车辘那样前后上下左右，四周滚动粘上芝麻花生砂糖；“烧”，即是热气腾腾。(《人民日报海外版》2015-11-20)

3) 左右前后上下

(75) 局势险峻！李玲蔚使出浑身解数，左右前后上下应对，终于磨成9平。(《人民日报》1989-01-08)

4) 左右上下前后

(76) 出差入住酒店的大堂内，老田左右上下前后360度的端

详了后墙上一排挂钟，然后看看自己手表："还是北京时间准呀！！！"（BCC 微博）

5）上下左右内外

（77）一个乡镇领导班子就像一台机器，运转起来总会产生摩擦，这就要求一把手要充当好"调理员"，通过努力协调上下左右内外关系，从而拆除"隔心墙"、架起"连心桥"、调解矛盾、消除摩擦、避免内耗，保证各项工作的顺利开展。（BCC 科技文献）

6）前后左右上下

（78）走进车间，看不见几个人，前后左右上下看见的全是机器，其中有自动添煤的，加水的，卸灰的，送汽的，除石头的，除草的，洗甜菜的。（《人民日报》1955－10－13）

7）内外左右上下

（79）三焦通，则内外左右上下皆通，周身灌体，和内调外。（BCC 科技文献）

8）上下左右前后

（80）最近，她越来越不好抱，在怀里上下左右前后不分地扭。（BCC 微博）

5.2.3 **四项式**

根据排列组合规律，四个范围标记词四项组合共有 24 种组合形式，但在 BCC 现代汉语语料库中，我们只找到了 2 种类型的例句，数量也很少。

1）上下左右前后内外

（81）每个部门都认识到社会主义事业是要依靠伟大集体的力量才能干好的，因此树立了全国一盘棋的全局观念，打破了本位主义、地方主义，在自愿的原则下上下左右、前后内外、四面八方，实行大力协作。（《人民日报》1960－04－14）

2）前后左右上下内外

（82）但有人确实喜欢处于第七方，四面八方的八方是前后左

右上下内外。(BCC 微博)

下面是我们在 BCC 文学、报刊、科技、微博、古汉语五个库调查的语料情况:

表 4-1 两项组合统计情况

语体 组合	文学	报刊	科技	微博	古汉语
上下前后	0	11	32	6	118
前后上下	3	7	29	1	79
上下左右	98	1041	1239	395	1235
左右上下	8	22	83	22	686
上下内外	0	49	66	0	489
内外上下	0	12	37	0	313
前后左右	213	439	475	446	1949
左右前后	36	42	57	31	3000
前后内外	0	1	8	1	45
内外前后	0	0	3	0	39
左右内外	0	0	2	0	53
内外左右	0	0	2	0	60

表 4-2 三项组合统计情况(共有 24 种组合,没有用例的没有列出)

语体 组合	文学	报刊	科技	微博	古汉语
上下前后左右	1	10	8	6	65
上下左右前后	1	12	21	13	58
前后上下左右	0	3	0	0	6

续 表

语体 / 组合	文学	报刊	科技	微博	古汉语
前后左右上下	1	5	7	7	23
左右上下前后	0	0	0	2	3
左右前后上下	0	1	0	0	7
前后内外上下	0	0	0	0	2
内外上下前后	0	0	0	0	4
内外前后上下	0	0	0	0	2
上下左右内外	0	3	7	0	5
上下内外左右	0	0	0	0	8
左右上下内外	0	0	0	0	1
内外上下左右	0	0	0	0	8
内外左右上下	0	0	8	0	28
前后左右内外	0	0	0	0	1
左右前后内外	0	0	0	0	1
内外前后左右	0	0	0	0	8

表 4-3　四项组合统计情况(共有 24 种组合,没有用例的没有列出)

语体 / 组合	文学	报刊	科技	微博	古汉语
上下左右前后内外	0	2	0	0	2
上下内外左右前后	0	0	0	0	1
前后左右上下内外	0	1	0	1	0

5.3 “上下/前后/左右/内外”连用规律及影响因素

根据上文三个表格中所列数据，能得到一些倾向性的用法规律。

5.3.1 用法优选

首先，从总体的组合项数来说，有以下明显倾向：

二项式 > 三项式 > 四项式

其次，我们要看哪个组合最为常见（我们统计的主要限于现代汉语语料）：

二项组合可粗略分为四个等级：

上下左右/前后左右>左右前后/左右上下/上下内外>上下前后/前后上下/内外上下>前后内外/内外前后/左右内外/内外左右

五个等级的差异很大，“上下左右”（2773 例）与“前后左右”（1573 例）占有绝对优势；“内外前后”（3 例）、“左右内外”（2 例）、“内外左右”（2 例）只有很少的用例，基本可以忽略不计。

三项组合因总数量和类型都有限，可分三个等级：

上下左右前后>上下前后左右/前后左右上下/上下左右内外/内外左右上下>前后上下左右/左右上下前后/左右前后上下

三项式总体数量有限，数量最多的“上下左右前后”（47 例）其实数量也不算多；“左右上下前后”（2 例）、“左右前后上下”（1 例）只有很少的用例，可以忽略不计；其他大部分的可能组合甚至没有出现用例。

四项式数量和类型都较少，没有明显差异。

最后，我们关注的是哪个复合范围词的组合能力最强。我们共查到连用用例 5037 例，“上下”“前后”“左右”“内外”分别参与的用例为 3281 例、1943 例、4771 例、203 例（包括二项式、三项式、四项式），所以，复合范围词的组合能力的排序如下：

左右 > 上下 > 前后 > 内外

这个排序与这几个词的词频顺序是一致的，在《现代汉语常用词表》中，“左右”“上下”“前后”“内外”的排序分别是 445 位、2100 位、2457 位、3401 位，它们的组合能力基本反映了各自的词频位置。

5.3.2 语序规律

在连用时，语序上有无倾向也是值得关注的。我们仍然以上述三个表格的统计数据为参考。四项式例句有限，不作考察；而二项式、三项式差异明显，我们分开讨论。

先来看二项式：

“上下”与“前后”连用时，语序上没有明显的倾向，换句话说，两者语序比较自由；

“上下”与“左右”连用时，语序倾向是“上下＞左右”（即“上下”倾向于在“左右”的前面，下同）；

“上下”与“内外”连用时，语序倾向是“上下＞内外”；

“前后”与“左右”连用时，语序倾向是“前后＞左右”；

“前后”与“内外”连用时，语序倾向是“前后＞内外”，但语料数量都有限；

“左右”与“内外”连用时，语序没有明显倾向，且用例非常少。

综合起来看，“上下”“前后”“左右”“内外”连用二项式的语序规律如下：

上下 / 前后 ＞ 左右 / 内外

再来看三项式，其在句中分布频率如下表：

表 4-4 三项式中范围词的分布频率

范围词 位置	上下	前后	左右	内外
前	82	23	3	8

续　表

范围词 / 位置	上下	前后	左右	内外
中	5	26	85	0
后	29	49	28	10

从上表中我们可较为清晰地看出三项式中范围词的语序规律："上下"倾向于前面位置、"左右"倾向于中间位置，"前后"倾向于后面位置，而"内外"倾向于前面或后面位置。概括起来的语序如下：

上下 / 内外 ＞ 左右 ＞ 前后 / 内外

5.3.3　语体特征

复合范围词的连用具有鲜明的正式体特征。朱军（2017：17—19）将语体二分为"正式-非正式"，并进行了特征区分，认为语体之间具有"正式度"的差异，而决定语体"正式度"的是一些具有对立特征的特征束，如[＋/－准备][＋庄重/＋随意][＋/－互动][＋客观/＋主观][＋典雅/＋俗白][＋保守/＋开放]。根据这些特征束，本文所涉及到的四种语体的正式度等级应为：科技＞报刊＞文学＞微博（左边高于右边）。据此，我们再来看复合范围词连用式在各语体中的分布情况（表 4－5）：

表 4－5　BCC 不同语体中复合范围词的用例数量①

语体类型	文学	报刊	科技	微博	语料总数
语料数量	361	1661	2084	931	5037

① BCC 汉语语料库，总字数约 150 亿字，包括：报刊（20 亿字）、文学（30 亿字）、微博（30 亿字）、科技（30 亿字）、综合（10 亿字）、古汉语（20 亿字）。

从上表以及表4-1到4-3可见，正式度高的语体中用例更多、类型也更全(科技语体中二项式12种类型都齐全)。考虑到报刊语料总数少于其他几种，同量语料下应该与科技相近；文学与微博的情况有些特殊，微博从语体的角度说比较接近文学，但形式更自由，所以正式度低，就这个个案来说，虽然高于文学中的用例，但并不影响我们的结论。所以，复合方位词连用式总体的语体适应情况如下：

科技/报刊＞文学/微博

很明显，复合范围词连用式更适应正式度高的语体。

这一点我们从古今汉语的演变也得到验证(下文具体讨论)。古汉语中，复合范围词连用式的种类和数量远远多于现代汉语，而正式体具有[＋保守性]特征，故对传统用法保留得更为彻底。因为大多数时候(除用法①④)，连用式在表义上与单用式没有本质区别，基本可以互换。那么，接下来的问题是，为何正式度高的语体会倾向于使用范围标连用式？我们觉得原因主要在于正式体表达的严密性要求，用连用式显得更严密、更面面俱到；但同时也受经济原则的限制，虽四项式表达更到位，毕竟显得繁琐，所以较为少见，只在特别强调的时候才用。

5.4 “上下/前后/左右/内外”连用情况的历时变化

从历时语料看，连用式表义类型基本相近(保留)，但能看到一些用法的变化趋势：

5.4.1 三项式类型减少

三项式理论上有二十四种类型，但在现代汉语库中(四种语体)我们只查到了8种类型；而在古汉语库中，我们查到了17种类型(包括在现代汉语中的8种)，可见类型减少了很多。下文我们列举一些现代汉语中没有出现类型的例句：

(83) 十二节屈伸往来落气<u>内外上下前后</u>论。(苌乃周《苌氏

武技书》,BCC 古汉语）

（84）焦通，则上下内外左右皆通也。（华佗《中藏经》,BCC 古汉语）

（85）营卫经络。内外上下左右之气。号中清之府。（李时珍《本草纲目》,BCC 古汉语）

（86）御营内，合十二卫三台五省九寺，分隶内外前后左右六军，次后发，又亘八十里。（魏征《隋书》,BCC 古汉语）

（87）又曰：五脏七腑各有脉，俱在寸关尺观之，内经分三部之内外前后上下以细察其部位，何其详也。（陈世铎《脉绝阐微》,BCC 古汉语）

另有一些类型如“前后内外上下”“左右上下内外”“前后左右内外”“左右前后内外”原本在古汉语中的用例就很少，在现代汉语中也未得到发展，现在基本弃之不用。

为了进一步验证，我们又在 BCC 的多领域库中（平衡库，包括四种语体但语料不同）进行了检索，也没有检索到这几种减少的类型，验证了我们的推测。

5.4.2　二项式用例减少

二项式共二十四种类型，古汉语、现代汉语都齐全，但在用例上呈现出明显的倾向，即用例有所减少（现代汉语是 5037 例，古汉语 8066 例，考虑到古汉语语料数量远少于现代汉语的四种语体语料，这种差距就更大）。从具体类型来看，只有“上下左右”是例外，其无论是在古代汉语还是现代汉语中都有大量的用例；其他类型用例都有所减少；从减少的情况看，有以下几种具体情况：

一是用例锐减的情况。比较典型的是“上下前后”，在古汉语中有 3000 个例句，在现代汉语中只有 166 个例句，而且比较均匀地分布在文学、报刊、科技、微博语体中。

二是用例减少，集中分布于正式度高的语体中。如“上下前后”“前后上下”在文学语体、微博语体中要么用例较少，要么没有用例;"上下内外""内外上下"在文学语体、微博语体中都没有用例等等。

三是古汉语用例不多,到现代汉语中只有极少用例的情况。如"内外前后""左右内外""内外左右"。说明这些连用式逐步衰落。

从以上的变化趋势看,总体呈衰落之势,除个别用法外,原来用例多的变少;分布的语体越来越窄;原来少用的到现代汉语中基本不用了,导致连用类型也随之变少。这涉及语体层面的两个问题:1)语体特征的延续,复合范围词的连用在古汉语中主要用于操作说明的科技语体,特别是那些用例少的类型,现在也同样如此,这是语体特征的延续表现;2)变化原因可能取决于古今汉语语体特征的变化,因为现代汉语相较于古代汉语,语体上的总体趋势表现为大部分语体的正式度越来越低,这与复合范围标的语体特征不相吻合,故现在用得较多的是正式度较高的科技语体、报刊语体等。从这个层面上说,复合范围标连用现象的减少是语体语体的一个典型案例。

6. 英汉范围标记比较

英语中也有一些与汉语语义基本对等的范围标记,用法上也有很多共性与差异,如"在……之中"与"into"、"除了"与"except"等,我们作简单对比。

6.1 "在……之中"与"into"[①]

与"在……之中"一样,"into"也是典型的范围标记词,其语义与范围息息相关,其在《英汉大词典》与范围相关的义项为"①(表

---

① 李菲菲(2017)比较过两个类似的范围标"在……里"与"in"的用法。另外,"里"与"中"有明显的不同(邢福义 1996b)。

示时间)持续到,进行到;②(表示方向)进入……中,到……里;③(表示状态)进入……状态;⑦(表示所属)输入"[①]。根据"into"的语义发现其可搭配的成分多样,配项后可构成与时间、空间、状态等相关的多种图式,与"在……之中"相近。例如:

(88) The software engineering and computer science academic communities have explored the integration of entrepreneurship education into the curriculum. (*Approaches to Incorporaating IT Entrepreneurship into the Information Systems Curriculum*)

(89) What you do is you further lodge that fact into people's minds. (PBS NewsHour For September 9,2016)

但两者在细节上存在一些差异,主要表现为以下几个方面。

6.1.1 [+状态性]与[+动作性]

先来看两个例子:

(90) 叶亦深被抬到一个大房间之后,抬他的人便陆续离开,只剩他一个人在房间之中。(谢天《面具》)

(91) He propelled her into room number 8. (*The Fire*)

例(90)强调的是"他"处于房间之中这一状态,具有[+状态性]的特征;而例(91)中"into room"则是强调进入房间这个处所空间之中,具有[+动作性]的语义特征。

6.1.2 [+可接触]与[-可接触]

"在……之中"和"into"与人物成分配项时在成分选择上有一定的区别。能与"在……之中"配项的人物成分限制较多,处于身体表面可直接接触部位的器官一般很少与"在……之中"共现,具有[-可接触]特征;而"into"一般不受此限制。原因在于"中"的语义与"里"相近,且有可代替格式"在……之上";而"into"在英语

① 高凌主编.英汉大词典(第2版)[M].北京:外文出版社,2010:571。

语法系统中虽存在互补成分“on”以及替代成分“in”，但其在语义上具有[＋可接触]特征，因而在使用上无此限制。例如同样是与“肩膀”这一部位配项，汉语中一般说“在肩膀之上”；英语中既能说“into the shoulder”，也能说“on the shoulder”。例如：

(92) 有少数人直着腰，汩汩畅饮，人们看不见他们的脑袋，因为在本来就很矮的厅内，在肩膀之上弥漫着浓浓的烟云。(君特・格拉斯《狗年月》)

(93) She squeaked and dug her face into the shoulder of the person sitting next to her. (*The Source of Life*)

6.1.3　[＋时段]与[＋时点]

“在……之中”和“into”与时间成分组合时存在明显的区别，“在＋时间＋之中”表示在这一时间范围之中，表示的是时段；而“into＋时间”则表示进入到某一时间，更倾向于先强调时点，再向后延续。例如：

(94) 在一天之中最炎热的几个钟头里，由于她紧张工作，这时候，她的上唇、下巴、前额上渗出细如珠玑的汗水。(德莱塞《美国悲剧》)

(95) Above and around him, the night was turning, fading, draining into day. (*Ploughshares*)

例(94)中“在一天之中”表示的是“一天”这一时间范围，包含对象成分“最炎热的几个钟头”这一时段；例(95)中的“into day”则是指由“night”进入“day”的时间点，这一时点虽然在范围上具有模糊性，但其所表示出的语义是确定的，即“黑夜与白天的交界点”，再由这一交界点向后延续至整个白天。

事件成分进入格式也有同样的现象，例如：

(96) 运第一回砖的时候，原西县城还在睡梦之中。(路遥《平凡的世界》)

(97) She drifts into the sleep of a very young girl.

(*Soldier's Joy*)

上述两例虽都与睡觉这一事件相关,但语义明显不同,例(96)表示的是"一直处在睡梦状态之中",例(97)则表示的是"开始进入睡眠状态之中"。

总的来说,"在……之中"和"into"作为范围标记在语义配项时存在较大共性,区别在于配项后所体现的语义特征的不同。"在……之中"强调[＋状态性][－接触][＋时段]的语义特征,"into"则强调[＋动作性][＋接触][＋时点]的语义特征。

6.2　"除了"与"except"的比较

"除了"与"except"都是典型的范围标记词,其中"除了"在《现代汉语词典》(第 7 版)中词性界定为介词,语义被释为"①表示所说的不计算在内;②跟'还、也、只'搭配使用,表示在什么之外,还有别的;③跟'就是'搭配使用,表示不这样就那样"[①],从义项上看,"除了"在句中的语义可分为三类,即排除、加合与选择。"except"在《英汉大词典》中动词义项为"把……除外,免除",介词义项为"除……外"[②]。二者差别表现在以下两个方面。

6.2.1　[＋一致]与[＋不一致]

"除了"和"except"在表排除义时与事物成分配项差别不大,都表某一或某些事物对象从事物范围中被排除,句子所界定的最终范围为范围成分所表范围除去对象成分所表范围之后的范围,构成表排除的整体-部分图式。例如:

(98) 床头边有把安乐椅,椅子上坐了个人,除了外套什么都穿上了。(夏洛蒂 · 勃朗特《简 · 爱》)

(99) He told me to take off all my clothes except my

---

① 中国社会科学院语言研究所词典编辑室. 现代汉语词典(第 7 版)[M]. 北京: 商务印书馆,2016: 194

② 高凌主编. 英汉大词典(第 2 版)[M]. 北京: 外文出版社,2010: 361

blouse. (*Abortion: A Woman's Private Choice*)

从总体上看,在基本的语义结构配项类型上,“除了”与“except”在表排除义时基本相同,所联系的成分都为范围项与排除项,但语义结构所表示的语义差别较大。“除了”的语义结构在表排除时强调的是在某个范围中除了排除项,剩余部分都属于这一范围,侧重的是剩余部分与句子论断一致;而“except”则强调所论断的范围内容中不包含排除项,侧重的是排除项与句子论断不一致。表达侧重点的不同在语序上有所表现,“除了”的语义结构表现在句法上一般是排除项在前,范围项在后,“除了+排除项”一般充当先行的条件句出现在句中作条件状语;“except”则是范围项在前,排除项在后,“except+排除项”一般在句末作条件状语。

6.2.2 是否具有[+加合][+选择]用法

“除了”与事物、处所、人物、时间、事件配项时还能构成加合图式,表示范围中除了对象成分,还包括其他成分,对范围内容进行补充说明,一般与“还、也、只”等词共现;同时还能构成选择图式,表示范围中的成分非此即彼,一般与“就是、便是”等词共现(朱军、盛新华 2006)。而“except”都没有这些用法。例如:

(100) 让我感动的是,盒子里除了衣服,还有一本很精致的日历。(BCC 微博)

(101) 半个小时装好箱,除了衣服就是酒。(BCC 微博)

(102) 我凭着记忆找到了当年脱身的那个山坡,可是这儿除了石头还是石头,即便一砖一瓦也未能捡到。(张炜《你在高原》)

这种差异在语义结构和表义上也有所表现:“除了”一般与三个成分搭配,包括范围项、排除项与剩余项,表加合时语义结构为“范围项+除了+排除项,还有剩余项”,表选择时语义结构为“范围项+除了+排除项,就是剩余项”;而“except”则仅与两个语义成分配项,包括范围项与排除项,语义结构为“范围项+except+

排除项”。语义上，“除了”的语义结构在表加合时将整体拆分为两个部分分散在句中加以说明，侧重对剩余部分的补充说明；在表选择时排除项与剩余项之间是非此即彼的对立关系；另外，与“除了”配项的排除项和剩余项语义成分可以相同，表示遍指义，如“这儿除了石头还是石头”。“except”都无此语义特点。

7. 汉语相近范围标记比较

语言中有很多范围标记在形式或语义上相近，但也有一些差异。我们先来看前标的情况。王玉姣(2013)比较了“满 NP”“全 NP”“整 NP”并认为三者的语义侧重点不一样。“满”侧重于描述事物的饱和状态，强调占据或覆盖了一定的空间；“全”侧重于周全性，着眼点在于“NP”中的每个组成部分，凸显“NP”所指事物或数量的周全；“整”侧重于整体性，强调的是某一事物的每个部分都很完整。同时还认为“全 NP”和“整 NP”表示的范围具有客观性，“满 NP”表示的范围既具有客观性又具有一定的主观性；“满 NP”可以表示具象性范围，但不可以表示抽象性范围，“全 NP”和“整 NP”既可以表示抽象性范围，又可以表示具象性范围；“满 NP”可以表示区域式范围，但不可以表示点线式范围，“全 NP”“整 NP”既可以表示点线式范围，又可以表示区域式范围。

再来看后标的情况。如戴春雷(2013)在讨论“X 前后/左右/上下/内外”构式群的语义时认为，构式会因语义范围的不同而表现出“合取”和“析取”两种不同的语义。其共同之处在于，当该构式表示“空间”范围或者“事物”范围时，都表现为“合取”语义；“X 前后”在表“时间范围”时，既可以表示“合取”又可以表示“析取”；“X 左右”在表示数量范围和年龄范围时只有“析取”类语义，而在表示时间范围时具有“合取”和“析取”两类语义；“X 上下”在表示空间范围、事物范围时具有“合取”类语义，而在表示数量范围、年龄范围、时间范围时只有“析取”类语义；“X内外”在表示空间范围时一般来说是具有“合取”语义的，在表示事物范围时只有“合取”类语义，在表示时间范围和年龄范围时只有“析取”类语义。

戴春雷(2013)还认为，“X前后/左右/上下/内外”构式群的语义之所以有上述差异，与该构式群的表义相关。“X前后/左右/上下/内外”构式群在表示“空间”范围和“事物”范围的概念时只能表示“合取”的语义，原因在于，“前、后、左、右、上、下、内、外”若表示空间和事物范围的某一部分时是可以与“边、面、头”等组成复合方位词的，如“院子前面”“房间左边”，而表示“数量”范围与“年龄”范围时则没有此种用法，如不能说“三斤左边”“十岁前面”，而方位词的对举使用是要表示年龄和数量的约量。但“时间”范围却可以有两种表义可能，这与“时间”范围概念本身有很大的关系，当表示以一个时间为参照点，从这个参照点之前到参照点之后的一段时间的概念时，通常取“合取”语义；若表示这个时间参照点附近的一个时间点或近似与这个时间参照点的一段时间时，取“析取”类语义。

我们来看类似框式范围标记的用法异同情况。讨论的对象是“在X范围内/外/上/中/下”。在这个构式群中，“在X范围外”明显与其他几个不同，是“范围外”“排除范围”的用法，而其他几个是“范围内”以及“限定范围”的用法；特别是其与“在X范围内”形成了明显的对立。例如：

(103) 由于他对待老人或动物还是个温良少年，在我祖父和狗之前，他常为自己有意造成个善良形象，把自己限制<u>在这范围内</u>。(大江健三郎《日常生活的冒险》)

(104) 如果人行道尚能满足通行需求，则行人<u>在人行道范围外</u>发生的交通事故，其通行权不受法律保护。(BCC科技文献)

“在X范围中”与“在X范围内”非常接近，两者都形成管道隐喻模式，而且大部分时候可以互换，下例括弧中为笔者所加：

(105) 英语、俄语、日语等外语学科的复习范围均以教学大纲为准，凡大纲词汇表所列出的词汇都在考试范围内(/中)。(《人民日报》1988-05-20)

(106) 在一定的历史时期，由于国际关系的相对稳定性，国内管辖事项必然有一个相对稳定的范围，在这个范围中(/内)的事项，即是本质上属于国内管辖之事项。(BCC科技文献)

但我们也发现，两者并不是任何时候都可以互换的，"在X范围内"更强调范围的可控性，所以"在小范围内"的说法很普遍，"在大范围内"的说法较罕见；而"在大范围中"的说法则较为常见。例如：

(107) "五一"以后，在工人、学生等有组织的群众中间，爱国公约运动逐渐深入到小单位，公约内容也开始结合生产、工作和学习；但组织性较薄弱的群众，如工商行业，他们的爱国公约仍停留在大范围中(/? 内)。(《人民日报》1951-07-10)

(108) 只有大力推广领导和群众都认同和支持的先进典型，典型才有生命力、号召力和震撼力，也才能在大范围中(/? 内)产生强烈的社会影响。(《人民日报》1996-03-14)

(109) 伊朗球员极少持球在小范围中(/内)拨弄，他们通常采用运球疾进，甚至狂奔的办法，大幅度地转移和换位，令中国队队员疲于追捕，顾此失彼。(《人民日报》1997-10-19)

上面的例子很明显地显示了差异，"在大范围中"不能改为"在大范围内"，"在小范围中"改为"在小范围内"则比较自然。

"在X范围下"也强调范围的可控性，所以一般可以被"在X范围内"替换，但也要注意，"下"为实义时，不能被替换。例如：

(110) 新科除了在各地区经济圈建立分公司外，不再设各级代理，而是在分公司范围下(/内/中)，选择重点城市设立办事处。(BCC科技文献)

(111) 果树则可在春季进行松土时施用，每一棵柑桔树和果树需施用五到十公斤的混合肥料，最好在每棵树下挖三到五个二十公分深度的小穴集中施用，或在树冠范围下(/? 内)挖圆沟，把肥料平均施布在沟内。(《人民日报》1954-10-07)

上面例(110)中"在分公司范围下"可以换为"在分公司范围内"，也可以换为"在分公司范围中"，因为是隐喻的空间范围，可以换用；但例(111)是实在的空间范围，有实义词"树冠"，所以不能替换。

"在X范围上"是另一种类型的用法，其意义相当于"在X范围方面""关于X范围"，自身常常充当话题成分，一般不能跟其他几个框式标记互换使用。例如：

(112) 今年新课程版的《考试说明》与旧课程版的《考试说明》在考试范围上一致性增强。(BCC科技文献)

(113) 中央电视台的各种环保公益广告长期的具有人情味的宣传教育，在最大范围上让公众知晓什么样的行为是积极的有益于环境的行为，什么样的行为是有损他人破坏环境的行为。(BCC科技文献)

例(112)的"在考试范围上"相当于次话题，是后续语句直接陈述的对象，是不能被替换的；而如果"在X范围上"也只是提供一个纯粹的与行为/事件对应的范围成分，则可以被"在X范围内""在X范围中"替换。

总之，这几个框式标记中，"在X范围中"作为范围成分用法最自由，换句话说就是没有鲜明的特点；而"在X范围内""在X范围下"的控制性以及"在X范围下"表实际的空间范围，都导致其是不能被替代的；当然，"在X范围上"的话题功能以及"在X范围外"的排除范围也都与其他几个完全不同，便于区分。

8. 结语

不同语言中，范围标记的使用反映了类型差异，例如英语的联络范围标记(前标)一般前后都有名词性成分出现,真正起到联系语义项的作用;而汉语语序相对灵活,前标往往起不到联络的作用,部分具有限定功能,但汉语也有自己的补救办法,就是用后标(属性标记)替代其功能;而在英语中往往没有相对应的后标(属性标记)存在。

本节我们还考察了复合范围标"上下""前后""左右""内外"的标准形式连用情况。从实际使用看,范围标记的连用情况非常复杂,如有这几个复合范围词与其他范围词的组合、有它们本身的重叠式等等。例如:

(114) 玩的内容主要有如下一些:比如弄一把吉他唱一唱歌,东西南北上下前后左中右地神聊,有时有人带些东西进去吃。(BCC 科技文献)

(115) 社团日常动画《归宅部活动记录》于今日(9 月 18 日)推出了 BD/DVD 第 1 卷,特点是可以收纳全套光盘的"三面收纳 BOX",BOX 图案也十分有特色,用前后上下右 5 个视角展现了女生们在社团教室里的日常。(BCC 微博)

(116) 1 分 13 的女汉子直接"上下上下左右左右 BABA"一套把劫匪带走!(BCC 微博)

例(114)中"上下前后"与"东西南北"、"左右中"连用,极言聊天内容之全面;例(115)中"前后上下右"是①用法;例(116)是"上下""左右"先重叠再连用。范围词连用的用法非常多样,本文只选了一个切入点。其他问题另文再探讨。

第5章 汉语范围动词及其句法语义结构（上）

1. 汉语范围动词及其类别

动词作为最能表现语言中人物、事件、行为变化界限的词类，却在过往动词研究里涉及甚少，只有零散的个别词的研究，关于范围动词整体而系统的研究至今罕见。这不但使动词的研究留有遗憾，也使得范围范畴的研究十分零散片面，缺乏系统性，无法全面而系统地把握范围范畴。本章与下一章我们对范围动词进行全面研究，通过对整类词的用法加以总结概括，可以弥补范围范畴研究在这方面的空缺。

在20世纪90年代以前，汉语学界并不关注范围动词的研究，传统的语法著作中对动词的讨论也未涉及范围动词。如邢福义（1996a）的《汉语语法学》将动词分为行为动词、心理动词、历程动词、断事动词、使令动词与辅助动词；范晓等人（1987：16）编写的《汉语动词概述》将动词分为动作动词、使令动词、心理动词、趋向动词、存现动词、能愿动词与先导动词八类；李临定（1990．1—2）的《现代汉语动词》根据动词的“量”将动词分为重复动词和非重复动词、持续动词和非持续动词，根据动词的“系”即动词所联系的宾语数量将动词分为单系动词、双系动词、三系动词、四系动词等，还根据别的分类方法将动词分为内动词与外动词、单音节动词和双音节动词等等。以上分类均未提出“范围动词”的概念。

20 世纪 90 年代开始，陆续有学者注意到范围动词，并对其特征与用法进行分析。如李临定（1990：111—112）在《现代汉语动词》中提到了“包括”类动词这一小类，具体有“包括、包含、包藏、容纳”这几个词，并分析了这类动词的语法功能，即造句功能只能造成“名$_{处所}$＋动＋名”句型以及可以带动词宾语和小句宾语。鲁川（1995）在《现代汉语的语义网络》中提出“包括指事件中的包括、容纳或数量关系，即总体和部分的关系。表示包括关系的动词如有^{3}、盛^{2}、含有、包括、包含、容纳、包容、共计、总计、分、分成、长着。主要语义结构有（1）领事＋包括＋分事；（2）领事＋包括＋数量”，明确提出了“包括”的概念与“表示包括关系的动词成员及用法”，对范围动词的整体有了进一步的把握。梅家驹等人（1996）编写的《同义词词林》中将大部分范围动词根据事物间的关联性划分在“存在”这一类下，以“容纳包括”定类。魏红、朱军（2012）在《汉语范围范畴初探》中提到“范围动词如包括、共、一共等，他们在语义上一般指向后面的宾语”。许剑宇（2015）的《“包括”联系的前后项名词语之间的关系》一文提到并论述了“包括”所联系的前后项名词语之间的关系的变化，其限制条件由严格的前项名词指称范围要大于后项名词以及二者所指称的事物必须同类变为即使不满足这两个条件也可以成立。卢小群（2014）的《北京话中的“容”字句》一文论述了动词“容”字句的用法、结构与表达功能等，其中提到了“容”意为“容纳、包含”时的句子结构有“容＋NP”“容＋得（下）＋NP”“容＋不＋得（下）”。但以上所提到的“包括”类动词和列举的几个范围动词只是范围动词的一部分，且关于这些动词的用法也只做了简要的说明，对范围动词的整体把握只起一部分参考作用，不能揭示整个范围动词及其句法语义结构规律。

一些学者着眼于范围句式的研究与对比分析。如张旺熹

(1999)、张洁(2010)都分析了汉语容纳句。其所指的容纳句是"一锅饭吃十个人"这类的句子，容纳义是由特定构式表现出来的，与严格意义上由范围动词配项生成的范围句相差甚远，但其在句法语义上的特点对研究范围动词的句法语义结构有一定的参考作用。如张洁(2010)根据构式语法提出的"容纳构式为容纳量—容纳方式—被容纳量，容纳构式所表达的意义为互相关联的事物之间在数量上的配置关系和对应关系"等观点对范围动词的语义结构及句式义有借鉴意义。宣恒大(2017)在《从原型理论看隐现句与领属句的分合》中提出"隐现句和领属句之间存在众多共性。根据原型理论认为二者应该是个连续统，可以纳入一个句法格式来加以考虑。句子识解为隐现句还是领属句与句首名词性成分空间性的强弱有很大关系。句首名词性成分的空间性越强，句子越易识解为隐现句，反之则易识解为领属句。"

我们对范围动词的概念进行界定，认为其大类属于关系动词，是对动词前后成分关系的表述，揭示包含关系与排除关系，表达在某一范围内包含或排除对象的状态；从语义上看是界定句子所表示范围的界限，即在某一范围内对事物外延的大小或数量的多少进行限制和概括。可分为包容类、总括类与排除类，每一小类中包括多个具体动词，数量较多，且每一类动词也存在独特的句法语义特点。此外，可以说范围动词是人类最基本的认知方式的体现，在现代汉语中使用广泛，与时间、数量、空间、事件、人物、事物等各个方面都联系紧密。

根据《现代汉语词典》(第7版)的释义确定的典型的范围动词有(按首字母排序)：

包容类：包、包藏、包含、包括、包罗、包容、包孕、包蕴、盛、带、富含、含、含蓄、含蕴、涵盖、涵蓄、内蕴、囊括、容[1]、容纳、隐含、蕴藏、蕴含、蕴涵、蕴蓄；(表包含范围)

总括类：概括、共计、归并、归拢、归纳、归总、合、合并、合称、

合计、合拢、计、累计、统称、统计、综计、综括、总、总称、总合、总计、总括;(表限定范围)

排除类:裁、除、除去、除却、除外、减、扣、扣除、扣减、例外、免、抹、排除、刨、刨除、去、去除、剔、剔除。(表排除范围)

本章所列举的范围动词都来自《现代汉语词典》(第 7 版),研究所使用的大部分汉语语料来自北京语言大学 BCC 语料库。其中新闻语体语料来源于人民日报、都市快讯、文汇报与福建日报;科技语体语料来源于科技文献;文艺语体语料来源于各种文学作品以及网络小说;微博语体语料来源于微博。此外还有一小部分语料来自北京大学中国语言学研究中心 CCL 语料库、国学大师网以及《现代汉语词典》(第 7 版)中的例句;一小部分语料为笔者自造,这一部分经过检验符合现代汉语的使用要求。英语语料来源于 Corpus of Contemporary American English (COCA)与《新牛津英汉双解大词典》(第 2 版)。

2. 包容类范围动词及其句法语义结构

包容类范围动词是表存在状态的范围动词,在表存在的同时对范围进行限制,从关系角度看主要是揭示动词前后成分所具有的包含关系。具体而言有四种关系,即领属关系、整体与部分关系、类与成员关系、总分关系①,语义指向被包含项。

根据《现代汉语词典》(第 7 版)的释义确定的典型的包容类范围动词有包、包藏、包含、包括、包罗、包容、包孕、包蕴、盛、带、富含、含、含蓄、含蕴、涵盖、涵蓄、内蕴、囊括、容[1]、容纳、隐含、蕴藏、蕴含、蕴涵、蕴蓄。(按首字母排序)

---

① 这里的"关系"不仅指狭义的实体关系,还包括空间上的容纳关系与抽象观念的容器范围关系。

2.1 包容类范围动词的特点

原型范畴理论提出了几个基本假设(据吴为善 2011：35—36)：(1)个体范畴化的依据是其属性而非基本特征；(2)自然类各成员地位并不平等，其中有典型成员和非典型成员的区别，典型与非典型形成一个非离散性的连续统；(3)范畴中原型性更高的成员具有更多的与同类其他成员共有的属性，并具有更少的与相邻类别的成员共有的属性；(4)实体的范畴化典型性评估涉及的心理过程不光是属性的计算，更是完形感知。以此来观照包容类范围动词是合适的。包容类范围动词是在语义及句法功能相似的基础上划分出来的，其共性是其范畴化的基础；但范畴内的成员地位并不平等，有典型与非典型之分，无论是在动词本身的性质、句法搭配还是在语体分布上都呈现出差异性。

2.1.1 包容类范围动词的语义特征

根据《现代汉语词典》释义及具体的使用实例对此类词作为包容类范围动词的义项进行义素分析，不考虑其他义项的义素，其具体语义特征如表 5-1(见下页)。

根据表 5-1 可以得出以下结论：

包容类范围动词都具有“存在、限制范围”的原型特征，这是其归类的基础，但此类词的内部也存在差别。根据原型范畴理论，动词所具有的共同语义特征越多，区别语义特征越少，其原型性越强；反之，则越边缘。包容类范围动词根据其语义特征、使用偏好构成一个典型到非典型的连续统，包容类范围动词的原型成员是“包含”，其他动词都根据家族相似性与其相关联，其中最边缘的成员是“蕴蓄、蕴藏”。

原型成员与边缘成员存在性质的差异。首先，从动词前后成分的关系看，越典型的成员领属义越强，包含关系越凸显；越边缘的成员存在义越强。其次，从限制范围的方式看，越典型的成员限制范围的方式越抽象；越边缘的成员存在的方式越具体，限制

表 5-1　包容类范围动词的语义特征情况表①

词语义特征	共同特征		区别特征																		
					范围					搭配对象偏好							渐成		存在状态		
	存在	限制范围	里面含有	在固定的范围或空间内接受	略微含有	大量含有	列举各部分，或着重指出某一部分	大范围	全部	某种物质	某种思想、感情等	比赛、奖项	病理	学科、地域	矿产资源	处所	蓄积	孕育	未显露	隐约、暗中存有	藏在里面
包	+	+	+	+																	
包藏	+	+	+																		+
包含	+	+	+																		
包括	+	+	+				+														
包罗	+	+	+					+													
包容	+	+		+																	

① 关于义素分析的说明：a. 义素分析释义借鉴中国社会科学院语言研究所词典编辑室编. 现代汉语词典(第七版)[M]. 北京：商务印书馆，2016；参见贾彦德的《汉语语义学》。

b. 表格所列的搭配对象仅仅是动词常见的搭配，但并不限于这一对象；表格所空的项是动词可具有也可不具有的特征，并无确定的两极性。

续 表

词语义特征	共同特征		区别特征																		
					范围					搭配对象偏好							渐成		存在状态		
	存在	限制范围	里面含有	在固定的范围或空间内接受	略微含有	大量含有	列举各部分，或着重指出某一部分	大范围	全部	某种物质	某种思想、感情等	比赛、奖项	病理	学科、地域	矿产资源	处所	蓄积	孕育	未显露	隐约、暗中存有	藏在里面
包孕	+	+	+								+							+			
包蕴	+	+	+								+						+				
盛	+	+		+																	
带	+	+	+		+																
富含	+	+	+			+				+											
含	+	+	+	+																	+
含蓄	+	+	+														+				
含蕴	+	+	+								+						+				
涵盖	+	+	+	+										+							
涵蓄	+	+	+														+				
内蕴	+	+	+										+				+				+

续　表

词语义特征	共同特征		区别特征																		
					范围					搭配对象偏好							渐成		存在状态		
	存在	限制范围	里面含有	在固定的范围或空间内接受	略微含有	大量含有	列举各部分，或着重指出某一部分	大范围	全部	某种物质	某种思想、感情等	比赛、奖项	病理	学科、地域	矿产资源	处所	蓄积	孕育	未显露	隐约、暗中存有	藏在里面
囊括	+	+	+						+			+									
容[1]	+	+	+	+																	
容纳	+	+		+																	
隐含	+	+	+								+									+	
蕴藏	+	+	+								+				+		+		+		
蕴含	+	+	+								+						+				
蕴涵	+	+	+								+						+				
蕴蓄	+	+	+														+		+		

越多。再次，从主观性来看，越典型的成员主观性越弱，客观性越强，偏好与无生命物体搭配，客观陈述事物状态；越边缘的成员主观性越强，有一定的处置性，表示动作之后状态的留存。此外，在所限制的范围大小方面存在差异，如“囊括”限制事物的全部，所界定的范围最大；“包容”一般表示大范围，偏好与表示大量的词如“一切、万千”等词共现；“富含”也表示大量；“带”表示稍微提及的小量；其他动词没有特殊要求，既可表大范围，也可指其中一小部分。最后，包容类范围动词所支配的名词性成分也有所偏好，较典型的是“囊括”偏好与奖项类、比赛类名词搭配；“富含”一般与化学元素类名词共现；“含蕴”关联思想感情类名词；“涵盖”与学科类、地域类名词搭配使用；“内蕴”与病理类名词搭配；“隐含”与抽象的意味类名词搭配；“蕴藏”与矿产资源类名词搭配较多；“容纳”与确定的人数及处所名词搭配等等。

2.1.2　包容类范围动词的语体适应性

包容类范围动词在使用时有自己的语体偏好，表现出不同的语体适应性。对北京语言大学(BCC)语料库中的语料进行分析，其在各类语体中的分布情况如表 5－2：

表 5－2　包容类范围动词的语体分布情况表①

词＼语体	微博语体	科技语体	新闻语体	文艺语体	总计
包	0	0	0	0	0
包藏	4	14	12	53	83
包含	91	1	26	0	118
包括	73	1	87	5	166

① 表格中“0”代表在搜集到的语料中并未发现该词作为包容类范围动词使用的实例。

续　表

语体 / 词	微博语体	科技语体	新闻语体	文艺语体	总计
包罗	1	9	4	2	16
包容	0	3	4	0	7
包孕	6	24	35	13	78
包蕴	1	20	11	13	45
盛	0	0	0	0	0
带	0	0	0	0	0
富含	107	1	19	2	129
含	87	2	72	0	161
含蓄	0	0	0	0	0
含蕴	1	12	5	86	104
涵盖	41	46	76	3	166
涵蓄	0	1	0	1	2
内蕴	0	0	0	0	0
囊括	36	28	84	0	148
容[1]	0	0	0	0	0
容纳	11	76	0	0	87
隐含	6	24	25	66	121
蕴藏	7	8	58	25	98
蕴含	35	11	23	36	105
蕴涵	12	35	41	13	101
蕴蓄	1	21	33	64	119
总计	520	337	615	382	1854

从表 5-2 中可以得出包容类范围动词总的语体分布序列为：

新闻语体 > 微博语体 > 文艺语体 > 科技语体

并由此可得出以下规律：第一，包容类范围动词的出现频率受语体特征的影响。“包含、包括、含、富含”在各类语体中的使用频率相差不大，使用限制较少；而“包藏、包蕴、包孕、含蕴、涵盖、囊括、容纳、隐含、蕴藏、蕴含、蕴涵、蕴蓄”等词的书面性较强，正式语体中的分布数量远远大于正式度相较而言不高的微博语体。第二，词的使用频率受汉语双音节化以及单音节动词的义项众多、使用广泛而不单一的影响。因此，“包、盛、带、容”等单音节动词在具体的语用中极少作为包容类范围动词出现；同样具有多个义项的“包罗、包容、含蓄、内蕴、涵蓄”等词在具体的使用中很少出现。

2.2　包容类范围动词的语义结构

根据格语法以及配价语法理论进行配项考察，将从属于名词的名词性成分排除在考察范围之外，仅考察与包容类动词直接发生关系的名词性成分，从具体的语料分析以及配价情况来看，包容类范围动词是典型的二元动词。总的来说，包容类范围动词语义结构同状态动词句的语义结构“起事＋动核＋止事”近似，也是“被说明成分＋动词核心＋说明成分”。这里为更直观地表达范围动词的性质将其语义结构表述为“范围＋动核＋对象”，其句式义为在某个范围内包含某种成分，并构成一个有确定外延的范围。

2.2.1　包容类范围动词语义结构的配位类型

包容类范围动词虽为二价动词，但从语义上看，范围成分的类型可分为时间范围、人物范围、空间范围、数量范围、事物范围(具体)、事件范围、概念范围(抽象)等；“对象”成分可分为事物对象(具体)与概念对象(抽象)。因此，包容类范围动词的语义结构十分复杂。

1) 范围成分与事物对象配位

当对象是具体的事物时,句子所表达的范围边界也是明确具体的,可分为以下几种情况:

第一种,事物范围+动核+事物对象。例如:

(1) 在后面的巴斯托涅,美军也有很多炮,包括105和155毫米口径的榴弹炮。(斯蒂芬安·布罗斯《兄弟连》)

(2) 中奖率100%,奖品包含10000份话费红包,10部智能手机及5部IPAD2及《南帝北丐》《楼一幢》的游戏礼包。(BCC微博)

这是包容类范围句的原型语义结构,动词前后的名词表示同类事物,本身就具有包含关系,可分为整体与部分的关系与上下位关系,动词只是将其关系加以明示。其中例(1)中"榴弹炮"是"炮"的下位概念,例(2)中"红包、手机、游戏礼包"都是"奖品"这一整体的一部分,共同构成奖品的全部。

第二种,人物范围+动核+事物对象。例如:

(3) 西雅特是大众的个性版,他包含着德国人的骨架,但除此之外他却是一个地地道道的西班牙人,充满着激情,以及特立独行的思维方式。(BCC微博)

这一语义结构主要是以人为限定范围的前提,所限定的对象一般是人的某个身体部位,如例(3)中"德国人的骨架"是"他"身体的一部分。

第三种,时间范围+动核+事物对象。例如:

(4) 今后五年包括"八五"计划的后三年和"九五"计划的前两年。(《人民日报》)

(5) 13个春秋囊括了八年抗日战争。(《人民日报》)

这一语义结构有两种情况,一是动词前后的成分都表时间,动词后的对象是对动词前的时间进行解释说明,后面成分相加所表示的范围与前者是相等的，如例(4)中的"'八五'计划的后三年"和"'九五'计划的前两年"便是对"今后五年"的一个具体的说明；二是动词后的成分是这一时间范围的一部分，如例(5)中"八年抗日战争"是"13个春秋"中的一部分。

第四种，空间范围＋动核＋事物对象。例如：

(6) 改建后的首都体育馆将能容纳1.8万名观众，北京理工大学体育馆能容纳5000名观众。(《福建日报》)

(7) 每个墨盒上包含一个定期检测打印头和剩余墨水量的智能芯片。(BCC科技文献)

空间范围主要由"处所名词或名词＋方位词"充当。前者如例(6)中的"首都体育馆"，本身即表处所，含有范围的性质；后者如"墨盒＋上"，"墨盒"本身处所性不强，但通过方位词"上"加以强化，使其成为空间范围，而非事物范围。

第五种，数量范围＋动核＋事物对象。例如：

(8) 在上海出版行业，6年来的出版项目有303个，包含3046种图书，10亿字，5万幅图，影印篇幅200万页。(《文汇报》)

(9)《农民学丛书》译和著并重，理论研究与经验性研究兼容。首批6种包括《田园诗与狂想曲：关中模式与前近代社会的再认识》《中国农民变迁论》《旧中国苏南农家经济研究》等。(《人民日报》)

数量范围有时与其他范围类型如事物范围有些交叉，这里将这一类都处理为数量范围。例(8)中的"303个"与例(10)中的"6种"皆为数量短语，表示一个确定的数量范围，动词后的成分便是对这数量的具体解释。但若仅有数量短语存在，整个语义结构所表示范围便不明晰，因此通常情况下数量短语所指事物会在上文中出现，以明确被限定事物对象所处的大范围，如例(8)中的"出版项目"以及例(9)中的"《农民学丛书》"。

第六种，事件范围＋动核＋事物对象。例如：

(10) 美洲自由贸易区建立后将涵盖34个国家、8亿人口。(《文汇报》)

(11) 于是唐太斯开始讲他自己的身世了,实际上只包含了一次到印度和几次到勒旺的航行。(大仲马《基督山伯爵》)

动核前的部分表示一个完整的事件,这一事件作为一个整体表示一个范围,与动词后事物发生联系。例(10)中从语义上可以理解为"美洲自由贸易区"涵盖后面的"国家、人口",但从逻辑上看,"美洲自由贸易区"并未建立,仅仅是一个预想,因此不能将"美洲自由贸易区建成"这一事件拆分开。例(11)中"唐太斯开始讲他自己的身世"作为一个事件整体,以此构成一个话语范围,描述讲述内容,包含"航行"这一对象。

第七种,概念范围+动核+事物对象。例如:

(12) "传记文学"的概念宽泛一点,可以包容"文学性较强的"各种传记作品。(BCC科技文献)

(13) 世界经济论坛的报告共涵盖104个国家和地区,中国排名第46位。(《文汇报》)

一方面,概念是对客观事物的抽象概括,具有普遍性,因此从语义上看概念范围外延涵盖这一概念所体现的特征与内容;另一方面,概念是思维的基本形式,与人的思维、认知息息相关,因此从认知上看与这一词项相关的事物在某种程度上都可看作这一概念的具现。由于概念范围的双重界定,概念范围与事物对象的关系也可分为两种:一是二者有直接的包含关系,则动词后的事物都包含于动词前的概念之中,都是在具体的话语表达中,从宽泛的概念范围中选取的所需表达的内容。事物对象的作用是使概念具体化,并形成新的话语范围。例(12)中"'传记文学'的概念"包含所有与之相关的内容,各种具体的传记作品包含其中。二是二者的包含关系是抽象的、间接的,只有认知上的关联。必须经过认知的加工转换,激活一系列相关的语义内容构成一个认知语义范围，才能在这个范围内限制对象。如例(13)“报告”与“国家和地区”不属于同一范围内的事物，之间不具有直接的包容关系，虽可被理解，但实际上此句并不符合人类直接的认知心理，只有通过概念域的转换才能产生联系。“世界经济论坛的报告”实际上转换为了“世界经济论坛的报告内容所涉及的国家和地区”这一概念范围。

2）范围成分与概念对象配位

概念对象与事物对象相对，表示抽象的概念，因此范围成分与概念对象配项时，所指范围也常常是抽象的概念性的，但这一配项类型的特点在于无论范围成分使用何种具体类别，都会经由认知的加工转换为概念范围，同概念对象产生联系。因此概念对象虽是抽象的，但在某种程度上仍可看作概念中某一具体的部分，其所表示的范围仍然是确定的。这一类语义结构除了单独使用名词或事件外还常借助框架表达形成语义认知范围，即通过范围构式或方位词将名词由单纯的所指转换为一个相关的完整认知范围，明示所表示的范围。可分为以下几种形式：

第一种，事物范围＋动核＋概念对象。例如：

(14) 马蒂斯的每一首诗里都<u>包孕</u>着一小块人肉的历史。(亨利·米勒《北回归线》)

(15) 这支曲子里<u>蕴含</u>一种英雄气概。(亨利·米勒《北回归线》)

上述例子中的“诗、曲子”都是具体的客观存在的事物，“人肉的历史、英雄气概”都是抽象的概念，严格来说是无法同时存在于同一语义结构之中的，事物也无法包含概念，只能从认知上将“诗、曲子”理解为“诗、曲子所体现的内涵”，以此包容“人肉的历史、英雄气概”。

第二种，人物范围＋动核＋概念对象。例如：

(16) 我也会<u>包藏</u>一颗最可怕的杀心。(莎士比亚《奥赛罗》)

(17) 那一对眼睛里还蕴蓄着一团可怕的火焰。(大仲马《基督山伯爵》)

(18) 她的心里蕴蓄着无限的凄苦。(莎士比亚《麦克白》)

(19) 她的目光隐含不安。(乔治·桑《莫普拉》)

(20) 但她眼波中含蕴了如许柔情。(司马翎《饮马黄河续集》)

这一语义结构以人、人体器官、与人相关的产物为范围进行限定。人物范围一般用人名、人称代词或指人名词表示,如例(16)中的"我"。人体器官包括身体器官和思维器官,其中身体器官一般指人的身体部位,如上述例子中的"眼睛";思维器官一般指与人思考过程中所需要的器官,如大脑、心脏等,例(18)的"心"便是此类。与人相关的产物是指人的声音、话语等由人的身体器官发出动作而形成的相关产物,如例(19)—(20)中的"目光、眼波"都是由眼部动作形成的。

第三种,空间范围+动核+概念对象。例如:

(21) 沉静而富有活力的大漠,生生不息又蕴蓄着某种孤寂。(《人民日报》)

(22) 在欧洲西部边缘,饱受大风侵袭的爱尔兰西海岸的几个半岛就像伸开的手指,包孕了令人难忘的荒原景色和一个古文化。(《文汇报》)

例(21)中"大漠"虽是处所名词,但在这里是指人对大漠环境的观感,是作者的主观情感在起作用,将"大漠"拟人化,以此来蕴含情绪。例(22)中"爱尔兰西海岸的几个半岛"也同样不是单纯地表处所,而是与这一地点相关的自然环境与人文情怀。

第四种,数量范围+动核+概念对象。例如:

(23) 吉布森为曼联一线队出战60场,打进10球,包括09-10赛季欧冠四分之一决赛对拜仁的进球,以及上赛季欧冠半决赛对阵沙尔克04的进球。(BCC微博)

(24) C 罗在皇马用了 26 个月打入 100 球，包含 11 个帽子戏法、18 次梅开二度。(BCC 微博)

例(23)与例(24)所描述的都是对进球数其中的一些球的具体说明，但二者的对象有所差别。例(23)中“09－10 赛季欧冠四分之一决赛对拜仁的进球、上赛季欧冠半决赛对阵沙尔克 04 的进球”都是十分具体的说明，在某种程度上可以看做是事物对象；而例(24)中“帽子戏法、梅开二度”都是对进球次数的一个概念性的表达，是典型的概念对象。

第五种，事件范围＋动核＋概念对象。例如：

(25) 而在如此景物明朗和人事欢乐笑语中，却似乎蕴蓄了一点儿凄凉。(沈从文《长河》)

(26) 其实，一旦你用上“信仰”这个说法，就隐含了“有些人不相信”了。(雷纳·科特《世界未解之迷》)

例(25)中“景物明朗和人事欢乐笑语”是对上文场景的一个概括性描述。例(26)“一旦你用上‘信仰’这个说法”表示的是一个完整的事件，表示这个做法所体现的意义。这两例都不是某一个词单独地与动词后成分发生语义联系，而是作为一个整体包含概念对象。

第六种，概念范围＋动核＋概念对象

(27) 真正伟大的文学，除了忠实地反映人生之外，还须含蕴崇高的理想，超卓的见解，纯正的主义。(苏雪林《文学写作的修养》)

(28) 吃的文化中不经意地就包罗了许多视觉、听觉的享乐与讲究。(BCC 微博)

上例中的“文学”与“理想、见解、主义”，“文化”与“享乐、讲究”都不属同一概念域，之间不具有直接的包含关系，前者需理解为“文学所体现精神内涵”，后者需理解为“吃的文化中的追求”。

3）其他配位

配项类型是由语义表达所决定的，因此语义侧重点不同，配项类型也会有所区别。在具体的配项时出于语言表达的需要，会省略或增加一些配项。由于语境的影响动核可能与一个成分配项，将语义所表达的重心直接点出，构成“概念对象＋动核”等结构；也可能与三个成分搭配，以通过这些条件进一步限定或缩小范围成分外延，使表达内容的范围更加精确，构成“人物范围＋概念对象＋动核＋概念范围”等结构。当配项数量变换时，句子一般会借助特殊的表达手段，以平衡句子的语义，使句子增加语义内涵，如被动和处置等。此外，动词后的对象成分也可能由事件来充当。例如：

(29) 据悉，后者的废止，是因为《上海市工会条例》根据决定草案作出修改后，《上海市中外合资经营企业工会条例》的内容将被涵盖。(《文汇报》)

(30) 她其实一直把善良包藏在冷漠的表象下，做着一份很有意义的工作。(董妮《拜金女郎》)

(31) 周边科技馆停车场、丁香路中心绿地地下停车库和浦东新区政府两侧联络道路路面，约可容纳1100余辆小型车停放。(《文汇报》)

例(29)语义结构为“概念对象＋动核”，由于概念范围“《上海市工会条例》”在上文中已提到，这里将其省略也不会引起歧义，还会更加突出所要表达的对象“《上海市中外合资经营企业工会条例》的内容”。例(30)的语义结构为“人物范围＋概念对象＋动核＋概念范围”，从“她”这一大范围进一步缩小为“冷漠”这一小范围，既点出了行为主体，也精确了范围。语义结构的变换是通过句法结构实现的，如例(29)的隐含被动与例(30)的处置式。例(31)语义结构为“空间范围＋动核＋事件对象”，其中“1100余辆小型车停放”是一个主谓语齐全的小句，表示一个事件。

2.2.2　包容类范围动词语义结构的倾向性与语体分布

包容类范围动词语义结构的倾向性是指不同语义结构在总

体使用频率以及在不同语体中的接受度和使用频率上所呈现出的梯度序列。根据语料统计情况，包容类范围动词语义结构的使用情况与语体分布如表 5 - 3：

表 5 - 3　包容类范围动词语义结构的使用频率及语体分布情况表

语义结构＼语体			微博语体	科技语体	新闻语体	文艺语体	总计
两个配项配项	概念范围＋动核＋概念对象		38	107	119	60	324
	事物范围＋动核＋事物对象		179	15	88	8	290
	人物范围＋动核＋概念对象		8	2	12	161	183
	事物范围＋动核＋概念对象		22	28	51	44	145
	空间范围＋动核＋事物对象		28	8	78	10	124
	概念范围＋动核＋事物对象		27	6	50	5	88
	数量范围＋动核＋事物对象		22	0	48	0	70
	事件范围＋动核＋概念对象		6	21	22	21	70
	人物范围＋动核＋事物对象		9	1	19	7	36
	空间范围＋动核＋概念对象		5	2	12	13	32
	事件范围＋动核＋事物对象		2	0	12	0	14
	数量范围＋动核＋概念对象		0	0	2	11	13
	时间范围＋动核＋事物对象		3	0	2	1	6
	其他语义结构	x()	68	2	59	0	129
		事件对象	6	5	13	0	24
	倒序		15	40	31	24	110
两个以上配项	多项		0	4	8	17	29
一个配项	少项		3	2	4	3	12
总计			441	243	630	385	1699

根据表 5－3 可得出以下结论：

首先，从范围成分的类型来看，包容类范围动词语义结构中范围成分使用的倾向性呈现以下序列：

事物范围＞概念范围＞人物范围＞空间范围＞
数量范围/事件范围＞时间范围

其次，仅考虑与事物或概念对象配项的语义结构，包容类范围动词语义结构的倾向性如表 5－3 的排列，从上到下，倾向性逐渐减弱。具体来说，在上述众多的语义结构中占据优势地位使用最多的是“概念范围＋动核＋概念对象”，体现了同类范围成分优先匹配同类对象成分的特点。这是因为概念范围本身就与认知息息相关，认知范围所涵盖的内容更广，可联系的对象成分也就越多，出现频率相对而言也就最高。使用频率排第二的是“事物范围＋动核＋事物对象”，这也是包容类范围句的原型语义结构。这与包容类范围动词自身的性质是密不可分的，包容类范围动词在于揭示动词前后成分之间的包容关系，同类事物之间一般具有领属关系或整体与部分关系，其包容关系是清晰直观的，而其他的语义结构或多或少都要借助认知加工转换才能产生联系。第三是“人物范围＋动核＋概念对象”，人物范围由人、器官、与人相关的产物充当，范围较广；且包容类范围动词常与人的思想情感搭配；加之这一语义结构常与框架结构、方位词搭配使用，极大地增强了此类词的处所性和范围性，所以这一语义结构的使用也较多。第四是“空间范围＋动核＋事物/概念对象”，一般情况下，人们都是在某个具体的范围内限制对象，处所成分所具有的范围性与空间性极强，相对于其他范围类型来说，更容易从中选取对象加以限制。第五，数量、事件、时间范围出现频率都较少。一般在配项时会直接出现具体的范围，只有少数情况下会由数量短语充当范围，即使使用，具体的范围成分也会在上下文中出现；事件范围一般与事件所体现的意义相关，限制较多；时间范围客观性极强，一般不与概念对象同现，与事物对象搭配的情况也十分少见。

再次，从具体动词的语义结构使用的倾向性来看，越典型的范围动词越偏好使用原型结构；而限制越多、越不典型的词则越倾向使用概念范围配项。具体来说，作为动词原型的"包含、包括"多使用原型语义结构，揭示具体事物间的关系，但并不排斥使用其他语义结构；"含、富含"也同样如此；"包孕、包蕴、含蕴、隐含、蕴藏、蕴含、蕴涵"与概念、人物范围配项的语义结构占优势，其他语义结构偶尔使用；而最边缘的"蕴蓄、蕴藏"则只能与空间范围、概念范围配项。

最后，从语义结构的语体分布来看，有几个突出特点。第一，大部分语义结构都是在新闻语体中出现最多，这是因为新闻语体比较严谨客观，注重对事物或概念进行详细的解释说明，且在大范围的背景下描述限制对象会使所要表达的内容更加清晰直观。第二，"人物范围＋动核＋概念对象"在文艺语体中占优势，因为文艺作品以人为中心描写对象，尤其注重对人情感的细致描写。第三，倒序结构在科技语体和新闻语体中使用较多，是由于这两种语体都带有解释性的特征，既想先提出新信息，又想使其简单易懂，故用已知旧信息来解释。

2.3 包容类范围动词的句法结构

从句法平面看，范围成分可以由普通名词、处所名词、代词、介名结构、名词＋方位词充当。动词中心由包容类动词充当，可以加时体标记"了、着"；可与范围副词"仅、只、共"等共现。对象成分由普通名词、数量短语充当。

2.3.1 包容类范围动词句法结构的类型

包容类范围动词的句式义在于限定一个具体的范围，因此整个句子所表达的事件是"有界"的，其关联的成分也是有界成分，所以具体的名词在入句时会与表有界成分如数量词、指示代词等结合构成一个名词性短语。$NP_{范}$指表示范围的名词短语，$PreNP_{范}$指充当范围成分的介名结构，$NP_{对}$指表示对象的名词短语，VP指包容类范围动词或与时体标记“了、着”结合的情况。其句法结构如下：

句式1：$NP_{范}+V+NP_{对}$

这一句法结构通过动词直接关联两个名词性成分，符合人的认知习惯，先提出旧信息作为背景，再在这一背景中凸显出焦点，提出新信息。例如：

(32) 悬念质量不仅包孕悬念是否引人入胜、环环相扣、连续贯通，还涵盖了悬念的立意。(《人民日报》)

(33) 鱼纹隐含一“文”字。(《福建日报》)

句式2：$PreNP_{范}+VP+NP_{对}$

这一句法结构与上述结构的区别仅在于动词前成分由介名短语充当，有的介词的隐现对句子意义的影响不大，但需要认知的加工转换；有的则不能删减。例如：

(34) a. 在此不十分明显的颜色中却包蕴着些能次第发展的人格与生命。(老舍《人物的描写》)

b. 此不十分明显的颜色却包蕴着些能次第发展的人格与生命。(意义未变)

(35) a. 在方筝那张俊美的外表下，依然包藏一颗纯真的女儿心。(席绢《心动没有道理》)

b*. 方筝那张俊美的外表依然包藏一颗纯真的女儿心。(不成立)

句式3：$NP_{对}+(被)+VP+PreNP_{范}$

这一句法结构同样是出于表达的需要，将被包含的对象内容提前，整个句子含有被动的意味。例如：

(36) 真正的民俗是一种历史真实，它是一个民族或地方

群体民众传承性的生活文化，它经过了反复的积淀过程，不经意地包孕在人们日常的衣食住行、器物用具之中。（《文汇报》）

（37）长门的话总是直接了当，所有想表达的意思全都包含在一句简短的句子里。（谷川流《凉宫春日的忧郁》）

句式4：$NP_{对}$＋（被/由/为）＋$NP_{范}$＋VP

与上一结构差别不大，仅动词位置有区别，同样表示被动。例如：

（38）少女的一腔情愫，全被那热泪包蕴着。（罗伟章《妻子与情人》）

（39）人类社会发展过程中丰富多彩的政治生活，不可能完全能够被精神文明所涵盖。（BCC科技文献）

以上结构1和结构2可以转换为结构3与结构4，表达的内容未变，只是焦点调整，语义凸显的内容发生了变化。转换有条件限制，即不管原句有无介词转换后都要添加介词。例如：

（40）a. 孙犁、汪曾祺、贾平凹的诸多散文，包孕着浓厚的传统文化的内核。（BCC科技文献）

b. 浓厚的传统文化的内核包孕在孙犁、汪曾祺、贾平凹的诸多散文里。

句式5：$NP_{对}$＋VP

这一句法结构虽仅有一个名词性成分，即承担语义重心的对象成分，但句中隐含有范围成分，语义表达未受影响。例如：

（41）公务员、学生、农民工、企事业单位，全部被囊括。（BCC微博）

（42）这就如同火不可能被包藏一样，功德也不可能被湮没。（塞万提斯·萨维德拉《堂·吉柯德》）

句式6：处置式

一般与三个名词性成分相关联，使用限制较多，其中有一个必须是处所成分。例如：

(43) 远处的喜马拉雅山群形成屏障,将整个布斯坦包藏其中。(芃羽《雷龙之爱》)

(44) 即或书中包含的还是一种很陈腐的道理,但作者却有本领把道理包含在现象中。(沈从文《从文自传》)

句式7：单用式

包容类范围动词有时可以置于括号内单用,形式为(_),一般出现在范围词、表示确切数量的词或数字范围短语"……至/到……"后,补充强调范围的边界也包含在范围之内,经常与"以下、以上、以南、以西、前"等方位词共现。例如：

(45) 请您于2006年12月20日(含)前到开户行所在地级市的任一营业网点办理。(《福建日报》)(指包含2006年12月20日当天)

(46) 1.0至1.6升(含)由360元调减至300元。(BCC微博)(指包含1.6升在内)

总的来说,这些句式在深层的语义结构上具有一致性,只是在转换为表层句法结构时受识解方式的影响而呈现差别。句式1、2、3、4是由于视角与凸显成分不一样而造成的差别。句式1、2中范围为主题,对象为焦点,表达顺序是旧信息在前,新信息在后;整个句式表达某个范围内以某种方式包含某物。句式3中对象为主题,范围为焦点,倒序表达,新信息在前,旧信息在后;整个句式表示某物以某种方式包含于某个范围中。句式4中对象与范围成分都置于动词前充当主题,句子凸显的是动词,强调包容关系。整个句式表示某物在某个范围内以某种方式包含着。句式5、6、7受详略度的影响。句式5只凸显对象成分,范围成分作为隐含的背景在句中省略;整个句式表示某物以某种方式被包含着。句式6重复表述范围成分,使句子描写更加精确详细;表达范围成分对对象成分进行处置,并使其置于范围中某位置。句式

7省略对象成分，仅通过在括号内单用包含动词将范围的边界转换为对象成分；整个句式表达补充说明所描述的范围包含作为范围边界的成分。

2.3.2 包容类范围动词句法结构的倾向性与语体分布

包容类范围动词的语义结构在转换为表层的句法结构时受语用的制约会呈现差异，不同句法结构在使用频率与语体分布上体现出不同的倾向性。根据语料统计其语体分布情况如表5-4：

表5-4 包容类范围动词句法结构的使用频率及语体分布情况表

句法结构 \ 语体		微博语体	科技语体	新闻语体	文艺语体	总计
主动式	$NP_{范}+VP+NP_{对}$	364	172	355	164	1055
	$PreNP_{范}+VP+NP_{对}$	64	104	149	168	485
被动式	$NP_{对}$+（被）+VP+$PreNP_{范}$	7	39	15	21	82
	$NP_{对}$+（被/由/为）+$NP_{范}$+VP	2	9	14	2	27
	$NP_{对}+VP$	7	1	6	1	15
处置式		0	0	2	4	6
单用式		74	2	71	0	147
其他句法结构①		2	8	9	9	28
总计		520	335	621	369	1845

根据表5-4可以得出包容类范围动词句法结构的出现频率

① 其他句法结构都是偶尔出现一两例、不成规律的句法结构，如“小句+VP+NP对”“NP范+VP+小句”等。

优选序列为:

主动式＞被动式＞单用式＞处置式

句法结构的语体分布受语体正式度以及语体特征的影响。主动式限制较少,且符合人类最简单最直接的认知方式,是最基本的句法结构,因此在各类语体中分布较均匀,相较而言数量最多。被动式在科技语体中分布最多,新闻和文艺语体中也较多,主要是由于句子表达的需要,将语义重心置于句子的话题处,使句子焦点更加凸出;而在非正式语体——微博中这种用法较少,是由于微博正式度较低,偏好简单基础的句法结构。处置式在文艺语体中分布最多,因为文艺作品为了追求文学性而偏好使用特殊的、复杂的结构。单用式一般表示将边界包含在内,因此不会出现在文艺语体这种文学性较强的语体中,而是较多出现在新闻语体中,出现在微博语体中也较多,主要是单用式用法正式度要求不高,侧重语义补充的要求。

2.4 小结

本节在语料库的基础上从包容类范围动词的具体语义特征以及句法、语义结构的类型和偏好进行考察,认为其总的语义内涵是在表存在的同时确定两个配项之间的外延关系,即范围配项蕴涵对象配项(P→Q)。

包容类范围动词中的原型成员是“包含”,其他成员都根据家族相似性与其关联。越典型的成员越具有客观性,领属义越强,限制范围的条件越抽象;越边缘的成员存在义越强,存在方式越具体。其次,通过考察语义结构的配项类型,认为包容类范围动词是典型的二元动词,总的语义结构为“范围＋动核＋对象”。范围成分可分为时间、空间、数量、事物、事件、概念范围(抽象)等等;对象成分可分为事物对象(具体)与概念对象(抽象),配项类型复杂。原型的语义结构是“事物范围＋动核＋事物对象”,但占据优势地位的是"概念范围＋动核＋概念对象"。具体动词所适用语义结构也呈现出差异，越原型的词越偏好使用原型语义结构；而限制越多、越边缘的词则越倾向使用"概念范围＋动核＋概念对象"。最后，考察句法结构，认为其受识解方式的影响而产生差异，呈现复杂的表层句法结构，其中优势句法结构为"$NP_{范}$＋VP＋$NP_{对}$"；同时也受语体特征的影响，配项结构越常规，其语体适用度也高，越复杂和越特殊的语义结构，往往容易出现于有特殊要求的语体中。

3. 汉语总括类范围动词及其句法语义结构

总括类范围动词是指对某些成分进行总结概括或加以计算的动词，即常说的"一言以蔽之"。由这些词充当动词中心的句子便是总括类范围句，句式义在于对所出现的事物或概念进行概括，深层揭示句子中存在的包含关系，句式的逻辑关系可表述为"A 包含于 B"。这类动词具体有：概括、共计、归并、归拢、归纳、归总、合、合并、合称、合计、合拢、计、累计、统称、统计、综计、综括、总、总称、总合、总计、总括。（按首字母排序）

3.1 总括类范围动词的特点

总括类范围动词作为范围动词的一个类别，其归类也是在相同特征的基础之上进行的，其共同特征也是此类动词区别于其他词类的区别特征；但词类内部也存在差异，表现在功能、搭配偏好以及语体适用性上。

3.1.1 总括类范围动词的语义特征

根据《现代汉语词典》（第 7 版）的释义及具体的使用实例，对此类词作为总括类范围动词的义项进行义素分析，不考虑其他义项的义素，其具体语义特征如表 5－5：

表 5-5　总括类范围动词的语义特征情况表

特征 词	共同特征		区别特征				
			功能		结果表述		搭配偏好
	合在一起	产生结果	概括	计算	概念性称代词语	数量	经济类词语
概括	+	+	+		+		
共计	+	+		+		+	+
归并	+	+	+		+		
归拢	+	+	+		+		
归纳	+	+	+		+		
归总	+	+	+		+		
合	+	+		+		+	+
合并	+	+	+		+		
合称	+	+	+		+		
合计	+	+		+		+	+
合拢	+	+	+		+		
计	+	+		+		+	+
累计	+	+		+		+	+
统称	+	+	+		+		
统计	+	+		+		+	+
综计	+	+		+		+	+
综括	+	+	+		+		
总	+	+	+		+		
总称	+	+	+		+		
总合	+	+	+		+		
总计	+	+		+		+	+
总括	+	+	+		+		

根据表 5-5 可得出以下结论：

总括类范围动词的原型特征是“合在一起、产生结果”，是对分散的事物或概念进行总合，加以概括。根据语义特征的差异这类动词又可细分为统计类与概括类，前者倾向于客观统计，后者更多地在于主观概括。具体而言前者是对具体的事物或概念进行数的统计，这一类词主要有“共计、合、合计、计、累计、统计、总合、总计、综计”，语义特征为[＋合在一起][＋计算]；偏好与经济类词语如“资金、损失、支出、费用”等具有数量特征的词语搭配；统计结果一般用数量短语表示，不使用概念性的称代成分；这类词在语义特征上的差别不大，原型与边缘成员的区分并不明显。后者主要是将事物、概念、事件合在一起并进行抽象而简练的概括说明，这类词有“概括、归并、归拢、归纳、归总、合并、合称、合拢、统称、综括、总称、总、总括”，语义特征为[＋合在一起][＋概括]，一般与具有总结性的表示概念的称代性成分共现。这一类词的原型成员是“概括”，边缘成分是“合并、归并”。越典型的成员处置性越强，更容易产生概括的结果；边缘的成员更多的是对事物或概念简单的总合，很少产生具有总结性质的成分充当结果。概括类范围动词可以对所有事物和概念的共同特点进行归纳说明，成分间的蕴含关系可显可隐，可以通过容器隐喻与套件隐喻转换为同一概念域内的包含关系。

3.1.2 总括类范围动词的语体适应性

总括类范围动词在使用时有自己的语体适用性，对北京语言大学(BCC)语料库中的语料分析，其在各类语体中的分布情况如表 5-6：

表5-6　总括类范围动词的语体分布情况表①

词＼语体	微博语体	科技语体	新闻语体	文艺语体	其他	总计
概括	58	17	31	7	87	200
共计	29	0	117	2	52	200
归并	1	48	57	4	90	200
归拢	1	3	8	6	90	108
归纳	2	3	1	0	194	200
归总	1	7	4	4	66	82
合	0	0	0	0	200	200
合并	9	11	7	1	172	200
合称	32	42	48	20	58	200
合计	60	1	95	1	43	200
合拢	0	0	0	0	200	200
计	0	0	0	0	200	200
累计	41	1	89	0	69	200
统称	21	38	43	35	63	200
统计	2	1	0	0	197	200
综计	3	0	2	0	3	8
综括	0	4	1	1	7	13
总	0	0	0	0	200	200
总称	12	19	10	6	153	200
总合	2	2	8	1	187	200

① 表中的"其他"指不包括动词作为总括类范围动词与充当句子谓语中心使用时的语体分布情况，而是表示其他语义、充当其他句子成分、不符合总括类范围动词语义结构及重复的情况。

续　表

语体 词	微博语体	科技语体	新闻语体	文艺语体	其他	总计
总计	44	0	88	1	67	200
总括	2	30	8	33	127	200
总计	320	227	617	122	2525	3811

根据表5-6可以得出以下结论：

第1，总括类范围动词总的语体分布序列为：

新闻语体 > 微博语体 > 科技语体 > 文艺语体

这一序列出现的原因与语体特征密切相关。新闻语体的特征是准确、正式，对所描述的事物或概念一般要求精确概括，具有总括性质的范围动词很容易出现在这一语体中。微博语体内容较庞杂，除个人的一些口语化表达，也包括机构的广告、新闻等等，正式度虽较新闻语体稍低，但部分对准确性的要求同样严格。科技语体的特征是严谨、科学，对零散杂乱的事物和概念一般会进行总结性表述，为使表达更加清晰直观，通常会使用总括类动词。文艺语体大都是描述性语言，总括性语言的使用率较低。

第二，词语内部语体分布也存在差异，这是由语体特征和动词语义特征共同决定的。首先，现代汉语中，无论何种语体都偏好使用双音节动词，因此单音节的“合、计、总”几乎没有在各类语体中的具体使用实例。其次，“归拢、归总、综计、综括”相对于其他词而言较晦涩，也少有人使用。“统计、总合”其他用法较多，“统计”偏好单独使用或与行为主体一同出现充当插入语，形式为“据(××)统计”；“总合”一般作名词使用，形式为“××的总合”。“合并、归并”作为这个类别的边缘成员，更多的是单纯描述对象成分,而未产生具有总括性质的结果,符合总括类范围动词语义结构的情况也较少,尤其是"合并"。最后,作为总括类动词次类的统计类范围动词出现在新闻语体中的频率远远高于其他语体,微博语体中使用频率也较高,而文艺语体中仅有几例。这是由于统计类范围动词是对事物、概念或事件的数量多少进行说明,偏好出现在叙述与说明性语体中,而很少会出现在描写性语体中。

3.2　总括类范围动词的语义结构

通过对具体语料的分析,认为总括类范围动词是典型的二元动词,语义结构所涉及的语义成分是对象与范围,一般语义结构为"对象+动核+范围",句式义是对事物、概念或事件进行总结概括,以形成一个具有确定外延或精确数量的总括性范围。这一语义结构同样也揭示动词前后成分间的包含关系,但这一包含关系是倒置的,即逻辑上的 A 包含于 B。

3.2.1　总括类范围动词语义结构的配项类型

总括类范围动词语义结构所联系的语义成分在具体的使用中涉及到不同的次范畴,对象成分可分为事物与概念,涉及的范围成分次范畴为事物、处所、数量、概念等。范围成分一般都涉及容器隐喻,容器隐喻认为"观念是物体;语词即容器",语词不再是单纯的称代工具,而是观念或物体的容器,语言的传递就好像将物体放入容器中,可以将抽象的无界的概念变成有界的实体。这里涉及到的范围次范畴大都是称代性词语,本身是作为一个容器,既容纳词语称代的物体、概念与事件,也容纳句中的对象成分。成分次范畴的不同会造成多种配位类型,具体表现如下:

1) 事物对象与范围成分配位

事物对象与范围成分配位时,表示对事物数量的概括或事物总的名称说明,所形成的范围是确定的,一般是可数的。具体可分以下几种：

第一种，事物对象＋动核＋事物范围。例如：

(47) 松贝、青贝归并为中药川贝。(BCC 科技文献)

这一语义结构是将事物置于一个更大的范围中，对事物的性质进行说明。例中“松贝、青贝”是“川贝”的一部分。

第二种，事物对象＋动核＋空间范围。例如：

(48) 各种管网则最后归总到与地面垂直的主树干去。(潘海天《未来缔造者》)

(49) 地下堆置着的各般宝贝归拢在竹笼里。(柳残阳《凤凰罗汉坐山虎》)

这一语义结构是将事物汇总后置于一个确定的处所内，表示事物存在于这一空间内。例(48)的“与地面垂直的主树干”与例(49)的“竹笼”在句中并不单纯地表事物，而是借助介词结构表汇总的场所，凸显事物的空间性，以容纳范围内的事物。

第三种，事物对象＋动核＋数量范围。例如：

数量在某种程度上是最能反映事物的量的范围，总括类范围动词与数量成分配项是对具体的事物加以数的概括。此类语义结构前分后总，动核前成分所表示的数量之和即为动核后数量。杨荣祥(2000)提到统计副词的语义指向只有一种，即句法结构中的位于其后的 NumP，无论是直接修饰 NumP 还是修饰 VP。凡使用统计副词的句法结构，其中必须包含一个 NumP。肖奚强(2003)也提到“(统)共、总共、一共”的句法功能比其他排他性范围副词单一，它们要求与数量词组共现，数量词组是其句法上的必有成分。同统计类范围副词一样，统计类范围动词也要求语义结构中数量成分必现，而概括类并不作强制要求，因此这一语义结构实例一般为统计类范围动词的用例，概括类只有少数实例。

(50) 历年受教育的中学生累计 100 多万人。(《文汇报》)

(51) 红宝装赃物的两只密码箱中，各类首饰、玉器、手机、手

提电脑等总计1000余件。(《文汇报》)

上例中动核前仅提到了具体的事物,如例(50)中的"中学生"与例(51)的"首饰、玉器、手机、手提电脑",但一旦进入这个句式,便被句式义所压制,动词前成分经过概念域的转换,由事物范围向数量范围隐喻,凸显数量义。因此,上例中的事物进入句式表示"中学生的人数"与"首饰、玉器、手机、手提电脑的件数",从而与动词后具体的数量名结构发生联系,对事物进行量化,形成一个有明确界限的范围。例(50)的蕴涵关系是"1000余件"这一数量范围包含"各类首饰、玉器、手机、手提电脑"这些事物,而非"各类首饰、玉器、手机、手提电脑"包含"1000余件",其他的例子的包含关系也同样如此。

第四种,事物对象+动核+概念范围。例如:

这一语义结构是对具体的一些事物进行概括,以一个概念性称代成分来指称,语义结构中存在反向的包含关系。例如:

(52) 每个具体的人,统称人。(杨绛《走到人生边上》)

(53) 冯梦龙编订的《喻世明言》《警世通言》《醒世恒言》合称"三言"。(BCC科技文献)

总括类范围动词间的包含关系一般为整体与部分关系和上下位关系。例(52)最能体现事物的上下位关系,"具体的人"是下位概念的具体体现,"人"是上位的抽象概念,包括所有具体的人。例(53)中"三言"是表示整体概念的称代名词,与具体的书名是整体与部分的关系。

2) 概念对象与范围成分配位

概念对象与范围成分配位时,旨在对所有零碎分散的概念进行概括,总结出一个更加精炼具体的概念,以明示所表达内容的范围。具体类型分以下几种:

第一种,概念对象+动核+事物范围。例如:

(54) "中国制造"已经不能再用价格低廉的玩具和服装来概

括。(《文汇报》)

这种语义结构十分少见，因为一般来说概括类范围动词是对事物特点的主观性概括，这种概括一般都会以概念性的称代性成分来表示，很少涉及具体的事物。若用小范围的具体的事物概括大范围的概念，句子的蕴涵关系很难成立，句子的合格度也很低，因此要使用这一语义结构有时要借助否定性表达。如例(54)“中国制造”与“玩具和服装”，从常识来讲，“中国制造”是包含“玩具和服装”的，而非“玩具和服装”概括“中国制造”，因此句子中使用“不能用……来概括”结构将成分联系起来，以提高句子合格度。

第二种，概念对象＋动核＋空间范围。例如：

(55) 浮躁的游丝般的思绪归拢到写字桌前，渐渐生出几分灵感和文思。(《人民日报》)

(56) HK 薄膜的元素分析结果归总在图 1 中。(BCC 科技文献)

这一语义结构是将抽象的概念置于具体的处所内。例(55)“浮躁的游丝般的思绪”这一抽象概念进入句式后使其具体化、有形化，并通过动核对其进行概括，置于“写字桌前”这一三维空间中；例(56)“图 1”表示二维空间，同样表示“分析结果”所存在的处所。这一语义结构的不同之处在于是将抽象的概念性成分进行汇总后置于某一处所中，对概念进行了处置。空间范围一般由单纯的事物名词借助框式结构进行转换而来，如上述例子中的“到……前”与“在……中”。

第三种，概念对象＋动核＋数量范围。例如：

(57) 面积合计 2325 平方公里。(《都市快讯》)

(58) 其中家政服务累计 18999.5 小时，医疗服务累计 8772 小时。(《福建日报》)

(59) 而自我教育则是思想教育的目的和手段的统一，言和行的统一，动机和效果的统一。上述三点归总为一句话，思想教育

必须依靠人民群众。(BCC科技文献)

上述例子中范围成分分两种情况,一种是例(57)—(58)中单纯表数量的数量范围。例(57)中的"面积"等概念相对于具体的事物而言更加抽象,但词的语义中本身便含有数量特征,表示"面积的大小",适合于在统计范围句中的使用;而例(58)中的"服务"是普通的抽象概念名词,虽不具有数量特征,但进入句式后同样被句式义所压制,呈现数量的特征,表示"服务的时间",以便进行计数。另一种并非单纯表数量,而是对下文提到的内容的一个代称,范围成分的具体内容在下文出现,起补充说明的作用。如上述例(59)中的"一句话"这类的数量短语是代指下文的内容。

第四种,概念对象＋动核＋概念范围。例如:

(60) 这十六条意见,可总括为三大条,即(一)商销、商运便民,保收盐利;(二)官销、官运耗费增多、失大于得;(三)不应对盐商"既夺其业,又禁求觅职事"。(BCC科技文献)

(61) 农村中小学布局调整的原因可以概括为"一少""一多""一高"。(《人民日报》)

这种句式有的是对已有的概念或概念称代的事物进行更概括的说明,再化抽象为具体,进行细致的解释说明,使句子所表达的范围更加明确。如例(60)是对"十六条意见"进行概括,再对概括的"三大条"进行具体说明,使表达更加具体。有的则是直接对被概括的概念进行具体阐述,如例(61)是将抽象的"原因"用更加具体的"一少、一多、一高"这类的称代名词来概括说明。

3) 事件对象与范围成分配位

事件对象是作为对象的成分中有另外的动词存在的情况,这一复杂的成分作为整体表示事件,与范围成分产生联系。事件对象具体类别复杂多样,总括类范围动词有计算的含义,涉及运算,对象成分也许是"事物/概念＋'加'类动词＋事物/概念"或"事物/概念(主语)＋数量短语(谓语)"的简单句;也可能是对需要进行总括的成分的描写而形成的事件等等。

第一种，事件对象＋动核＋数量范围。例如：

(62) 改《增修国音字典》为《国音常用字汇》，就原稿本删定，共得 9920 个字，加上异体异音的，合计 12220 个字。(《文汇报》)

(63) 有 20 名成员，每个成员缴纳会费 50 元，总计 1000 元。(《文汇报》)

(64) 在连续 9 周冠军之后，票房却逆势增长，累计 1 亿 5000 万美元。(BCC 微博)

这种语义结构是对事件整体进行概括，产生相关结果。例(62)中进行了加法运算，例(63)中进行了乘法运算。这里将运算都看作一个独立的事件，运算产生的结果即为数量范围所显示的数据，孤立的成分是无法单独产生运算结果的。例(64)中首先对“票房”进行了相关说明，表示“票房增长”这一事件，继而产生结果“1 亿 5000 万美元”。

第二种，事件对象＋动核＋概念范围。例如：

(65) 男的从事吹打和抬轿子，女的从事与“讨彩头”相关的事，统称“做轿夫”。(BCC 科技文献)

(66) 东坡是由 A 壁、B 壁、c 壁这三个大峭壁及其侧面的北壁组成的，总称为东坡。(井上靖《冰壁》)

这一语义结构是对事件进行一个总括性的指称。例(65)“做轿夫”是动词性的行为，与事件对象性质相同，其所表示的行为范围涵盖事件对象中的所有行为。例(66)中事件对象中本身涉及到概念范围“东坡”，对其进行一个具体内容的解释，再进行总括，作用在于强调总括范围。

4) 其他配项

在具体的语义表达时语义侧重点不同也会出现多项或少项的情况。例如：

第一种，多项

多项的情况也较为复杂,一是句中除对象与范围成分外,还出现行为主体。这是由于总括类范围动词语义中本身便含有"把……怎么样"的处置义,因此其与行为主体关系密切。在具体的使用实例中,行为主体在语义结构中经常出现,其出现对句子范围的影响不大,仅仅是增强句子的主观性与处置义,明示发出动作行为的主体。主体可以是有生命的,也可以是无生命的。二是出现其他类成分,如时间成分。总括类范围动词的总括结果随时间的变化也会发生变化,时间词在句中出现对统计结果的时间跨度进行限定,以表明在这一时间范围内对象成分所发生的变化结果,使结果更加精确。例如:

(67) 过去人们把农产品加工业归并为轻工业。(《人民日报》)

(68) 它把由同一核心词组成的词组(子项,下位概念)都归拢到同一个核心词(母项,上位概念)条目之中。(BCC科技文献)

(69) 全国财政用于教育支出五年累计2.43万亿元。(《福建日报》)

第二种,少项

这一配项类型是总括类范围动词的特殊用法,动词直接关联的成分仅有一项,而另一项成分是作为从属成分在下文出现。此类用法一般出现在句首,作用在于先划定计量对象,再对这一对象进行总括后产生的结果进行具体的解释说明。例如:

(70) 总括先生来信的意思,大概有两点,一是骂史太林先生们是官僚,再一是斥毛泽东先生们的"各派联合一致抗日"的主张为出卖革命。(鲁迅《答托洛斯基派的信》)

(71) 综计对手三十六名杀手,死的一十三人,被制住穴道的二十三人,内中有轻重伤的十六人。(东方玉《新月美人刀》)

例(70)动词关联概念成分,总括的结果也是概念;例(71)关联人物成分,统计结果为数量短语"三十六名杀手",数量成分从属于名词,在这里充当名词的补语成分,对人物"对手"的数量进行补充说明。

除多项、少项外，语义结构的配项还存在倒序的情况，但从深层的语义结构看句式所表达的最基本的意义相同，语序的不同是在转换为表层句法结构时产生的区别。因此关于倒序的情况会在句法结构中进行说明。

3.2.2　总括类范围动词语义结构的倾向性与语体分布

总括类范围动词的语义结构在使用时有自己的偏好，在不同的语体中接受度以及使用频率存在差异，表现出不同的倾向性，继而形成不同的倾向序列。根据语料统计其语体分布情况如表 5-7：

表 5-7　总括类范围动词语义结构的使用频率及语体分布情况表

语义结构 \ 语体		微博语体	科技语体	新闻语体	文艺语体	总计
两个配项	事件对象＋动核＋数量范围	91	4	161	3	259
	概念对象＋动核＋数量范围	74	16	121	19	230
	事物对象＋动核＋数量范围	44	8	143	1	196
	概念对象＋动核＋概念范围	19	50	40	14	123
	事物对象＋动核＋概念范围	33	38	23	22	116
	事件对象＋动核＋概念范围	20	42	42	12	116
	事物对象＋动核＋事物范围	1	6	3	5	15
	事物对象＋动核＋空间范围	1	3	2	2	8
	概念对象＋动核＋事物范围	1	3	1	0	5
	概念对象＋动核＋空间范围	0	2	2	0	4
两个以上配项	多项	14	29	52	29	124
一个配项	少项	22	25	22	13	82
其他		0	1	5	2	8
总计		320	227	617	122	1286

根据上表以及语义结构的配项考察可得出以下结论：

首先，从范围成分的类型来看，总括类范围动词语义结构中范围成分使用的倾向性呈现以下序列：

数量范围 > 概念范围 > 事物范围 / 空间范围

这一序列出现的原因同总括类范围动词的语义息息相关，总括类范围动词是对某些成分进行总结概括或加以计算的，总结概括的结果一般是概念性成分，而计算的结果是数量，因此数量范围和概念范围的使用频率十分高。总括性范围一般涉及的是容器隐喻，直接与语词相关，而非与具体的处所或具体的事物相关，因此空间范围与事物范围很少会出现。

其次，仅考虑两个配项时的情况，总括类范围动词语义结构的倾向性如表 5-7 的排列，从上到下，倾向性逐渐减弱。占优势地位的是"事件对象＋动核＋数量范围"，这是由于事件对象情况多样，基数大，未进行细致的区分，其他事件对象配项的语义结构较多也是这个原因。因此这一语义结构虽然占优势地位，但并非原型结构。原型结构是"对象＋动核＋数量范围"，对成分进行数量的统计符合人类最直接的认知，也最能体现总括类范围动词的特点。"对象＋动核＋概念范围"的使用频率稍低于原型结构，但也远高于其他的语义结构，这是由于用抽象的概念充当范围十分容易凸显事物间的上下位关系与整体部分关系。"事物对象＋动核＋事物范围/空间范围"使用很少，因为对事物的概括很难用同层次的另一事物去说明，只能使用上位概念，句子的蕴涵关系才会更加明晰，但上位概念相对于具体的事物而言更加抽象，不算是严格意义上的事物范围，空间范围也同样如此。"概念对象＋动核＋事物范围/空间范围"出现频率最低，因为很难用某一具体的事物去概括抽象的概念。若使用，成分间蕴涵关系很难成立；即使成立，也要借助复杂的语法形式，因此很少使用。

再次，从具体动词偏好使用的语义结构来看，有两个突出特点。第一，总括类范围动词次类的语义结构使用偏好明显。统计类范围动词的优势语义结构是“事物对象＋动核＋数量范围”。这是由于事物本身就含有可数的特征，更容易进行数量多少的说明；而概念对象一般作为一个整体进行描述，群体的抽象特征凸显，很少能进行个体计数，只能经过概念域的转换才能计数，故而使用较少。概括类范围动词的优势语义结构是“概念对象＋动核＋数量范围”。这是由于概括类本身就是对共同特点的归纳总结，是抽象的概括，很少能涉及具体的事物；且对概念的概括比较复杂，充当范围成分的内容也不拘泥于一字一词，因而会影响句子的结构。只能通过句式管控，将范围成分的内容由数量短语来称代，具体的内容在上下文中出现作补充说明，以保证语义结构的合理性与句子意思的完整性。第二，动词的原型度对语义结构的使用也会产生影响。越原型的成分所能关联的范围成分越简单，对象与范围成分间的包含关系越明显，总括义越凸显；越边缘的成分关联的范围成分越复杂，成分间的包含关系越间接。如“归拢、归总”会与空间范围联系，一般是将产生的结果置于这一空间范围之中，而非对象直接产生结果以形成范围，成分间联系并不紧密，总括义也较轻。

第四，从语义结构的语体分布来看，“对象＋动核＋概念范围”在科技语体和新闻语体中使用频率高，微博语体与文艺语体中使用频率稍低。王德春、陈瑞端（2000：125—128）的《语体学》提到“科学语体具有定义功能，能用准确的语言为客体下本质性的定义；还具有说明功能，常用来记载生产过程，总结生产经验，解释科学知识，说明科学、技术和生产情况。概念性成分的下定义功能与总结说明功能都十分突出，符合科技语体的特征，使用频率高。“对象＋动核＋数量范围”倾向于在微博语体和新闻语体中使用，科技语体与文艺语体极少使用。这是由于微博语体和新闻语体偏向对事物的客观叙述，数量的统计符合这一要求。多项在新闻语体中使用最多，这是由于新闻包含六要素即时间、地点、人物、事件的起因、经过与结果，这些要素出现在句子中便成为了不同的语义成分，其中一些必不可少的成分共现便造成总括类范围动词语义结构的多项配项。总括范围句对要素的使用也有偏好，人物项与时间项更加契合总括类范围动词，因而经常出现在总括范围句中。

3.3 总括类范围动词的句法结构

深层的语义结构在向表层句法结构转换时，受识解与凸显的影响，会产生复杂多样的句法结构；每一句法结构在使用时由于语法意义的不同也会有不同的使用频率及语体分布。

3.3.1 总括类范围动词句法结构的类型

总括类范围动词一般关联两个成分，对象成分为体词性成分，表示事物与概念时记为 $NP_{对}$；对象成分为小句，表示事件时记为 $S_{对}$；动词部分记为 VP，包括总括类范围动词后加“为”的情况；范围成分由体词性成分充当时记为 $NP_{范}$，由介名结构充当时记为 $PreNP_{范}$。具体句法结构的类型如下：

句式1：$NP_{对}+VP+NP_{范}$

(72) 截至2007年9月，全国登记注册的个体私营企业从业人员共计1.1亿多人。(《福建日报》)

(73) 1999年全球重组蛋白药的市场总合为130亿美元。(BCC科技文献)

这一句法结构表示对象成分被加以总括并产生表示范围的成分，动核有两种，即一种是由总括类范围动词单独充当谓语，如例(72)中的“共计”；另一种是由总括类范围动词加“为”充当谓语，如例(73)中的“总合为”。“动词＋为”出现的原因一方面这是由于这一类动词带有一定的主观性，一般情况下是按主体的想法来进行归纳概括的，范围成分有一种结果的意味。另一方面是由于这一语义结构对象在前、范围在后，在某种程度上也隐含被动，上例中动词前加“被”句子意思也不会发生改变。而“为”有表示被动的意味，可以看作被动标记，符合这一语义结构所表达的意思。所以概括类范围动词会与“为”共现，且这一情况占绝大部分。“为”在概括类范围动词中所起的作用巨大，其出现与否有时能造成句子语义的改变。例如：

(74) a. 学者对政治文化的概念界定总括为两种解释，即心理视角和意识形态。(BCC 科技文献)

b. 学者对政治文化的概念界定被总括为两种解释，即心理视角和意识形态。

c. 学者对政治文化的概念界定总括两种解释，即心理视角和意识形态。

将例(74)a 与例(74)c 进行对比，更可以发现这一语义结构所隐含的被动义，例(74)a 表达的是“概念界定包含于两种解释中”，即使转换为(74)b，将被动由隐性变为显性，句子的语义也不会发生改变，句子的逻辑关系仍旧是“A 包含于 B”。而若将“为”去掉，则句子的语义彻底翻转；逻辑关系也由“A 包含于 B”转为“A 包含 B”，变为“概念界定包含两种解释”；语义指向也由后指变为前指。

句式 2：$NP_{对}+VP+PreNP_{范}$

(75) 三校文、理、法方面各系都归并在北京大学里。(《人民日报》)

(76) 前述马克思主义哲学演进的各种态势都可以总括到范式转换中来。(BCC 科技文献)

句式 2 表示将对象成分进行汇总后置于某一场所之中。介词结构“在……里”“到……中”既可将充当范围成分的事物或概念处所化，凸显空间性，如例(75)“在北京大学里”较“北京大学”空间性更明显，例(76)也同样如此。同时也可保证句子的合格度，若去掉介词结构，范围成分无法直接容纳对象成分，“归并北京大学”的说法很难让人接受,且句义也发生了变化,动词后成分由范围转为对象,且“在/到”含有结果的意味,是总括类范围动词性质的体现。

句式3: $NP_{对}+PreNP_{范}+VP$

(77) 白墙,老树。说及故乡也许真可拿这四个字来归结。(BCC微博)

(78) 她笔下的人物可以用圣徒奥古斯丁的一句箴言来概括:“我们的灵魂不得安宁,直到它们在您(指上帝)的身上找到了安宁。”(《当代世界文学名著鉴赏词典》)

(79) 剩下来的通常是以“事务所”或“总务部”总括。(《哈佛管理培训系列全集》)

这里使用的“拿……来”“用……来”“以……”结构,本质上都是介词结构,其作用在于介引范围成分,使深层的语义结构在转换为表层的句法结构时发生改变。句法结构中对象与范围成分都置于动词前充当话题,句子凸显的是动词,强调的是概括。总括类范围动词本身就含有“把……归在一起”的含义,主观性极强,带有主观处置意味,强调对事物或概念的概括。这一句式借助“用/拿/以……来”结构将范围成分前置,更加凸显了句式中含有的主观处置义。句法结构中的数量范围也并非是对对象数的概括,而是对概念范围的称代,概念范围一般会出现在句中,可能出现在上文,也可能出现在下文,对数量短语进行详细解释。例(77)中“四个字”表示的是上文的“白墙,老树”,例(78)的“一句箴言”表示的是下文的话。例(79)的“总务部”同样是称代性名词,在这里起工具的作用,句式义表达的是事物或概念用概念性工具加以概括。

句式4: $S_{对}+VP+NP_{范}$

(80) 从今年起,电影“华表奖”及“铜牛奖”的剧本单项奖不再设置,而全部归并“夏衍电影文学奖”。(《文汇报》)

(81) 经警方会同市烟草专卖局检验,共查出劣质散装红双喜

假烟60余箱、金上海假烟10余箱、筒装力王假烟20余箱，合计100余箱，6000多条。(《文汇报》)

这种句式动词前成分复杂，大都是独立的句子，VP关联的直接成分是$S_{对}$中的一部分，但分句中其他成分是对对象的具体描述或情况说明，是全句中不可或缺的一部分，因此这一句法结构具有层级性，$NP_{范}$是对整个事件所表示的内容进行的概括说明。如例(80)使用了称代性名词“夏衍电影文学奖”对事件进行总结；例(81)运用数量短语对事件中描述的事物进行量化。

句式5：$S_{对}$，$NP_{范}$＋VP

(82) 在场的谈话，基调从来不跑偏，一个词概括：sarcastic。(BCC微博)

(83) “毕业”、“四年”、“回忆”……二字概括：离别。(BCC微博)

这种句法结构复杂，事件对象在句中作为前提，范围成分作主语，动词后成分是对范围成分的具体阐述。例(82)中“一个词”总括前面所描述的事件内容，其具体内容“sarcastic”在下文出现；例(83)同样如此。

句式6：$NP_{范}$＋VP＋$NP_{对}$

(84) 没有哪种单独的特征能够概括“人的素质”。(BCC科技文献)

(85) 如此，则“脏”便寓于“藏”之中。换言之，“藏”可以概括“脏”。(BCC科技文献)

这种句式是符合人认知的语序，大范围在前、小范围在后，表示一个概念概括另一个概念，一般与能愿动词共现。如例(84—85)中的“能够、可以”，句中存在一种主观判断的意味。

句式7：VP＋$NP_{对}$

(86) 综计所选丛书百部，原约六千种，今去其重出者千数百种，实存约四千一百种。(孙犁《我的丛书零种》)

(87) 综括早期改良派的法律思想如下：1. 主张建立议会制度……2. 提倡重商恤商……(BCC 科技文献)

句式 7 中动词直接支配对象成分，范围成分作为对象成分的从属成分，在句中作补语。例(86)中数量短语“百部”在这里充当补语成分，对事物“丛书”的数量进行补充说明；例(87)中具体内容在下文出现。

句式 8：$NP_{对}+VP$

(88) TeamB 成员转发量统计(截至 1 月 14 日 0：00)。(BCC 微博)

这一句法结构将对象成分作为话题置于句首，句中缺少范围成分，凸显的是动词，强调的是对对象成分进行的处置。例(88)强调的是对“TeamB 成员转发量”的统计，而非结果。

句式 9：其他

其他句法结构是指句中除动词直接支配的对象与范围成分外，还有其他成分存在的情况。最常见的是句式中出现行为主体成分，例如：

(89) 卫东区把区一级的 25 个职能部门的对外服务窗口归并为一个服务大厅。(《人民日报》)

(90) 最后他用四句歌谣，综括了山林遇险时抵抗的常识。(曲波《林海雪原》)

例(89)主位为动作行为的发出者“卫东区”所占据，对象成分“对外服务窗口”由介词“把”引进作状语，范围成分“服务大厅”居宾位，句式表述为“$NP_{行主}+PreNP_{对}+VP+NP_{范}$”，句子处置义明显，表示行为主体对对象成分进行处置并产生结果。例(90)主语为“他”，范围成分“四句歌谣”作工具状语，对象成分“山林遇险时抵抗的常识”作宾语，句式表述为“$NP_{行主}+PreNP_{范}+VP+NP_{对}$”，句式义为行为主体用语词作为工具概括对象。

以上句式都是由于表达侧重点的不同而产生的区别，句式 1

强调总括后产生的结果；句式 2 强调总括结果所处的位置；句式 3 强调范围成分的工具性，凸显总括的行为；句式 4 凸显总括对象的复杂性；句式 5 凸显称代性范围成分；句式 6 强调包含关系的正向表达；句式 7 强调对象成分，凸显范围成分的从属性；句式 8 仅侧重动词，不在乎总括结果；句式 9 强调行为主体在句中的作用。

3.3.2　总括类范围动词句法结构的倾向性与语体分布

总括类范围动词的语义结构在转换为表层的句法结构时由于表达重点的不同会产生差异，不同的句法结构在使用频率与语体分布上表现出不同的倾向性。根据语料统计，其使用频率及语体分布情况如表 5 - 8：

表 5 - 8　总括类范围动词句法结构的使用频率及语体分布情况表

句法结构＼语体		微博语体	科技语体	新闻语体	文艺语体	总计
主动式	$NP_{范}+VP+NP_{对}$	9	26	19	7	61
	$VP+NP_{对}$	10	22	9	11	52
被动式	$NP_{对}+VP+NP_{范}$	151	94	311	35	591
	$NP_{对}+VP+PreNP_{范}$	1	4	4	2	11
	$NP_{对}+PreNP_{范}+VP$	28	4	7	5	44
	$S_{对}+VP+NP_{范}$	77	43	201	17	338
	$S_{对}+NP_{范}+VP$	18	2	1	1	22
	$NP_{对}+VP$	5	1	5	0	11
	$VP+NP_{范}$	14	0	5	14	33
其他句法结构①		7	31	55	30	123
总计		320	227	617	122	1286

① 其他句法结构指多项的情况，即句中出现行为主体或其他类型成分的情况。

根据表5-8可以得出以下结论：

第一，总括类范围动词句法结构的出现频率总的倾向序列为：

被动式(泛义)＞主动式

这是由于总括类范围动词的语义在于对事物、概念或事件进行数量的统计或概念的总结。一般情况下范围小的成分在前，总括后产生的范围大的成分在后，表现在句法上的句义便凸显出被动义，因此在总括类范围动词的句法结构中被动式较主动式更占优势。

第二，从句法结构具体的语体分布来看，主动式在科技语体中出现的频率高于其他语体，这是由于科技语体是说明性语体，侧重对事物的正向表达，即先提出总的概念，再对概念做出具体的解释说明。被动式在新闻语体中出现频率高，这是由于新闻语体侧重对内容进行具体的总结评述，即先提出内容，再进行总结，提出总的范围。

第三，总括类范围动词的原型句法结构是“$NP_{对}$ ＋ VP＋$NP_{范}$”，这一句法结构除了偏好借助“为”将句义中所要表达的被动义及结果义凸显出来外，对入句成分的限制较少，一般事物或概念都能进入这一句法结构，并被句式义所压制，呈现总括义，因此使用频率极高。其次是“$S_{对}$ ＋VP＋$NP_{范}$”占优势，体现了总括类范围动词句的层级性。这是由于总括类范围动词与事件对象配项占优势，事件对象表现在句法上便是另一层次上的句子。具体而言，这一句法结构中此类动词含有的总括义使其倾向与计算类动词共现，造成句子句法成分复杂，并不单纯只是体词性成分，句中还会出现其他动词及其所联系的成分，并在另一层次上构成句子，低层级的句子在高层级上产生范围成分；此外总括类范围动词在句法上的作用还表现为补充说明，是对句子所叙述对象状况的进一步说明，这也是在另一层次上进行的。其他句法结构使用频率低，这是由于无论是主动式还是介词结构作状语的情况对句子成分的限制都较多；且句式义除基本义外还有附加的语法意义需要凸显，适用范围限制也较多。

3.4 小结

文章基于语料库对总括类范围动词的具体语义特征以及语义结构的类型和倾向性进行考察，并得出相关结论。总的来说，总括类范围动词句是对所出现的事物或概念进行概括，表示的是句中成分间的反向蕴涵关系，逻辑上表述为“A 包含于 B”，句子结构一般隐含被动的意味。句式要求动词与对象、范围成分共现，句式的压制造成语义结构中的范围成分以概念性称代成分占优势地位，具体内容在句中从属于称代成分，起补充说明作用。首先，从具体动词的语义特征看，总括类范围动词的原型特征为“合在一起、产生结果”，是对分散的事物或概念进行总合，加以概括或计算。具体而言这类动词又可细分为统计类与概括类，前者是对具体的事物或概念进行数的统计，语义特征为[＋合在一起][＋计算]，一般与数量成分共现；后者主要是将事物、概念或事件合在一起并进行抽象而简练的概括说明，语义特征为[＋合在一起][＋主观处置]，一般与具有总结性的称代性成分共现。词类内部也有典型与非典型之分。其次，从语义结构及倾向性来看，总括类范围动词句语义结构复杂，语义结构中范围成分使用的倾向性为：数量范围＞概念范围＞事物范围/空间范围。语义结构占优势地位的是“事件对象＋动核＋数量范围”，原型结构是“对象＋动核＋数量范围”，“对象＋动核＋概念范围”的使用频率稍低于原型结构，但也远高于剩下的语义结构。具体而言，统计类范围动词的优势语义结构是“事物对象＋动核＋数量范围”，因为事物本身就含有可数的特征，更容易进行数量多少的说明；概括类范围动词的优势语义结构是“概念对象＋动核＋数量范围”。从语义结构的语体分布来看,“对象＋动核＋概念范围”在科技语体和新闻语体中使用频率高;“对象＋动核＋数量范围”倾向于在微博语体和新闻语体中使用,科技语体与文艺语体极少使用。最后,从句法结构及倾向性看,总括类范围动词句法结构的出现频率总的序列倾向为：被动式＞主动式,被动式在新闻语体与微博语体中使用较多,主动式在科技语体中使用较多。总括类范围动词的原型句法结构是“$NP_{对}$＋VP＋$NP_{范}$”,占优势地位的是“$S_{对}$＋VP＋$NP_{范}$”,其他句法结构使用频率低。总的来说,通过对总括类范围动词的研究,丰富了范围动词的理论体系,但概括类动词中存在的主观性、主体在句中出现的情况仍需进一步研究。

4. 排除类范围动词及其句法语义结构

排除类范围动词是对原有范围内的某些对象成分进行排除、并以此来确定范围的动词。由这些词充当动词中心的句子便是排除类范围句,句式义在于通过排除某些事物或概念对象,重新划定句子所表示的范围外延,使句子论断保持一致。句式的逻辑关系可表述为“A 排除 B”即“A 不包含 B”。这类动词具体有：裁、除、除去、除却、除外、减、扣、扣除、扣减、例外、免、抹、排除、刨、刨除、去、去除、剔、剔除。(按首字母排序)

需要说明的是,排除类范围动词中存在两种特殊情况,一是“除、除去、除却”在现代汉语语法研究中都被界定为介词或主要作为介词使用。陈昌来、朱峰(2009)在《“除”类介词及“除”类介词框架的产生和发展》中甚至提到宋元以后,“除却”的动词用法消失,只能作为介词使用并沿用至今。笔者认为这种说法并不准确,“除却”虽不断虚化,介词用法占主流也不可否认,但在具体的语料考察中我们发现动词用法仍然存在,“除”类词仍然可以作为排除类范围动词使用。二是“刨除”在《现代汉语词典》(第7版)中定性为动词,但在具体的使用实例中同介词“除了”相类似,表现出的语法意义不仅有排除,还有加合,有介词化趋势。例如:

(91) 去年前10个月新能源企业销量与上牌量之间有7万辆的差距,刨除1—2万辆在走上牌流程,其余约5万辆很可能是骗补车辆。(《人民日报》)

(92) 我的当当收藏夹里想买的书,目前有136种。刨除没有货的,还能有120种,150本左右。(BCC微博)

(93) 一年发电8000多度,日发电量22度左右,刨除每月用100度电外,还能剩下7000多度电,按照每度电0.64元的价格,一年就是4500元。(《人民日报》)

在上述例子中,“刨除”的用法相当于“除了”,例(91)与例(92)中“刨除”可用“除了”进行替换且句子语义未变,可见“刨除”有向介词虚化的趋势;例(93)更为明显,“刨除”与“外”结合使用,表示框式范围,相当于框式介词结构“除……外”,用以排除“每月用100度电”这一情况。从意义上看,例(91)表示排除关系,主要是从“7万辆”中排除“2万辆”;例(92)表示除了“没有货的”之外,范围内还包括“120种,150本左右”,“除了”一般与“还”等连词连用表示加合关系,相当于“除了……,还有……”句式,前后成分加在一起表示一个完整的范围。例(93)整个句子不仅提到了范围“8000多度”、对象“月用100度电”,还标出了剩余成分“7000多度电”,表示的关系从逻辑上看相当于减法运算“a－b＝c”。

但“刨除”仅处于向介词虚化的过程中,并未完全虚化确定为介词,仍然具有动词的性质,与完全虚化为介词的“除了”相比动作性更强,所表现的处置性更明显,这里仍作为排除类范围动词加以分析。

4.1　排除类范围动词的特点

排除类范围动词的特点是其区别于其他类范围动词的基础，其共性便在于将对象从范围中排除出去；但动词内部也存在差异，体现在其语义特征、语体分布与具体的使用偏好上。

4.1.1　排除类范围动词的语义特征

根据《现代汉语词典》(第 7 版)的释义及具体的使用实例对此类词作为排除类范围动词的义项进行义素分析，不考虑其他义项的义素，结果如表 5－9：

表 5－9　排除类范围动词的语义特征情况表

语义特征＼词	共同特征	区别特征					
		语义侧重		范围成分语义类型			对象成分性质
	去掉、除掉	从整体中去掉一部分	某部分不计算在内	一般的规律、规定	事物	数额或某个数量	不合适的
裁	＋	＋					
除	＋						
除去	＋						
除却	＋						
除外	＋		＋				
减	＋	＋				＋	
扣	＋	＋				＋	
扣除	＋	＋				＋	
扣减	＋	＋				＋	
例外	＋		＋	＋			
免	＋						
抹	＋		＋				

续 表

语义特征＼词	共同特征	区别特征					
		语义侧重		范围成分语义类型			对象成分性质
	去掉、除掉	从整体中去掉一部分	某部分不计算在内	一般的规律、规定	事物	数额或某个数量	不合适的
排除	+						
刨	+	+			+		
刨除	+	+			+		
去	+						
去除	+						
剔	+						+
剔除	+						+

根据表 5-9 可得出如下结论：

从语义特征上看，排除类范围动词的共同特征是“去掉、除掉”，旨在将虽属范围内成分但与句子论断不符的对象去除。原型成分是“排除”，边缘成分是“减、扣、免”。根据语义特征的分析与使用偏好的统计认为排除类范围动词范畴的具体动词也存在差异，主要表现在：第一，语义侧重点不同。或侧重“从整体中去掉一部分”，语义指向整体，强调对整体的处置，此类词主要有“裁、减、扣、扣除、扣减、刨、刨除”；或侧重“某部分不计算在内”，语义指向对象，强调对象被排除在范围之外，符合这一特征的词有“除外、例外、抹”。第二，范围成分的语义类型存在偏好。“扣、扣除、扣减”更偏向于从原有数额或数量中排除对象，在具体的使用上也侧重与数量、经济类词语搭配；“刨、刨除”在词典中的释义偏好联系事物范围，但在具体的使用中不限于此；“例外”指对象被排除在一般的规律、规定之外,充当范围的成分一般为一个完整的论断或规律。第三,对象成分的选择也有所不同。主要表现为"剔、剔除"的释义明确规定需排除不合适的成分,其他词并无直接说明,而是隐含此义。以上几点区别仅仅是在词典释义时所表现出来的细微差别,在具体的语言运用过程中动词所具有的语义特征更为复杂。总而言之,在词典释义的基础上通过具体的语料分析认为排除类范围动词所具有的语义特征为[+去掉、除掉][+与整体相关][+排除不合适的对象成分],由此将其定义为从整体中去掉不合适的对象成分,重新界定范围,作用在于以使论断所指适合剩余部分,而不适合排除部分。

4.1.2 排除类范围动词的语体适应性

排除类范围动词在使用时有自己的语体偏好,对北京语言大学(BCC)语料库中的语料进行分析,其在各类语体中的分布情况如表5-10:

表5-10 排除类范围动词的语体分布情况表

语体 词	微博语体	科技语体	新闻语体	文艺语体	其他	总计
裁	9	0	0	12	179	200
除	0	0	0	0	200	200
除去	9	8	2	14	167	200
除却	7	9	5	3	176	200
除外	39	40	33	48	40	200
减	0	5	0	7	188	200
扣	0	0	8	0	192	200
扣除	20	18	29	39	94	200
扣减	3	30	40	0	127	200

续 表

语体 词	微博语体	科技语体	新闻语体	文艺语体	其他	总计
例外	21	20	11	13	135	200
免	0	0	15	4	181	200
抹	1	0	0	0	199	200
排除	7	13	30	28	122	200
刨	0	0	0	0	200	200
刨除	23	10	21	0	57	111
去	0	0	0	0	200	200
去除	16	29	19	23	113	200
剔	0	0	0	0	200	200
剔除	22	31	24	29	94	200
总计	177	213	237	220	2864	3711

根据表 5-10 可得出如下结论：

第一，排除类范围动词总的语体分布序列为：

新闻语体 > 文艺语体 > 科技语体 > 微博语体①

总的来说，排除类范围动词在语体上的分布差别不大，其中文艺语体与科技语体相差无几，新闻语体与微博语体的分布相对而言差距较大。新闻语体与微博语体存在差异的原因与语体正式度及书面性程度相关。新闻语体相较而言对正式度与语言准确性要求最高，书面性最强；而微博语体对语言使用的规范性与准确性要求则相对较低，其中还带有一些口语的色彩。排除类范

① 序列中各项在具体的数值上相差不大，仅为相对性比较。

围动词中的大部分都含有较强的书面色彩,是对句子论断所适用范围的说明,其对准确性的要求较高,因而在新闻语体中使用稍多。

第二,在对排除类范围动词的用法进行分析时,着重考察动词表排除义且在句中独立充当谓语成分的用法。以上数据表明,此类用法在所分析的语料中占比较小,这与动词性质密切相关。首先,单音节动词"裁、除、减、扣、免、抹、刨、去、剔"受义项丰富性以及同类替代词即"除去、除却、扣除、扣减、排除、刨除、去除、剔除"等双音节排除范围动词的影响,在现代汉语中极少作为排除类范围动词单独使用,仅有几例。其次,"除、除去、除却"除动词义项外,还有介词的义项,在具体的语言使用过程中动词用法虽存在,但远远低于其作为范围介词的用法。最后,排除类范围动词中的许多词都含有去除不合适成分的语义特征,这一语义成分带有明显的感情色彩,但在具体的语言使用中受交际策略的影响一般倾向于使用褒义或中性的成分进行语言表达,排除类范围动词仅仅在对成分进行准确说明时才会使用,因而使用较少。

4.2　排除类范围动词的语义结构

排除类范围动词的语义结构同其他类范围动词类似,涉及的主要语义成分为范围与对象成分;但排除类较前两类词动作性、处置性更强,主体在其中发挥的作用更明显,表现在语义结构上为行为主体这一语义成分;此外,此类动词还与表示条件的成分相联系。句式义表示在某一范围内排除某些对象,句子最终确定的范围外延是原有范围减去排除对象所剩余的范围。句子旨在排除特殊,强调论断内容的同一性。单纯从范围与对象成分之间的语义关系上看,二者具有包含关系,对象成分是范围成分的一部分,但成分进入句式后所具有的包含关系被动词的排除义所压制,对象成分与句子论断内容相悖,因而对象成分从该范围中被排除,原有范围也进一步缩小。

4.2.1　排除类范围动词语义结构的配位类型

袁毓林(2010：113—114)的配价语法理论提出四个平面配价层级，即“元、位、项、联”，其中“项”指一个动词在各种句子中所能关联的语义角色不同的名词性成分数量(其中包括通过介词引导的名词性成分)。根据这一理论我们认为排除类范围动词为二元四项动词，涉及的主要成分为范围、对象、条件与行为主体。其中涉及的范围成分次范畴为事物、人物、时间、处所、数量、概念、事件，对象成分次范畴为事物、概念与事件。由于排除类范围动词所涉及的语义成分众多，具体的配位类型也十分复杂。语义结构的实现与两个条件相关，一是句中必须有对象成分的存在。根据论元结构管控理论，论元有必有论元与可有论元之分，由具体的句式以及语义结构所决定，排除类范围句主要在于排除对象，以使句子论断保持一致，因此对象成分是句子必有论元，决定着句子的语义内容；范围成分也同样在句中占据重要地位，是句子不可或缺的一部分；行为主体与条件两项是可有论元，在句中可自由隐现，且相较而言条件成分在句中地位最低，只对句子语义与作用的实现起补充作用。二是范围与对象成分须在逻辑上存在联系，或具有包含关系，或存在整体部分关系，因此语义结构的实现也离不开容器隐喻与套件隐喻等认知机制。

1）范围成分与事物对象配位

事物对象表示客观存在的、具体的、在现实中有实际对应物或现象的成分，因此范围成分与事物对象配位时，所排除的对象一般是确定的，所界定的范围外延边界较清晰。由于范围成分所指较为宽泛，在具体的语义理解时会有意将范围成分根据事物对象进行认知域的转换，使范围与对象处于同一概念域中，使语义上不存在或间接的联系转换为直接的语义关联，具体有以下几种：

第一种，事物范围＋动核＋事物对象。例如：

(94) 社会总产品里面应当扣除“用来应付不幸事故自然灾害的后备基金或保险基金”。(BCC科技文献)

(95) 今天报告排除1例诊断病例,总数为16例。(《人民日报》)

这种语义结构表示从某种事物中排除某些事物。例(94)表示在“社会总产品”中排除“基金”这一内容,表示马克思所认为的“社会总产品”所包括的内容的界定这一论断不适用于“用来应付不幸事故自然灾害的后备基金或保险基金”。例(95)中的“报告”不是单纯表事物,而是涉及容器隐喻,“报告”为指代报告内容的容器,具体而言所指范围为“报告中所记录的病例”,以此排除对象“1例诊断病例”。

第二种,人物范围+动核+事物对象。例如:

(96) 况且不论收入高低,每人扣100元,也是不合理的。(《人民日报》)

这种语义结构表示从人物范围中排除事物对象,从逻辑上说,二者并不具备联系,但从认知上说“每人”并不单纯表人物本身,而是表示与“人”相关的“每人的收入”,且“收入”由于在上文中出现,交际双方明白句子所传递的信息,不会造成歧义,因此被省略。在具体的语义分析中,句子所表示的意义是“每人的收入被扣除100元”,因此,严格意义上,这并非是人物范围,而是事物范围的省略与变形。

第三种,时间范围+动核+事物对象。例如:

(97) 若在此阶段去除β受体激动剂,移位的β受体将再回到细胞膜上。(BCC科技文献)

这种语义结构十分少见,表示在某一确定的时间范围内去除对象成分,时间范围是与对象相关的间接范围成分,直接包含对象成分的范围隐含其中,需经过认知的加工转换。例(97)中“此阶段”需转换为“此阶段所呈现出的实验条件”,再对其进行处置,排除

“β受体激动剂”。

第四种，空间范围＋动核＋事物对象。例如：

(98) 作为削减成本计划一部分，将在芬兰裁减3700人，全球范围裁1万人。(BCC 微博)

这种语义结构指从某一确定的处所内去除某些成分。例(98)中“全球范围”作为一个大的空间范围，与对象成分间的关系也是间接的，需理解为“全球范围内为该企业工作的人”，以此去除对象成分“1万人”。

第五种，数量范围＋动核＋事物对象。例如：

(99) 每100公斤要扣除1.5—3公斤，作为杂质和水分的重量。(《人民日报》)

(100) 而这400元收费，刨除工资、水电、房租、交通费用，“千家置业”在其中的赢利并不多。(《人民日报》)

此结构是指从某一数量范围去除某一部分。一般来说，范围成分与对象成分间具有整体与部分关系，例如“1.5—3公斤”是“100公斤”的一部分，“工资、水电、房租、交通费用”是“400元收费”的一部分。

第六种，概念范围＋动核＋事物对象。例如：

(101) 这篇文章一开头写道：“我是一只鸽子，一只传递欢乐的和平鸽。”这种开头除却一切繁枝絮叶，显得干净利落。(BCC 科技文献)

(102) 乔布斯的演讲基本上剔除了令人心烦意乱的数据、统计资料和专业术语。(卡迈恩·加洛《乔布斯的魔力演讲》)

例(101)中“开头”表示的是“文章最前面的部分”，且在句中代指上文的一句话，对应的是概念性的内容，因而表示概念范围。“繁枝絮叶”虽表示具体的事物，但在此例中是形象的比喻用法，具体指代的“文章结构或话语中多余的部分”。二者通过认知转换与加工处于同一概念范围中，并通过动词产生关联，去除“开头”多余成分,以体现所描写的“开头”的简洁性,符合句子论断。例(102)中“乔布斯的演讲”表示的是“演讲的内容”,从内容中去除“数据、资料”等。

2) 范围成分与概念对象配位

范围成分在与概念对象进行配位时一般会涉及容器隐喻,范围成分并非单纯指语词所表示的内容,而是作为容器,蕴含与之相关的一切成分;再通过排除类范围动词对其进行处置,去除其中不合适的部分,重新划定范围,使其符合论断。其中概念对象虽较抽象,但一般是抽象中较具体的某一方面,因此对其范围界定仍然较为确定。具体的配位类型有以下几种:

第一种,事物范围+动核+概念对象。例如:

(103) 这些作品充满了儿童的生活气息,对儿童的性格有生动细腻的刻画,披露了儿童纯洁、幼稚的心灵,除却了某些儿童读物那种简单说教、毫无人情味的平庸风格。(《人民日报》)

(104) 布尔斯坦父子的剧本吸收了莎士比亚作品的精华,剔除了一些无趣乏味的成分。(艾米·布鲁姆《追寻》)

这种语义结构中范围成分表示与事物相关的一切内容。例(103)中“作品”不仅表示“作品”这种客观存在本身,而且表示作品内容所表现出的语言风格、精神、价值等一系列与之相关的成分;例(104)中的“剧本”也同样如此。范围成分在进入句式后被句式义压制,侧重除去范围中不合适的部分或与句子所表述内容不相符的成分,如上文提到的偏贬义的“平庸风格、无趣乏味的成分”。

第二种,人物范围+动核+概念对象。例如:

(105) 大多数的中国老百姓往往难以除却“官本位”的心理。(BCC 科技文献)

(106) 事实上人类不可能完全去除“人类中心论”。(BCC 科技文献)

此类语义结构中对象成分一般是与人相关的心理、观念等概念性的成分，是人物范围中的一部分。对上述例子中范围成分进行高度精确化，表示的内容应为“中国老百姓的思想观念”与“人类的思想观念”。“官本位、人类中心论”的思想属于思想内容中偏错误的思想，是人类思想中不合适的成分，因此适用于排除类句式。一般这一语义结构的目的是通过去除人物范围中不合适的成分对人物进行正向界定，因此在进行负向界定时一般会与否定词连用，如上例中的“难以、不可能完全”，表示与基本的认知相矛盾。

第三种，时间范围＋动核＋概念对象。例如：

(107) 大家算算看一个能活 100 岁的人也只有 36500 天，才 3 万多天啊，然后除去 18 岁之前的时间，除去 18 岁以后睡觉的时间，吃饭的时间，每天至少少了三分之一，也就是说剩下的 82 年又要减去 27.5 年剩下 1 万多不到 2 万天。(BCC 微博)

(108) 第 37/100 次，共 1300 米，计时 41 分 12 秒。期间估计需要扣除 1 分钟照看手表的时间。(BCC 微博)

句子语义表示从某个确定的时间范围内排除某段时间，这一语义结构中对象无明显的感情色彩，只是与句子论断所指范围不符的时段。如例(107)是对“人独立活着的时间”进行论述，“18 岁之前的时间，18 岁以后睡觉的时间，吃饭的时间”是表达者认为与这一论断不符的成分。

第四种，数量范围＋动核＋概念对象。例如：

(109) 不过，那一千元，除去一切开销，也许只剩五六百元，或更少一点。(老舍《四世同堂》)

(110) 一种源出西班牙的纸牌戏，40 张牌，除去 8，9，10 三个数，玩的人数不限。(普罗斯佩·梅里美《费德里哥》)

此类语义结构中有两种情况，一是除了出现范围成分与对象成分外，还对范围成分剩余的部分进行说明，整个句子相当于进行了一次减法运算，可表述为“a－b＝c”。上例可简化为“一千元－一切开销＝五六百元”，其中“开销”在这里表示的内容较为抽象，但可根据前后文确定其具体范围,句子所表范围及变化范围都是确定的。二是仅出现数量范围与对象,剩余部分未明确说明,而是通过句子的实现来表达此义,如例(110)。

第五种,概念范围+动核+概念对象。例如:

(111) 资质等级评定标准还须进一步明确,去除"倒推法"不尽合理之处。(BCC科技文献)

(112) 文学果真能够剔除掉社会学内容么?(《人民日报》)

动核在与概念性成分配位时,抽象的概念所表示的范围一般也是确定的,将概念作为一个整体,对象作为其中的部分。例(111)从"资质等级评定标准的内容"中排除的是"倒推法"这一确定的"不尽合理之处",而非其他;例(112)中"社会学内容"同样是"文学内容"中确定的一部分。

3) 与条件成分配位

条件成分指的是动作行为发生与实现的条件,是对动词的进一步限定。充当条件成分的一般为事件,事件表示的是一个动态过程,涵盖范围广,包括事件本身、发生的原因、过程及产生结果等一系列与之相关的内容。句中动核关联的虽仅有两项,但范围成分一般隐含在句中,整个句式从语义上看表示的是通过某种条件从某个范围内排除某些对象。例如:

(113) 祥林嫂的死确似除却了卫道士们眼中的一粒尘芥。(BCC科技文献)

(114) 活一年扣除一年。(史铁生《老屋小记》)

如例(113)中从表层结构看为"祥林嫂的死"在句中充当条件成分,通过这一条件产生"除却了卫道士们眼中的一粒尘芥"这一结果。从深层语义看,范围成分隐含在句中,充当对象成分的限定成分,即"卫道士们眼中的一粒尘芥"中的"卫道士们眼中"便是范围成分,整个句子语义可表述为"通过祥林嫂的死从卫道士们眼中除却了一粒尘芥"。例(114)中范围成分"时间"隐含在句中,表述为“活一年便从时间中扣除一年”。

4）与行为主体成分配位

排除类范围动词常与行为主体共现，其配项一般构成“行为主体＋范围成分＋动核＋对象成分”等结构。句子的基本语义内涵同样是从某个范围中排除某对象，以使句子论断保持一致，只是在这基础上强调动作行为发生的主动者，凸显行为主体的作用。例如：

(115) 我在他们的功绩中去除了冒险的成分，并使他们失去了军人的荣誉感。（蒙田《蒙田随笔全集》）

(116) 捧场者从三安抚中剔除了蔡靖的各字。（徐兴业《金瓯缺》）

例(115)表示的是从“功绩”这一范围中除去“冒险的成分”，而“我”在其中所起的作用是强调行为的发生是在“我”的主观意愿下主动实施行为。例(116)也同样如此。

5）仅与对象成分配位

(117) 如果除去“病态”的一面，那么“嫉妒”似乎并不应该受到嘲笑。（BCC 科技文献）

(118) 国王辩驳说皇帝让他在整个奥地利各州自由选择居住的地方，伦巴第王国除外。（夏多布里昂《墓畔回忆录》）

动核仅与对象成分配位的情况，范围成分一般会在上下文中出现，因此句子语义仍然是在某个范围中排除某成分。例(117)中充当范围成分的“嫉妒”在下文出现，句子表示“在嫉妒中除去病态的一面”；例(118)范围成分“居住的地方”在上文出现，表示“自由选择的居住的地方排除伦巴第王国”。

4.2.2 排除类范围动词语义结构的倾向性与语体分布

排除类范围动词根据不同的配位构成了复杂的语义结构，而语义结构倾向性有所不同，在语体中的使用频率也存在差异。根据语料统计其语体分布情况如表 5 - 11：

表 5－11　排除类范围动词语义结构的使用频率及语体分布情况表

语义结构 \ 语体		微博语体	科技语体	新闻语体	文艺语体	总计
两个配项	概念范围＋动核＋概念对象	6	19	41	7	73
	事物范围＋动核＋事物对象	5	8	15	4	32
	概念范围＋动核＋事物对象	5	7	10	4	26
	人物范围＋动核＋事物对象	3	1	14	0	18
	空间范围＋动核＋事物对象	6	1	7	1	15
	数量范围＋动核＋事物对象	2	0	6	6	14
	人物范围＋动核＋概念对象	0	8	3	3	14
	事物范围＋动核＋概念对象	0	3	1	6	10
	时间范围＋动核＋概念对象	3	4	3	0	10
	数量范围＋动核＋概念对象	0	4	6	0	10
	时间范围＋动核＋事物对象	0	0	2	0	2
一个配项	动核＋事物对象	67	55	62	82	266
	动核＋概念对象	56	77	44	56	233
与条件成分配项		6	12	4	9	31
与行为主体配项		9	9	16	39	73
其他		9	4	3	3	19
总计		177	212	237	220	846

根据表 5－11 可得出如下结论：

第一，从范围成分的类型来看，排除类范围动词语义结构中范围成分使用的倾向性序列为：

概念 ＞ 事物 ＞ 人物 ＞ 数量 ＞ 处所 ＞ 时间

这一倾向性序列出现的原因与排除类范围动词的使用目的相关，其使用旨在排除范围成分中与句子论断不符的部分或范围成分中不合适的部分，从而使句子论断保持一致。一般概念性内容最易分褒贬，事物内容次之，数量、处所、时间不可分，因而相较而言概念与事物范围占绝对优势；其中概念范围由于涵盖范围广，又优于事物范围。

第二，语义结构的倾向性表现在三个方面。首先，在总体的语义结构中，动核与对象成分配位占绝对优势。这是由于排除类范围动词所构成的句子独立性较差，倾向与其他句子配合使用，范围成分一般很少直接出现在动词所在的单句中，而是出现在上下文或隐含在句中。其次，动词与两个成分配位时，占优势地位的为“概念范围＋动核＋概念对象”，具体的使用倾向性如表从上至下排列顺序所示。最后，排除类范围动词与行为主体配位情况十分常见，句义为主体将对象成分从范围成分中排除，强调主体在其中所起的作用，表现了排除所具有的主观性。

第三，从语义结构的语体分布上看，有几个突出特点。首先，与行为主体有关的配位在文艺语体中出现频率较高，科技语体中出现较少。这是由于文艺语体更侧重于主体的自我表达与主体的描写，主观性强于其他语体；科技语体则不同，主体在其中所起的作用较弱。其次，与条件成分配位在科技语体中相对而言使用较多，因为科技文献侧重对动作发生的条件进行描述，保证数据或记录的准确性。最后，排除类范围动词与两个成分配位而成的语义结构在新闻语体中的使用频率远高于其他语体。

4.3 排除类范围动词的句法结构

从句法平面看，排除类范围动词所联系的句法成分一般为名词性成分、介词短语与句子。VP 一般由排除类范围动词充当，可加时体标记“了”，以及表动作结果的“掉”。

4.3.1　排除类范围动词句法结构的类型

排除类范围动词的深层语义结构在向表层转换时受认知的影响,所形成的句法结构类型十分复杂。具体有以下几种:

句式1:$NP_{范}$ + VP + $NP_{对}$

(119) 而楼层厚度和装修产生的厚度最多可刨除20厘米。(BCC微博)

(120) 语文不能完全剔除"工具"的性质。(BCC科技文献)

这一句式是最基本的句法结构,句中由动词联系两个成分,范围在前、对象在后,句式凸显在某个范围中排除对象。

句式2:$NP_{范}$ + 被 + VP + $NP_{对}$

(121) 信用积分被扣除1分,现有信用积分75分。(BCC微博)

(122) 上帝的奥秘被去除了精华。(翁贝托·艾柯《玫瑰之名》)

句式2与句式1形式上的区别在于句式2中出现明显的被动标记"被";在句法上区别明显,$NP_{范}$是谓语所处置的对象,在句中作宾语,属于宾语前置,旨在强调对动词前名词性成分的处置性;$NP_{对}$是对处置程度的补充说明,在句中作补语。例(121)句子可改写为"扣除信用积分1分"。

句式3:Pre$NP_{范}$ + VP + $NP_{对}$

(123) 基本在旧版的"古今中外"里除去"古"和"外",突出"今"和"中"。(BCC科技文献)

(124) 在原有的法人财产权理论中剔除"两权分离"的内涵。(BCC科技文献)

句式3与句式1在形式上的区别在于将表示范围成分的名词置于介词结构"在……里/中"之中,语义上差别不大,都是从范围中排除对象;但在句法上有明显不同,原本在句式1中处于主语位置的$NP_{范}$在句式2中居状语位,修饰限定VP,句子主位空缺。

句式4:Pre$NP_{范}$ + 把/将 + $NP_{对}$ + VP

（125）从日美安全体制的地区里没有把台湾除外。（《人民日报》）

（126）他受一两家较小的杂志社委托，画了三四张画，拿到了三十五块钱，从这上面还得把模特儿的费用扣除。（西奥多·德莱塞《天才》）

句式4使用框式介词结构“从……里/上”介引范围成分，介词结构在句中充当状语。此句式是处置式，通过“把/将”将对象成分前置，句子凸显对对象成分的处置。

句式5：$NP_{对}+PreNP_{范}+VP$

（127）水必须从气体中排除。（BCC科技文献）

（128）工作的收入就要从救济金中扣除。（川端康成《河边小镇的故事》）

句式5中同样使用框式介词结构“从……里/中”介引范围成分，范围成分在句中作状语。结构上与句式4相反，对象在前，范围在后，倒序表达，表示对象从某个范围中被排除，凸显范围；同时将对象成分与范围成分都置于动词前，作为已知信息，强调排除这一行为本身。

句式6：$NP_{对}+PreNP_{范}+被+VP$

（129）数据填报单位视图中出现的“监理单位”与“施工单位”间的联系，在总体E-R图中被除去了。（BCC科技文献）

句式6与句式5区别在于存在被动标记“被”，表示对象成分从范围中被排除，强调对对象成分的处置。

句式7：$VP+NP_{对}$

（130）在165个车皮的煤炭中，就亏吨437吨多（已经除去1.2%的运输损耗）。（《人民日报》）

（131）说是做饭，其实刨了路上的时间，所余的工夫就很有限了。（毕淑敏《生生不已》）

此句式为动宾结构，表示去除对象成分。整个句式在句中独立性较弱,一般作为复句中的分句使用,而非单独使用。例(130)“已经除去 1.2%的运输损耗”被置于括号内,是对“亏吨 437 吨多”这一情况的补充说明;例(131)中“剔”是作为动词对对象成分进行处置,但“VP＋$NP_{对}$”结构在句中的成分偏向作状语,表示条件范围。

句式 8:NP 对＋VP

(132) 主人尽管有如此自知之明,而孤芳自赏的心理却仍难除却。(夏目漱石《我是猫》)

(133) 这十个儿女里面,四个没有婚嫁的除外。(约翰·高尔斯华绥《福尔赛世家·三部曲 2:骑虎》)

(134) 他把床上所有的被褥(只有长枕头除外)堆成北极的样子。(约翰·高尔斯华绥《福尔赛世家三部曲 2:骑虎》)

(135) 从知识分子——查-金斯莱和达尔文除外——中普遍存在的精神病和心理病态中可以看出这一点。(约翰·福尔斯《法国中尉的女人》)

此句式仅凸显对象成分,但范围成分一般出现在上下文中,表示对象成分被排除。如例(132)表示“孤芳自赏的心理”被排除。此句式有一特殊用法是在句中作插入语,对上文论断起补充说明作用,强调对象处于范围所描述部分之外。有三种形式:一是无任何附加形式,直接置于句中,如例(133);二是与括号连用,表明在句中的地位是附加成分,如例(134);三是与破折号连用,作为插入语使用,强调其附属性,如例(135)。

句式 9:$NP_{行主}$＋$PreNP_{范}$＋VP＋$NP_{对}$

(136) 这样我可以从布里吉修女提供的名单中剔除你的名字,免得不知道是同一个人而再次来麻烦你。(米涅·渥特丝《女雕刻家》)

此句式表示行为主体从范围中排除对象,句法表述为“主语＋状语＋谓语＋宾语”,句子成分完整,凸显主体的主观选择。

综上所述,以上句式的深层语义结构相同,都表示在某范围中排除对象，其不同是由于语义结构向句法结构转换时受识解方式的影响而产生的。其中句式1、2、3以范围成分为话题，对其进行论述；句式5、6以对象成分为话题，两类结构的区别在于视角的不同。句式4是处置式，强调对对象成分的主动处置；其他语义结构更侧重对象成分被排除。句式9与其他结构的不同在于凸显主体对动作行为施加的主动影响。排除范围句句法结构的特别之处在于即使符合人类基本认知的范围在前、对象在后的句子，也隐含被动。

4.3.2 排除类范围动词句法结构的倾向性与语体分布

排除类范围动词的句法结构在总体使用频率及语体分布上表现出不同的倾向性，形成不同的倾向序列，根据语料统计，其使用频率及语体分布情况如表5-12：

表5-12 总括类范围动词句法结构的使用频率及语体分布情况表

语体 句法结构	微博语体	科技语体	新闻语体	文艺语体	总计
$NP_{对}+VP$	72	65	21	81	239
$VP+NP_{对}$	42	66	83	42	233
$NP_{范}+VP+NP_{对}$	20	27	44	20	111
$NP_{对}+PreNP_{范}+VP$	6	21	35	5	67
$PreNP_{范}+VP+NP_{对}$	2	5	18	4	29
$NP_{行主}+PreNP_{范}+VP+NP_{对}$	0	0	6	12	18
$PreNP_{范}$+把/将+$NP_{对}+VP$	2	1	1	2	6
$NP_{范}$+被+$VP+NP_{对}$	2	0	2	1	5
$NP_{对}+PreNP_{范}$+被+VP	1	1	0	1	3
其他	30	27	27	52	136
总计	177	213	237	220	847

根据上表可得出如下结论:

第一,从总的句法结构来看,排除类范围动词的原型句法结构是“$NP_{对}+VP+NP_{范}$”;但占优势地位的是“$NP_{对}+VP$”,其中$NP_{对}$在句中作主语。“$NP_{对}+VP$”占优势有两方面的原因:一是由于排除类范围动词所构成的句法结构独立性较弱,一般与其他句子共同使用,以表达一个完整的论断,其范围成分在上下文中已出现,受语言的经济原则的影响而在句中省略;二是对象成分作为与句子论断不符的成分,是表达中所要强调的焦点内容,且句子旨在着重强调对这一部分内容的处置,表现主体隐含在句中的态度,因而将对象成分前置,强调动作。

第二,偏好使用无形式标记的句法结构,处置式与带有被动标记“被”的被动句很少使用。这是由于排除类动词构成的句法结构语义隐含被动,即使是范围成分在前、对象成分在后的句子,都带有被动意味,形式标记“被”的作用仅仅在于将被动关系所明示,不带也不会影响句子的理解,出于经济的考虑只有在有特殊表达需要时才会带上“被”。一般来说凸显主体作用的处置式在表示成分间关系的句式中极少出现,范围成分后用“把/将”属于特殊表达,强调对对象成分的处置。出现在处置式主位的成分,无论有无生命进入句式后受句式影响都带有[+生命]特征。

第三,从语体分布上看,“$NP_{对}+VP$”结构相对而言出现在新闻语体中的频率较低,其他结构出现在新闻语体中的频率较高。“$NP_{对}+VP$”结构常作为一个整体在句中作插入语成分,对句子描写内容或表示论断起补充说明作用,而新闻语体侧重对原有事物与成分关系的直接说明,而非补充说明,故较少使用。

4.4 小结

通过对排除类范围动词的特点、所构成的语义结构与句法结构的类型与倾向性的分析,对排除类范围动词有了进一步的认识。首先,从语义上对排除类范围动词的特点进行分析,认为排除类范围动词是对原有范围内的某些对象成分进行排除，并以此来确定范围，使句子论断保持一致的动词，总的语义特征为［＋去掉、除掉］［＋与整体相关］［＋排除不合适的对象成分］，由此构成的逻辑关系可表述为“A 排除 B”。动词内部也存在差别，原型成分是“排除”，边缘成分是“减、扣、免”；范畴内成员在语义侧重点、范围成分的语义类型、对象成分的选择以及不同语体中的使用偏好有所不同。其次，对排除类范围动词所构成的语义结构及倾向性进行考察，认为其在总体的语义结构中，动核与对象成分配位占绝对优势；动词与两个成分配位时，“概念范围＋动核＋概念对象”占优势；此外，排除类范围动词与行为主体配项情况十分常见。从语义结构的语体分布上看，与行为主体有关的配项在文艺语体中出现频率较高，科技语体中出现较少；与条件成分配项在科技语体中相对而言使用较多；排除类范围动词与两个成分配项而成的语义结构在新闻语体中的使用频率远高于其他语体。最后，从句法结构来看，排除类范围动词的原型句法结构是“$NP_{对}$＋VP＋$NP_{范}$”，但占优势地位的是“$NP_{对}$＋VP”；处置式与带有被动标记的被动句很少使用；从语体分布上看，“$NP_{对}$＋VP”结构相对而言出现在新闻语体中的频率较低。

第 6 章　汉语范围动词及其句法语义结构（下）

在第 5 章中，我们把包容类、总括类与排除类作为范围动词的三个次类，宏观上描写和分析了它们的句法结构与语义结构。从分析结果来看，它们既有着范围动词的共性特点，又保持着自身的独特性，本章将比较其共性与差异。另外，范围动词和存现动词有很多相似点也有差异，本章具体比较范围动词“包括”/“排除”与存现动词“有”/“消失”的句法结构和语义结构。我们还尝试进行跨语言的对比研究，将现代汉语范围动词与英语中对应的范围动词进行比较，主要的比较对象是语义上相近的“包括”与“include”。通过比较从侧面对范围动词及其句法语义结构进行描写，揭示其中规律。

1. 范围动词次类的共性

包容类、总括类与排除类动词本身存在某些相同之处。包容类、总括类与排除类三者都属范围动词，涉及的基本成分都是范围与对象，是对范围成分与对象成分间关系的表述，其作用都在于对原有范围的重新界定。表现在语义结构与句法结构上也呈现出极大的相似性，究其根本，与人类认知机制息息相关。从认知的角度对其共性进行分析，认为包容类、总括类与排除类范围动词语义结构的相似性可用图形背景理论、象似性及认知图景理论解释；其句法结构的相似性受识解方式制约；句式合格度受有界性以及概念域转换的影响。

1.1　语义结构的相似性

包容类、总括类与排除类动词所关联的语义成分间的关系相同，都是大范围与小范围的关系。在主要语义结构的表现形式上相同，总的来看都是动核与范围成分及对象成分配位，总的语义结构为“范围＋动核＋对象”或“对象＋动核＋范围”。所涉及的成分次范畴相同，因而具体的语义结构形式差别不大。例如：

(1) 每一个银河系都包含一千亿左右的星球。（乔斯坦·贾德《苏菲的世界》）

(2) 克拉马教授快速地背诵出物种的最后统计数字：三百一十四种无脊椎动物、三十二种鱼类、七种哺乳类动物和一百八十六种植物，总计五百三十九种潮间生物。（吉姆·林奇《少年迈尔斯的海》）

(3) 总账中扣除了莫瑞尔家用煤的钱。（戴维·赫伯特·劳伦斯《儿子与情人》）

上述例子动词所涉及的成分都为范围与对象，其中“银河系、五百三十九种潮间生物、总账”为范围成分，“一千亿左右的星球，三百一十四种无脊椎动物、三十二种鱼类、七种哺乳类动物和一百八十六种植物，莫瑞尔家用煤的钱”为对象成分，范围与成分间都具有整体与部分的关系。

包容类、总括类与排除类范围动词语义结构相似的原因在于其是人类最简单最直接的认知心理与认知行为的体现，四个方面的理论都可以解释。一是图形与背景理论，其中图形指某一认知概念或感知中突出的部分，即注意的焦点部分；背景是为突出图形而衬托的部分。[①] 具体来说，凡涉及事物范围界定的，总要参照其他成分进行；人们在感知事物时不会单纯地感知，而是会在一定的环境中进行，以突出被感知的事物。包容类、总括类与排除类体现的都是范围与对象间的关系，在很大程度上与图形和背景理论相契合。二是象似性理论，象似性指句法结构，甚至句法规则是非任意的，是有理可据的，也就是说句法结构与人的经验结构之间有一种自然的联系。包容范围句主要体现的是顺序象似性，即句法成分的排列顺序对应于客观事物发生或人们认知的时间顺序。[②] 关于关系的描述总是从大到小或从小到大的，因为按照认知经验观察事物时，首先会对事物整体有一个完形感知，然后才会感知到这一整体中所包含的具体成分，并根据需要进行识解，再形成一个新的较小的范围，如例(1)；或先感知部分，再由此推出整体，如例(2)。范围动词的语义结构遵循人类普遍的认知经验，按照从大范围到小范围、整体到部分或从小范围到大范围、部分到整体的路径进行感知。三是认知图景理论，认知图景是人们对现实世界常规的或者说是比较恒定的认知模式。[③] 范围动词激活的认知图景是在一个确定的范围里揭示所包容的内容。这一认知图景所激活的认知要素有：①一个充当描写背景的范围(Range)；②成分之间的关系；③包含的对象(Object)；④这一事件最终界定出的范围。因此三类词的语义结构一般为"范围＋动核＋对象"或"对象＋动核＋范围"。四是意象图式理论。范围主要涉及容纳图式，章宜华(2009：85—86)在《语义・认知・释义》中提出"容纳图式是关于物质或隐喻空间和范围限制的意象图式，包括范围界限、容纳区域或容积、非容纳区域或容积等。容纳

① 赵艳芳.认知语言学概论[M].上海：上海外语教育出版社，2001：148.
② 赵艳芳.认知语言学概论[M].上海：上海外语教育出版社，2001：160.
③ 卢英顺.关于认知图景的几个问题[J].语言科学，2008(06)：659.

图式来源于把物体放进某一限定区域或从这一区域拿走的常识性经验”。其中“把物体放进某一限定区域”的认知经验中强调物体则与包容类范围动词相关；强调最终形成的限定区域则与总括类范围动词相关；“把物体从这一区域拿走”是排除类范围动词的认知基础。归根结底不同范围动词都是由范围与对象成分的分合决定的，因此语义结构呈现出极大的相似性。

1.2　句法结构的相似性

句法结构的相似性体现在三类词的句法结构复杂多样，都有主动式、被动式与处置式的用法。句法结构的相似性与识解相关，识解是人们对同一情景从不同角度进行解读与表达的方法与能力。Langaker 认为识解可以从“详略度、辖域、背景、视角和凸显”等方面进行[①]。一方面，范围动词所关联的认知要素在转换为表层的句式时，受到识解方式的影响会造成多种句式，产生多种信息结构，因而三类句法结构都具有多样性；另一方面，人们使用相同的识解方式对句子内容进行表达，所要凸显的重点相同，因而各类词所形成的句法结构具有相似性。此外，包容类、总括类与排除类的句法结构都与介词结构密切相关，介词结构在句中作状语，其作用在于将范围成分的一维平面变为立体空间。例如：

(4) 如水珠包孕于海水之内，如细小的野花隐藏在草丛里。(杨绛《隐身衣》)

(5) 十场戏没有贯串的事件，但是这些事件又都归拢在陈毅的周围，又被陈毅“这一个”性格所贯串。(《福建日报》)

(6) 武侠小说的影响，使这类精于击技的人物，被剔除在文学作品之外了。(司马中原《狂风沙》)

上述三例在句法结构上具有一致性，都是被动的用法，对象在

---

① 王寅. 认知语法概论[M]. 上海：上海外语教育出版社，2007：24.

前、范围在后;且都与介词结构“于/在……”连用,介词结构在句中作地点状语。这一结构的出现在于强调对象成分最终所处的位置。

1.3　实现条件的一致性

范围句是描写限定范围的关系句,其合格需满足两个条件。一是成分的有界性,二是范围与对象间存在直接或间接的包含关系,这两个条件是句子合格的充要条件,缺一不可。

关于成分的有界性是指成分所表范围的确定性,但并非指界定范围必须精确,当对象是极度抽象而无法进行量化的事物时,对其外延的描写也无法精确,但其所表示的范围相对而言仍是有界的。可以进行佐证的是,人体器官及与人相关的产物所搭配的思想感情类事物并非是典型的关系句中所描述的客观存在的对象,而是概念性的成分,需将这类成分看做概念中某个确定的部分来划定范围。例如:

(7) 安藤说话的语气中隐含一种轻视的意味。(铃木光司《复活之路》)

上例中“轻视的意味”很大程度上是无法对其外延进行准确界定的,但首先其存在的大环境“安藤说话的语气”有确定的所指范围,因此即使对象无法进行界定,其外延也不会超出范围成分的外延,整个句子仍是有界的。其次若将思想情感作为一个整体看待,抽象成分“轻视”也可看做是具体思想情感的一种,是思想情感中具有确定外延的部分,因此也可以说对象的外延是确定有界的。所以这类句子作为范围句是合格的。

包容类、总括类与排除类范围句在本质上强调的是范围与对象间的关系,因而对象成分都必须与范围成分有关联,无论这种关联是直接还是间接的。一般原型的范围句是发生在同类成分中的,动词前后成分之间具有直接关系。但是随着使用的增多,关系从同类成分扩展到不同类成分之间,其关系变为间接的,此类句子的成立必须依靠认知的加工，其中一个重要方面就是概念域的转换。概念域的转换是从一个概念域，即源域，向另一个概念域，即目标域的映射，可能发生在同一认知域也可能发生在不同的认知域之间，涉及转喻与隐喻。范围句所表示的事件是在同一范围内进行界定的，这就要求充当范围的成分由源域向范围域映射，以使范围与对象处于同一认知域中，其中范围域指语言中空间、时间、数量、人物、事物、事件的界限或人物、事物、行为变化的界限，一般通过容器隐喻与套件隐喻来实现。

2. 范围动词次类的差异

包容类、总括类与排除类作为范围动词的次类，有着自身的归类基础，在语义上有明显差别，并由此造成语义结构与句法结构的句式义与倾向性上的差异。

2.1 动词本身的区别

从动词本身的语义及其具体的语义特征来看，包容类、总括类与排除类之间存在着动作性与客观性程度上的区别。

2.1.1 动作性不同

在动作性上，三者虽都属关系动词，但动作性程度有所区别，排除类范围动词最强，总括类次之，包容类最弱。具体来说，包容类的语义特征是"里面含有或在固定的范围或空间内接受"，动词的作用在于对原有成分范围内涵的说明而非处置；总括类的语义特征是"合在一起、产生结果"，对成分有一定的处置性；排除类的语义特征中"去掉、除掉"有很明显的处置性。例如：

(8) 她的全部行装包括一个小箱子，一个廉价的仿鳄鱼皮挎包，一小纸盒午餐和一个黄皮弹簧钱包。（西奥多·德莱塞《嘉莉妹妹》）

(9) 这三种开销每月总计六十六法郎，乘以十二，为七百九十

二法郎。(巴尔扎克《邦斯舅舅》)

(10) 只要进一步依靠法律和制度在那些追求利润的人的灵魂中排除了不自由的精神和商业主义,那么你会看到所有这些知识部门都是美好的。(柏拉图《柏拉图全集》)

例(8)是对"她的全部行装"内容的直接表述,不具有动作性,范围成分在句中不充当施事,动词对对象成分没有处置作用,对象成分不发生变化。例(9)中对"三种开销"有一定的处置性,对其进行归总统计,统计后的结果是产生范围"六十六法郎"。若转换为"六十六法郎包含三种开销",动词的动作性便消失了。例(10)中对对象的排除是处置的结果,范围成分"灵魂"和对象成分"不自由的精神和商业主义"都带有一定的受事性,动作的结果是导致原有范围的缩小,以及对象成分的被排除。

2.1.2 客观性不同

在客观性上,包容类范围动词最强,总括类范围动词次之,排除类范围动词最弱。包容类范围动词是纯粹对事物间关系的客观说明,不掺杂主观因素,主体在其中不起作用;总括类范围动词客观性较强,但对事物进行概念性的概括说明时会掺杂一定主观因素,有一定的主观性;排除类范围动词主观性强,主体在其中的作用不容忽视。① 例如:

(11) 这条单桅船的船员包括一个船长和两个水手。(维克多・雨果《笑面人》)

(12) 人类社会生产劳动的一般定义应概括为劳动的生产性。(BCC科技文献)

(13) 他为了生存而放弃了生活的乐趣,从灵魂里排除一切欲望的诗意。(巴尔扎克《驴皮记》)

---

① 这里的动作性与主观性是基于范围动词内部的性质而言的,不同于动作动词的动作性。

例(11)是对“船员”这一范围内容的纯客观描写。例(12)则既是对客观情况的说明,也是主体主观选择概括的结果。事物的概念是社会约定俗成的,具有一定的社会性,主体在其中所起的作用不可忽视,句中行为主体成分可根据需要补出。例(13)中行为主体“他”在语义上不可缺少,从范围中排除某些成分是主观选择的结果,“排除一切欲望的诗意”是主体“为了生存”而对范围“灵魂”所做的处置,是“他”认为不符合“生存”的部分。

2.2 语义结构的区别

包容类、总括类与排除类范围动词在语义结构的区别主要体现在逻辑关系、界定范围以及语义结构倾向性上。

2.2.1 逻辑关系不同

由于动词语义的不同,其所表示的成分间的逻辑关系也不同。若将范围成分记为A,对象成分记为B,则包容类范围动词的逻辑关系为A包含B,图式为图6-1;总括类范围动词的逻辑关系为B总括为A,可理解为B包含于A,图示为6-2;排除类范围动词的逻辑关系为A排除B,可理解为句中所界定的A不包含B,图式为图6-3。

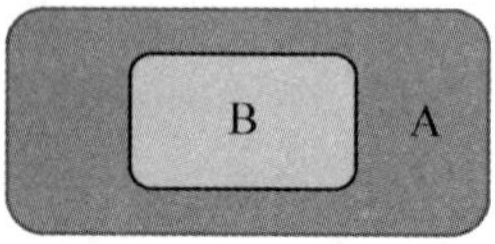

图6-1 包容类逻辑关系

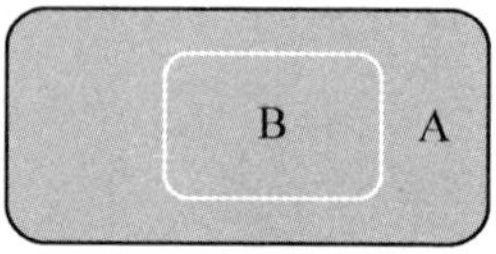

图6-2 总括类逻辑关系

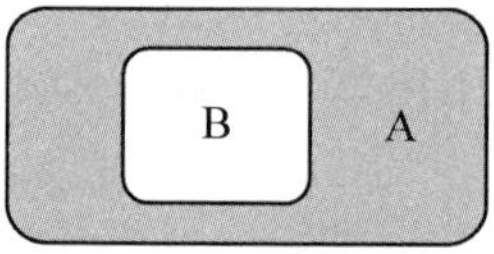

图6-3 排除类逻辑关系

(14) 现在这份名单已包含了200多个名字。(奥利佛·萨克斯《火星上的人类学家》)

(15) 崭新的万元钞票共计五十张,被好几重薄纸包裹着。(村上春树《1Q84BOOK3》)

(16) 一个革命者不去除“怯懦心、浮华心、狠贱心、诈伪心”,

就无法完成革命大业。(BCC 科技文献)

例(14)的逻辑关系表述为"这份名单"包含"200 多个名字"。例(15)为"崭新的万元钞票"作为具体的指称对象包含于"五十张"这一数量范围之中。例(16)为"怯懦心、浮华心、狠贱心、诈伪心"不包含于"革命者"之中。究其根本,三者都是从不同角度对范围与对象成分间包含关系的理解,逻辑基础相同,只是表达侧重点不同。

2.2.2　界定范围不同

包容类范围动词界定的范围为被包含项 B 的范围,原有范围缩小;总括类范围动词界定的范围为范围 A 所指的范围,原有范围扩大;排除类范围动词界定的范围为范围 A 减去排除项 B 后的范围即 A－B 所表示的范围,原有范围缩小。各类动词最终界定的范围如上图中灰色区域所示。例如:

(17) 每个人体细胞中包含 23 对染色体。(阿来《关于生命的伟大发现》)

(18) 托运、过路费、汽油等共计 1000 元。(BCC 微博)

(19) 全部家当 457 元,扣除 100 元回家火车票,357 混到过年。(BCC 微博)

例(17)中界定的范围是"23 对染色体"所表示的范围;例(18)中界定的范围是"1000 元"这一数量范围;例(19)中最终确定的范围是"357"。

2.2.3　语义结构的倾向性不同

包容类范围动词一般遵循从大到小的认知顺序,语义结构一般为"范围＋动核＋对象"。而在众多的语义结构中使用最多的是"概念范围＋动核＋概念对象"和"事物范围＋动核＋事物对象",这是由于同类事物或概念之间一般具有领属关系或整体部分关系,其包容关系是清晰直观的,而其他的语义结构或多或少都要借助认知加工转换才能产生联系。总括类偏好从小到大的认知顺序，对事物或概念进行总体性说明，因此语义结构中“对象+动核+范围”占优势，其中最具优势地位的是“概念对象+动核+数量范围”和“事物对象+动核+数量范围”，这是由于概念对象总括为数量范围更容易强调其整体性；而事物本身就含有可数的特征，更容易进行数量多少的说明。排除类占优势地位的是“动核+事物对象”。例如：

(20) 东亚文化也同样包蕴着具有世界性与现代性的成分。(BCC 科技文献)

(21) 今年头两个月，马来西亚、泰国、印尼、菲律宾 4 国的汽车销售量总计 12 万辆，比去年同期增长了 56%。(《人民日报》)

(22) 剔除 19725 件最终撤诉的投诉，最终投诉量为 5416 件，同口径同比下降 7.5%。(《人民日报》)

例(20)为动词关联两个成分，其中“东亚文化”为范围，“具有世界性与现代性的成分”为对象，后者是对前者的限定性说明。例(21)中“马来西亚、泰国、印尼、菲律宾 4 国的汽车销售量”为对象成分，“12 万辆”是对其数量的总体概括结果。例(22)中动词所在的句子中缺乏范围成分，可根据下文“最终投诉量”进行补充，句子旨在剔除不符合所要统计的投诉量中的投诉。

2.3 句法结构的区别

包容类、总括类与排除类范围动词在句法结构上的区别既体现在具体句法成分的使用偏好上，也表现在总体句法结构的倾向性上。

2.3.1 谓语结构使用偏好不同

包容类句法结构中的 VP 形式中常用“V 着”，强调状态；总括类句法结构中的 VP 形式常用“V 为”，强调产生结果；排除类句法结构中的 VP 形式中常用“V 掉”形式，强调动作行为的结果及状态的留存。例如：

(23) 课文蕴含丰富的情感，即使是叙述性课文也隐含着作者特有的感情和特定的态度。(BCC 科技文献)

(24) 司马迁第一个把生活在中华大地上各族的祖先都归总为黄帝,认为中华儿女都是黄帝子孙。(BCC 科技文献)

(25) 要求文学"剔除"掉包括作家的社会意识、作品的社会内容和社会效果在内的所谓社会学内容,再来谈论所谓"纯文学",就犹如企图在排除掉空气的真空状态中来确立和考察呼吸的本质一样,显然是难于实现的。(《人民日报》)

例(23)中"隐含着"表示"叙述性课文"中含有"作者特有的感情和特定的态度"这一事件呈稳定的状态,并未对范围进行处置,仅仅是将其中的某些成分明示出来。例(24)强调对"生活在中华大地上各族的祖先"进行总括的结果为"黄帝"。例(25)强调"文学"排除"社会学内容"这一结果及"文学"所处的状态。

2.3.2　介词结构使用偏好不同

朱晓军(2008)在《空间范畴的认知语义研究》中提出"名词有三种空间性[实体性][处所性][容纳性],一个名词究竟有什么样的空间语义,要看具体句子的具体情况而定。在不同的语境下,一个名词可以呈现不同的空间性,甚至没有空间性。在这三种名词空间性中,处所性、容纳性是显性的,因为人们在表达[处所]义时,有时会使用'在……'结构,表达[容纳]义时,往往会使用'在……里''……里'的结构",这一论断在范围范畴中同样适用。根据具体的语料分析,包容类句法结构中介词结构常用"在+NP+里/中"结构,表示地点状语;总括类中常见"用/拿+NP+来"结构,表示工具状语;排除类中偏好使用"从+NP+中/里"结构,表示范围状语。例如:

(26) 炽热的情感和浓郁的诗意蕴蓄在远水遥岑里。(《文汇报》)

(27) 朝鲜人民对金哥哥的感情可以简单地用一首歌来概括。(BCC 微博)

(28) 从蚌埠市住房储蓄银行贷款,从我每月工资中扣 1/4 多

点，大约7年，就可按合同书扣清。（《人民日报》）

例(26)中“在远水遥岑里”表示“炽热的情感和浓郁的诗意”所处的位置；例(27)中“用一首歌来”表示概括“感情”的工具；例(28)中“从我每月工资中”表明动作行为发生的范围。

2.3.3 句法结构的倾向性不同

总的句法结构倾向性中，包容类主动式占优势，总括类与排除类是被动式占优势。具体来说，在众多的语义结构中包容类占据优势地位的是“$NP_{范}+VP+NP_{对}$”，这是由于此类句法结构限制较少，且受动词语义的制约，强调由大到小的顺序，符合人类最简单最直接的认知方式，是最基本的句法结构。总括类占优势地位的是“$NP_{对}+VP+NP_{范}$”，这一情况的出现与总括类范围动词的语义密不可分，其是对事物、概念或事件进行数量的统计或概念的总结，因而一般从小到大。排除类占优势地位的是“$NP_{对}+VP$”。例如：

(29) 研究内容涵盖IT、生命科学、微纳米技术等。（《文汇报》）

(30) 巴中正月初六、初七两天的客流量总计10万余人次。（BCC微博）

(31) 巴西耶不是个犯罪猖獗的地方，维修厂那个强盗除外。（彼得・梅尔《茴香酒店》）

例(29)中动词关联两个独立的名词性成分，其中“研究内容”作范围主语，“IT、生命科学、微纳米技术等”作对象宾语。例(30)从句法结构来看与例(29)相同，都是动词关联两个独立的名词性成分，不同的是“巴中正月初六、初七两天的客流量”为对象主语，“10万余人次”为范围宾语。例(31)“维修厂那个强盗”为对象主语。

此外，同样是“$NP_{范}+VP+NP_{对}$”结构，在包容类与排除类中所表示的句子语义也不同，在包容类中表主动，在排除类中表被动。例如：

(32) 本次比赛内容包括 1.8 公里游泳、60 公里自行车和 12 公里长跑。(《文汇报》)

(33) 迟到者，扣除 12366 的奖金。(BCC 微博)

上例的句法结构都为“$\text{NP}_{范}+\text{VP}+\text{NP}_{对}$”。但例(32)表示的是“比赛内容”中包含“1.8 公里游泳、60 公里自行车和 12 公里长跑”，在语义上是主动的；例(33)是“迟到者”被扣除“12366 的奖金”，强调对原有成分的处置。

2.4　小结

综上所述，对包容类、总括类与排除类其对比项进行汇总，结果记为表 6-1：

表 6-1　现代汉语范围动词的内部比较情况表

<table>
<tr><th colspan="3">对比项</th><th>包容类</th><th>总括类</th><th>排除类</th></tr>
<tr><td rowspan="6">区别</td><td rowspan="2">动词语义</td><td>动作性</td><td>弱</td><td>较弱</td><td>强</td></tr>
<tr><td>客观性</td><td>强</td><td>较弱</td><td>弱</td></tr>
<tr><td rowspan="3">语义结构</td><td>逻辑关系</td><td>A 包含 B</td><td>B 总括为 A
(B 包含于 A)</td><td>A 排除 B
(A 不包含 B)</td></tr>
<tr><td>界定范围</td><td>B</td><td>A</td><td>A-B</td></tr>
<tr><td>优势语义结构</td><td>概念范围＋动核＋概念对象
事物范围＋动核＋事物对象</td><td>概念对象＋动核＋数量范围
事物对象＋动核＋数量范围</td><td>动核＋事物对象</td></tr>
<tr><td>句法结构</td><td>谓语结构使用偏好</td><td>常用“V 着”</td><td>常用“V 为”</td><td>常用“V 掉”</td></tr>
<tr><td rowspan="2"></td><td rowspan="2">句法结构</td><td>介词结构使用偏好</td><td>常用“在＋NP＋里/中”结构</td><td>常用“用/拿＋NP＋来”结构</td><td>常用“从＋NP＋中/里”结构</td></tr>
<tr><td>优势句法结构</td><td>$\text{NP}_{范}+\text{VP}+\text{NP}_{对}$</td><td>$\text{NP}_{对}+\text{VP}+\text{NP}_{范}$</td><td>$\text{NP}_{对}+\text{VP}$</td></tr>
</table>

续 表

对比项		包容类	总括类	排除类
共性	语义结构的相似性	动核与范围成分及对象成分配位，总的语义结构为“范围＋动核＋对象”或“对象＋动核＋范围”；所涉及的成分次范畴相同，具体的语义结构形式差别不大。语义结构的相似性与图形背景、象似性与认知图景等认知理论密切相关。		
	句法结构的相似性	句法结构类型大体一致，原因在于受相同的识解方式影响		
	实现条件的一致性	一是成分的有界性，二是范围与对象间存在直接或间接的包含关系		

总之，包容类、总括类与排除类范围动词在动词本身、语义结构与句法结构上既有共性又有区别，三者共同构成了范围动词范畴的理论体系，在具体的语用中起着不同的作用，在使用时可根据不同的表达需要进行选择。

3. 范围动词与存现动词的比较

现代汉语范围动词与现代汉语存现动词十分相似，都有表示在某个范围内存在或消失某物之义，在某些情况下二者可以进行互换，且对句子意义无影响；但在某些方面这两类词也存在着差别。因此选取“包括”与存在动词“有”以及“排除”与隐现动词“消失”进行比较，以深化对二者的认识。

3.1 “包括”与存在动词“有”的比较

“包括”与存在动词“有”的比较从三个方面进行，即语义、语义结构与句法结构。二者在这三方面既有相似之处，又有不同之处。

3.1.1　“包括”与存在动词“有”的语义对比

“包括”在《现代汉语词典》(第7版)(p.42)中释为:“[动]包含(或例举各部分,或着重指出某一部分)”;“有”释为:“①[动]表示领有(跟‘无、没’相对,下②③同);②[动]表示存在;③[动]表示达到一定的数量或某种程度;④[动]表示发生或出现;⑤[动]表示所领有的某种事物(常为抽象的)多或大;⑥[动]泛指,跟‘某’的作用相近;⑦[动]用在‘人、时候、地方’前面,表示一部分;⑧用在某些动词的前面组成套语,表示客气;⑨〈书〉前缀,用在某些朝代名称的前面。”(p.1588)其中与存在动词特征相符的义项为②。

从语义特征上看,认为二者在语义上的共同点都为表“存在”,都是对原有成分内容进行说明;二者与动作动词都有所区别,都具有[－动作性][＋状态]的特征,表示成分的静态呈现;句子语义指向都为对象成分。所不同的是“有”仅单纯表存在,不表存在方式;而“包括”在表存在的同时还有[＋里面含有][＋或例举各部分,或着重指出某一部分]的特征,强调成分间包含关系。例如:

(34) 画面上包括了三教九流各色人等:摔跤卖艺的、唱大鼓书的、拉洋片的、杂要撂地的,还有剃头的、算命的、卖空竹的。(《人民日报》)(可替换)

(35) 画面上有一个戴着头灯安全帽,饱经风霜的脸上满是煤灰的男人。(《名家科幻选》)(可替换)

(36) 我们全家,包括上海阿姨,都被妈妈训练得颇通胶东话了。(毕淑敏《送你一条红地毯》)(不可替换)

例(34)与例(35)都是对画面上内容进行说明,语义都指向动词后成分,表示画面内容的静态存在,从这个意义上说二者可以互换。互换时有一定限制,“有”作为静态的存在动词后不能加“了”,例

(34)只能换为“画面上有三教九流各色人等”。但具体来说例(34)强调画面的内容里面含有“三教九流各色人等、各种小吃摊子”,例(35)中“画面”是作为处所,单纯表示“一个戴着头灯安全帽,饱经风霜的脸上满是煤灰的男人”存在于画面上,前者从内容出发,后者从地点出发。而例(36)中“上海阿姨”是句中着重指出进行补充说明的部分,不可替换为“有”。

3.1.2 “包括”与存在动词“有”的语义结构对比

“包括”与存在动词“有”的语义结构有交叉的部分,即二者都适用于“处所＋动核＋事物”结构。也存在不少互不相同之处,主要表现在以下几个方面:

第一,成分间关系不同。一方面,逻辑关系不同。“包括”表示包含关系;而“有”既可表包含关系,也可表非包含关系。另一方面,两者都表包含关系时,成分间范围大小关系不同。“包括”所联系的成分范围有两种关系,即等同关系与真包含关系;“有”所联系的成分不存在等同关系。例如:

(37) 那声音是从上边的树干中传来的,难道树里有什么东西?(天下霸唱《鬼吹灯(全)》)(可替换,但不表存在)

(38) 港湾中间的岸上长着一棵古老的橄榄树,树旁有一座幽暗的山洞,这是海洋女神们的住所。(古斯塔夫·施瓦布《希腊神话:奥德修斯的故事》)(可替换,但语义变化)

(39) 两支由4名球员组成的队伍对垒,每队的球员包括一名NBA球员、一名WNBA球员、一名NBA传奇人物及一名球队所在城市的名人。(都市快讯《全明星周末制造快乐》)(可替换为表领属的“有”)

从逻辑关系上看,例(37)中“树”与“东西”是包含关系;若替换为“树里包括什么东西”,仍表示包含关系。例(37)中“树”的范围大于其中所存在的“东西”范围。例(38)中“树”与“山洞”是位置上的相邻关系,“旁”表示方位;若替换为“树旁包括一座幽暗的山洞”,则句子的逻辑关系发生改变,“树旁”作为一个整体表示“树旁的范围”,再以此与“山洞”产生包含关系。从范围大小关系上看,例(39)范围成分“4名球员”与对象成分“一名NBA球员、一名WNBA球员、一名NBA传奇人物及一名球队所在城市的名人”所表示的范围相等,后者是对前者内容的具体阐释。

第二,语义结构不同。包含三方面内容,一是总体语义结构不同,“包括”范围句的语义结构可总写为“范围＋动核＋对象”,对范围与对象间包含关系进行直观表述;“有”字句的语义结构学界表述为“起事＋动核＋止事”,表示描述对象的起点与终点。二是句式义不同,“包括”范围句的句式义为在某个范围内包括某种成分,并构成一个有确定外延的范围;“有”字句的句式义表示某处存在某物或某人。三是语义结构的倾向性不同,“包括”配项所形成的语义结构中“概念范围＋动核＋概念对象”和“事物范围＋动核＋事物对象”占优势,这是由于包含关系在同类事物与概念中更加直观;“有”字句原型语义结构与优势语义结构都为“处所＋动核＋事物”,这是受句式义制约的结果。例如:

(40) 这些工具书包括《英语语法词典》和《佛罗里奥之蒙泰恩泽集》。(詹姆斯·希尔顿《消失的地平线》)(事物＋动核＋事物)(可替换为表领属的“有”)

(41) 这些德行包括孝心、孝行和公正。(BCC科技文献)(概念＋动核＋概念)(可替换为表领属的“有”)

(42) 现在的飞机运行主要靠计算机控制,大飞机上有100多部电脑,小飞机上也有60多部。(《人民日报》)(处所＋动核＋事物)(可替换,语义变化)

例(40—41)语义结构为“范围＋动核＋对象”,旨在对范围成分中的某些内容着重说明。其中例(40)表示事物间的整体部分关系;例(41)表示概念间的包含关系;例(42)表示位置关系,“飞机”作为“电脑”位置的参照物。

第三，成分次范畴不同。“包括”范围句的语义结构强调成分间的整体与部分关系，而且在使用时对搭配成分无限制，涉及的范围成分次范畴有时间范围、人物范围、处所范围、数量范围、事物范围（具体）、事件范围与概念范围（抽象），对象成分次范畴有事物与概念。“有”字句的语义结构强调成分间的位置关系，对入句成分进行限制，涉及的起事次范畴仅为处所，止事为事物或概念。例如：

(43) 他认为情商包括五个方面的能力。（《文汇报》）（可替换为表领属的“有”）

(44) 袍子的背面竟有一个足以容纳两指的裂口。（阿瑟·高顿《艺妓回忆录》）（可替换，语义变化）

例(43)中“情商”为概念范围，“能力”为概念对象，若将其替换为“情商有五个方面的能力”，虽可以理解，但“有”的语义发生改变，并非表存在，而是表领有。例(44)中“袍子的背面”表示“裂口”存在的地点。

3.1.3 “包括”与存在动词“有”的句法结构对比

根据句法结构的分析来看，“包括”与存在动词“有”的句法结构都可写为“A＋B＋C”三段结构。具体来说，二者在每段及总体结构上都既有相似之处又存在差异，主要表现在以下几个方面：

第一，总体结构的对比。

首先，从句法结构的多样性看，“包括”句有丰富的句法结构，如“A＋B＋C”“B＋C”“C＋B＋A”“C＋A＋B”“C＋B”等。邵敬敏等(2010：146)在《汉语语法专题研究》中提出“存在句作为现代汉语中的一种特殊句式，首先必须以形式标志作为判断的标准，即存在句必须具有“名（处）＋动＋名”的结构特点，其次必须具有表存在的语法意义。”根据上述观点结合具体语料分析，“有”字句的句法结构为“A＋B＋C”“B＋C＋A”“B＋C”。其次，从表被动的句法结构上看，二者差异很大，“包括”句表被动的结构有“C＋B＋

A""C+A+B""C+B";"有"字句不存在被动用法。例如:

(45) 其中五项原则被包括在指导国家间政治、经济和其它关系的基本原则之中。(《人民日报》)(C+B+A 被动 不可替换)

(46) 日、旬、月、季报被年报包括。(BCC 科技文献)(C+A+B 被动 不可替换)

(47) 暴力犯罪的外延范围以使用暴力而定,一般指强奸、抢劫、杀人、伤害等犯罪,有时恐吓罪因使用暴力手段也被包括。(BCC 科技文献)(C+B 被动 不可替换)

(48) 雨后有彩虹在天际。(沈从文《水云》)(B+C+A 不表被动 不可替换)

例(45)—(47)是"包括"句的被动用法,都无法用"有"字句进行替换。例(48)是"有"字句的"B+C+A"结构,这一结构十分少见,且对句法限制较多,成分 A 必须为介词结构,强调事物所处位置,此句意为"彩虹存在于天际"。此外,此结构虽将成分 C 置于处所名词之前,但也不表被动,不能理解为"有彩虹被在天际"。

第二,B 段的对比。

首先,"包括、有"后都可带"了、着",表示状态,其中"了"表动作已实现后状态的留存,"着"表持续状态。

(49) 图上包括了全部已知的各种月面实体的名称。(《福建日报》)(可替换为表领属的"有")

(50) 岛上有了 200 多户人家。(《福建日报》)(可替换,语义变化)

(51) 矿区内包括着一些农村。(《文汇报》)(可替换为表领属的"有")

(52) 铁门上有着一个表示家族光辉的徽记。(倪匡《宝狐》)(可替换,语义变化)

其次,二者都可与"只、仅、都"等范围副词、"还、又"等频率副词连用。例如:

(53) 不过他们的全部伦理,只包括两个信条:坚决作战和热爱妻子。(蒙田《蒙田随笔全集》)(可替换为表领属的“有”)

(54) 墙后只有一棵小叶黄杨。(高行健《灵山》)(不可替换)

(55) 其余幸存者还包括《蓝》中的朱丽和奥利维耶以及《白》中的卡洛和多米尼克。(安内特·因斯多夫《基耶斯洛夫斯基的电影:双重生命》)(可替换为表领属的“有”)

(56) 倒塌的亭子边还有一株山茶树。(鲁迅《彷徨》)(不可替换)

最后,“包括”可受能愿动词修饰,表示成分间关系成立的可能性与必要性;“有”受能愿动词修饰表示某处存在某物的可能性与必要性。例如:

(57) 幻灯片上可以包括文字、图片、图表、表格、组织结构图等内容。(BCC 科技文献)(可替换,语义变化)

(58) 理事会的成员应该包括政治界领袖、经济学家、律师和科学家。(《人民日报》)(可替换为表领属的“有”)

例(57)表示“幻灯片”作为范围成分包含“文字、图片、图表、表格、组织结构图等内容”是可能的;若替换为“有”则表存在的可能性。例(58)表示“理事会的成员”中包括“政治界领袖、经济学家、律师和科学家”是必要的。

第三,A 段的对比。

首先,A 段成分语义特征不同。“包括”句中的 A 段成分无限制,成分具有的特征为[+有界]即可,具体有名词、合成方位词、指示代词、方位短语与介词结构;“有”字句中 A 段成分限制较多,特征为[+无生命][+有界][+空间][+静止],一般由表处所的成分充当,具体有处所名词、合成方位词、指示代词、方位短语与介词短语。即使同样使用处所成分,所表示的关系也不同,“包括”句表领属,“有”字句表存在。例如:

(59) 如郑州南关出土的西汉晚期陶屋包括门房、仓房、阙、正房、厨房和厕所。(BCC 科技文献)(可替换为表领属的

“有”)

(60) 屋里有一口锅,一个瓮,一条三条腿的桌子。(莫言《弃婴》)(可替换,语义变化)

上述两例中A段都使用表房屋的处所名词,但在表义上相差极大。例(59)中“陶屋”作为一个整体包括其组成部分“门房、仓房、阙、正房、厨房和厕所”;例(60)则是在“屋里”这一处所范围内存在事物“锅、瓮、桌子”,替换后“屋里”指屋内所有的事物构成的范围而非“屋里”这一地点。

其次,方位词使用偏好不同。“包括”句中一般使用“里/内/中/上/下”等表示范围内部的方位词,如上文所举的例(51)与例(52)。而“有”字句中则无限制,只要能表示方位皆可,因此除上述方位词外,还可使用“前/后/左/右/东/西/南/北/旁”以及合成方位词“左边/东面/后头/旁边”等等。例如:

(61) 在柳树旁有一口井。(《人民日报》)(不可替换)

(62) 露台前有棂星门。(《人民日报海外版》)(不可替换)

(63) 只在墓后有一盏长明灯。(《人民日报》)(不可替换)

(64) 屋左有个土井。(王火《战争和人》)(不可替换)

(65) 街东有一个水塘。(沈从文《新与旧》)(不可替换)

(66) 一艘燃烧着的白色游船沉在海底,旁边有一只喜笑颜开的章鱼,一个长着一双觊觎眼睛的巨大蛤蜊,以及一群前后摇摆的海马。(苏·蒙克·基德《美人鱼椅子》)(可替换,语义变化)

例(66)替换为“包括”后句子合格度较高,是由于动词后成分的复杂性,而“包括”在一定程度上带有列举的性质,与此相符合。此外,“包括”后对象成分的数量对句子合格度也有影响,在数量上,一般要求非单个性,如例(65)若为“街东包括两个水塘”则可以成立,“街东”不单单表处所,而是作为一个整体环境出现在句中。

最后,A段的词语数量不同。“有”字句A段常不止一个处所成分，这些成分之间具有并立或聚焦关系；而“包括”句一般只有一个范围成分。例如：

（67）书架里、书桌上，床边，有一些石头。（《人民日报海外版》）（并立）（不可替换）

（68）在乡下，小路上，石桥边，有撑起伞慢慢走着的人。（BCC科技文献）（聚焦）（不可替换）

第四，C段的对比。

从C段成分的构成看，二者倾向性不同。存在句的结构在形式上必须具有三段：A段处所词语，B段动词，C段数量名组合。“有”字句虽然在具体的使用中C段条件稍有放宽，但数量名结构仍占据绝对优势，如上文提到的例（35）（38）（44）（51）（52）等；“包括”句无特殊要求。此外，二者C段词语数量都可有多个。例如：

（69）这些战利品，不仅仅包括宝石、衣料、黄金、财物，而且还有妇女、男人和儿童。（斯蒂芬·茨威格《群星闪耀》）（可替换为表领属的“有”）

（70）河边有紫花、红花、白花、蓝花。（沈从文《我的人生哲学》）（可替换，语义变化）

3.1.4　小结

综上所述，对“包括”与“有”及其构成的句法语义结构进行对比，汇总结果记为表6-2。

表6-2　“包括”与“有”及其构成的句法语义结构比较情况表

对比项		包括	有
语义	语义特征	[＋存在] [－动作性][＋状态] [＋范围性] [＋里面含有][＋或列举各部分，或着重指出某一部分]	[＋存在] [－动作性][＋状态] [＋空间性]

续　表

<table>
<tr><th colspan="3">对比项</th><th>包括</th><th>有</th></tr>
<tr><td rowspan="6">语义结构</td><td rowspan="2">成分间关系</td><td>逻辑关系</td><td>包含关系</td><td>包含关系与非包含关系</td></tr>
<tr><td>表包含关系时成分间范围大小关系</td><td>等同关系与真包含关系</td><td>不存在等同关系</td></tr>
<tr><td rowspan="3">语义结构</td><td>总体语义结构</td><td>范围＋动核＋对象</td><td>起事＋动核＋止事</td></tr>
<tr><td>句式义</td><td>在某个范围内包括某种成分，并构成一个有确定外延的范围</td><td>某处存在某物或某人</td></tr>
<tr><td>优势语义结构</td><td>概念范围＋动核＋概念对象
事物范围＋动核＋事物对象</td><td>处所＋动核＋事物</td></tr>
<tr><td colspan="2">成分次范畴</td><td>范围：时间、人物、处所、数量、事物(具体)、事件、概念(抽象)
对象：事物、概念</td><td>起事：处所
止事：事物、概念</td></tr>
<tr><td rowspan="4">句法结构</td><td rowspan="2">总体句法结构</td><td>句法结构的类型</td><td>A＋B＋C
B＋C
C＋B＋A
C＋A＋B
C＋B</td><td>A＋B＋C
B＋C＋A
B＋C</td></tr>
<tr><td>表被动的句法结构</td><td>C＋B＋A
C＋A＋B
C＋B</td><td>不存在被动用法</td></tr>
<tr><td rowspan="2">B 段</td><td>能否带“了、着”</td><td>能</td><td>能</td></tr>
<tr><td>能否与范围副词、频率副词连用</td><td>能</td><td>能</td></tr>
</table>

续 表

对比项			包括	有
		能否受能愿动词修饰	能	能
	A段	A段成分语义特征与具体成分	［＋有界］ 名词、合成方位词、指示代词、方位短语与介词结构	［＋无生命］ ［＋有界］ ［＋空间］ ［＋静止］ 处所名词、合成方位词、指示代词、方位短语与介词短语
		方位词使用偏好	里/内/中/上/下	无限制，只要能表示方位皆可，里/内/中/上/下/前/后/左/右/东/西/南/北/旁以及合成方位词左边/东面/后头/旁边等
		A段的词语数量	一个	不止一个处所成分具有并立或聚焦关系
	C段	C段的词语构成	无限制	数量名结构占优
		C段的词语数量	无限制	一个情况居多，也可超出一个

从“包括”与存在动词“有”能否替换的角度看，大部分情况下“包括”都不可替换为存在动词“有”，而只能替换为表领有的“有”；同样，即使是二者能互相替换的情况，具体的表义仍然存在差别，替换后句子语义会发生变化，如“有”替换为“包括”后，句义由存在变为领有。从语义特点与语义句法结构看，“包括”与存在动词“有”也体现出极大的不同。因此，可以说“包括”句与“有”字

句虽有相似之处，但总体来说属于两种类型，不能将其混为一谈。此外，“包括”与“有”作为包容类动词与存在动词中的典型成员，其语义对比结果对推导包容类范围动词与存在动词之间的共性与差异有着重要的借鉴意义，对汉语教学以及对外汉语教学也有一定的作用。

3.2　“排除”与隐现动词“消失”的比较

“排除”与“消失”作为动词使用时意义有相同之处，也有不同之处。因而由其作为语义中心构成的语义结构以及作为谓语中心构成的句法结构上也呈现出共性与差异。

3.2.1　“排除”与隐现动词“消失”的语义对比

“排除”在《现代汉语词典》(第 7 版)中释为：“[动]除掉、消除”；“消失”释为“[动](人或事物)逐渐减少以至没有，不复存在”。从词典释义的语义特征上看，二者差别不大，都有[＋消失]的语义特征，都是原有成分的消失；都具有一定的主观性。从句法语义特征上看，二者的共同点表现在都是对结果的说明，都具有[＋致果]的特征；其不同主要表现在：第一，作为范围动词的“排除”一般与整体相关，决定了“排除”的对象必须是整体中的一部分，强调从整体中排除一部分，具有[＋范围性]的语义特征；而“消失”则表示在某处消失某人或某物，具有[＋空间性]语义特征。第二，范晓等人(1987)在《汉语动词概述》中提出“隐现动词主要表示事物隐没、消失或出现等变化的情态”；崔建新(1987)将隐现动词分为“表出现或消失的瞬时性动词、表趋向的动词和动作性动词”，因此“消失”作为隐现动词具有[＋瞬时性]的语义特征，“排除”则无特殊说明，可表示瞬时动作也可表长时动作。第三，“排除”在于去掉与句子论断不符的成分或不合适偏贬义的成分，是对其的有意去除，因而具有[＋预期]的特征；“消失”无此特征。例如：

(71) 一旦从存在的领域里排除了理性，个人就可能在这个领域里作出自由选择。(BCC 科技文献)(可替换，语义变化)

(72) 两颊上已经消失了血色。(鲁迅《祝福》)(不可替换)

这两例都是成分的消失及对结果的说明，例(71)结果为“排除了理性”，例(72)结果为“消失了血色”。其中例(71)是对“理性”的有意排除，其目的在于“个人就可能在这个领域里作出自由选择”。虽可替换为“消失”，但句义发生了变化，变为了“理性”的无意消失，“理性”为施事。例(72)中“消失了血色”是人在外部环境影响下无意识的结果，与人的预期无关，不可替换为“排除”。

3.2.2 “排除”与隐现动词“消失”的语义结构对比

“排除”与“消失”配项而成的语义结构差异较大，主要表现在：

第一，成分间关系不同。首先，单纯考虑动词前后成分间关系，“排除”所联系的成分需具有范围关系，即二者需处在同一范围内；而“消失”所联系的成分具有空间关系。其次，从动核与前置成分的关系上看，“排除”句中范围成分是动词直接关涉的对象，其地位与对象成分相当；而“消失”句中充当起事的处所成分表明动作发生的地点，属外围格，其与动核的关联性远远小于后置止事成分。最后，根据格语法以及袁毓林(1998)的配价语法分析动核与后置成分间关系的模式，“排除”句表现为“动核＋客事”，对象成分是动作行为所涉及的客体；“消失”句表现为“动核＋施事”，动词后的止事成分是动作行为的发出者。例如：

(73) 从他的作品中排除一切不够古老的事物，只能限制它的流行，使它成为一部被人遗忘的、不可理解的作品。(司各特《英雄艾文荷》)(不可替换)

(74) 那可爱的红嘴唇旁边也消失了笑意。(矛盾《虹》)(不可替换)

例(73)中“一切不够古老的事物”是“作品内容”的一部分,二者具有范围上的包含关系;“一切不够古老的事物”是排除直接作用的对象。例(74)中“红嘴唇”与“笑意”不具有包含关系,而是位置上的相邻关系,“旁”在表处所的同时标示二者关系;“笑意”虽不是典型的施事,但在句中作消失的主体,可移位变换为“笑意消失了”。

第二,语义结构不同。一是总体语义结构不同,“排除”句关联动作行为所涉及的范围与对象,总的语义结构表述为“范围+动核+对象”;“消失”句表示动作行为发生的地点与结果,总的语义结构表述为“起事+动核+止事”。二是句式义不同,“排除”句的句式义是从整体中去掉不合适的对象成分,重新界定范围,以使论断所指适合剩余部分,而不适合排除部分;“消失”句的句式义是某处消失某人或某物。三是语义结构倾向性不同,“排除”与两个成分配位时,占优势地位的是“概念范围+动核+概念对象”,总的优势语义结构为“动核+对象”,其原因在于“排除”句的独立性弱,一般与其他句子配合使用共同表示一个完整的论断;“消失”配位而成的优势语义结构是“处所+动核+事物”。例如:

(75) 新“三包”不排除“三包”目录以外产品的“三包”责任。(《人民日报》)(不可替换)

(76) 但是一千六百年以来,地球上已消失了90多种鸟类。(《人民日报》)(不可替换)

第三,成分次范畴不同。二者动作行为所涉及的后置成分次范畴都为事物与概念,成分次范畴的不同在于前置成分,“排除”句的语义结构中涉及的范围次范畴为时间、人物、事物、处所、数量、概念与事件,而“消失”句起事成分受句式制约,只能为处所成分。例如：

(77) 我的理解是“X以内”包括X，“X以外”排除X，“X以前”排除X，“X以后”也排除X。(BCC科技文献)(不可替换)

(78) 279个项目中，排除4个主体工程已撤消项目、3个重复申报项目，核实后项目总数为272个。(《人民日报海外版》)(不可替换)

(79) 平时车如流水的艺术剧院街、高尔基大街上消失了车辆的喧声。(《人民日报》)(不可替换)

(80) 饭桌上消失了疙瘩汤。(毕淑敏《生生不已》)(不可替换)

例(77)语义结构为“概念＋动核＋概念”，“X以外、X以前、X以后”既表示概念性的范围，又表示逻辑上关于范围的论断，“X”是与该论断不符的成分，故被排除在该范围之外。例(78)为“数量＋动核＋事物”，“4个主体工程已撤消项目、3个重复申报项目”是与所统计的有效的项目总数不符的部分，故在句中被排除。句子在某种程度上表现为减法运算，通过对原有数量范围的进一步精减，重新界定范围。这些语义结构都不适用于“消失”句。例(79)语义结构为“处所＋动核＋概念”，例(80)语义结构为“处所＋动核＋事物”，都表示在某个空间内消失某物。

3.2.3 “排除”与隐现动词“消失”的句法结构对比

通过分析具体的语料对句法结构进行抽象表述，“排除”句与“消失”句皆可记为“A＋B＋C”三段结构，二者在每段的成分及总体结构上都既有相似之处又有所区别。

第一，总体结构的对比。

一方面，从句法结构的多样性看，二者都有丰富的句法结构。“排除”句的句法结构类型主要有“A＋B＋C”“A＋C＋B”“C＋A＋B”“C＋B＋A”“B＋C”“C＋B”，“消失”句的句法结构为“A＋

B+C”“A+C+B”“C+A+B”“C+B+A”。从句子的主被动看，“排除”句皆含有被动意味，即使范围在前、对象在后的句子句义中也隐含被动；“消失”句皆含有主动意味，即使施事位于动词后，句子语义也表示人或事物的主动消失，而非被动。

另一方面，不同句式可以通过移位变换生成，句式在进行移位变换时有一定的限制。从移位变换规则上看，二者有相同的移位变换，但在具体变换规则以及附加成分上存在差异。“排除”句由“A+B+C”变换为“A+C+B”时，A段成分由起点变为终点，与介词结构“在……里/中”共现；变换生成“C+A+B”时，A仍为描述的起点，与介词结构“从……里/中”共现；变换生成“C+B+A”时，表示终点，与介词结构“在……外/之外/以外”共现，强调对象不属于此范围。“消失”句生成“A+C+B”句式时无需特别加介词结构，仅依靠原有成分移位即可；生成“C+A+B”有诸多限制，C段成分需加“有”前置于句首，将无定成分有定化，A段成分表示动作的起点，与介词结构“从……里/中”共现；生成“C+B+A”句式时，C段成分前加“有”，A段成分表示动作的终点，与介词结构“在……里/中”共现。此外，移位后动词单独置于句末时，句子谓语部分较单薄，因此为了平衡句子重心，可加动词词尾“了”，“排除”句还可加被动标记“被”。例如：

(81) a. 建立完整的集体安全体系，从国际生活的实践中排除把战争作为解决冲突的手段。(《人民日报》)(A+B+C)(不可替换)

b. 在国际生活的实践中，把战争作为解决冲突的手段被排除了。(在A+C+[被]B)

c. 把战争作为解决冲突的手段从国际生活的实践中被排除。(C+从A+[被]B)

d. 把战争作为解决冲突的手段被排除在国际生活的实践之外。(C+[被]B+在A外)

(82) a. 眸子里消失了学生时代的灵气。(《人民日报》)(A+B+C)(不可替换)

b. 眸子里学生时代的灵气消失了。(A+C+B)

c. 有灵气从眸子里消失了。(有 C+从 A+B)

d. 有灵气消失在眸子里。(有 C+B+在 A 里)

例(81)—(82)是“A+B+C”结构及其变式,其中例(81)中 a 句通过移位变换生成 b、c、d 句,三句皆成立,深层语义差别不大,都表示从国际生活的实践内容中排除把战争作为解决冲突的手段。区别在于句子的信息结构与表达重心上,a 句以“实践内容”为话题,强调范围内容的取舍;b、c 句“实践内容”与“手段”皆前置作为话题,表明全部已知信息,强调排除后的状态,其中 b 句强调最终结果,c 句表明起点;d 句以“手段”为话题,强调对象被排除在范围之外。移位后对象成分前置,加“被”字平衡句法结构的同时凸显句子被动义。例(82)可以同例(81)一样进行移位变换。其中 a 句以“眸子”为话题,强调动作的起点;b 句以“眸子”为话题、“学生时代的灵气”为次话题,凸显消失的状态;c 句以“灵气”为话题,凸显动作的发出者;d 句以“灵气”为话题,描述其消失的终点。移位后动词后置加“了”,表示瞬时动作的完成。

第二,B 段的对比。

首先,二者都可加“了”,表示动作的完成;“排除”偶尔可以加“着”,表示动作的持续;“消失”一般不能加。例如:

(83) 我父亲早期的短篇排除了岛上其余的事物,甚至,可以说也排除了时间。(维·苏·奈保尔《一种英国式看问题方式》)(不可替换)

(84) 大江边消失了年年秋草绿。(王统照《王统照诗集》)(不可替换)

(85) 经济计划则更直接、更准确地揭示着市场迂回曲折表现出来的各种关系,排除着它的盲目性。(《人民日报》)(不可替

换)

其次，可受时间副词修饰，如“正、正在”表示动作正在进行，“已、已经”表示动作已完成，“将、将要”表示动作将要发生。例如：

(86) 这种人民民主的文化正排除一切帝国主义文化和封建主义文化而占领着文化领域中的全面阵地。(《人民日报》)(不可替换)

(87) 浸在夕阳中的变黄了的麦田和点缀着黄斑的古树正消失在遥远的蔚蓝色天边。(托尔斯泰《安娜・卡列宁娜》)(不可替换)

(88) 心头已经排除了悲凉而涨起壮豪。(陈忠实《白鹿原》)(可替换，语义变化)

(89) 湖面上早已消失少年时代的倒影。(《人民日报》)(不可替换)

(90) 草案将排除海关、签证等相关法令限制。(BCC科技文献)(不可替换)

再次，“排除”可受“只、全部”等范围副词修饰。例如：

(91) 民众和解对话向所有愿意参与政治进程的组织开放，只排除“基地”组织和萨达姆支持者。(《福建日报》)(不可替换)

(92) 两年内的IFAT阳性者都作了采血检和个案调查，结果全部排除了患疟可能。(BCC科技文献)(不可替换)

此外，“排除”可受“可以、应该”等能愿动词修饰，“消失”则不能。例如：

(93) 教育内容上可以排除天命鬼神的东西。(BCC科技文献)(不可替换)

最后，“排除”句的否定可用“不”或“没有”，“消失”句的否定只能用“没有”。

(94) 那种人所共知的关系并不排除诗意。(契诃夫《阿莉阿德娜》)(不可替换)

(95) ……折合大豆 5455 万吨,或相当于短缺饼粕 4848.9 万吨(没有排除人们直接食用的大豆和酿造工业使用的原材料)。(BCC 科技文献)(不可替换)

(96) 在我们祖国并没有消失古琴音乐。(《福建日报》)(不可替换)

第三,A 段的对比。

一方面,A 段成分语义特征不同。"排除"句中的 A 段成分无限制,成分具有的语义特征中包含[+有界]即可,具体有名词、合成方位词、指示代词、方位短语与介词结构。"消失"句中 A 段成分仅由处所成分充当,语义特征为[+无生命][+有界][+空间][+静止][+有定],具体有处所名词、合成方位词、指示代词、方位短语与介词短语。

另一方面,A 段成分位于动词前所适用方位词不同,"排除"句中一般用"里/中/内"等表明范围内容的方位词,"消失"句则不局限于此。A 段成分位于动词后成分内所用介词结构不同,"排除"句一般用"在……外/之外/以外","消失"句则用"在……里/中"。例如:

(97) 寒冷季节必须为鸡保证适宜的最小通风量……并从鸡舍内排除过量的氮气、二氧化碳和湿气。(BCC 科技文献)(不可替换)

(98) 脚手架下消失了绿。(《人民日报》)(不可替换)

(99) 以投牒自进来衡量,相当一部分制举就得排除在科举以外。(BCC 科技文献)(不可替换)

(100) 他们那粗大的嗓门和杂乱的步履声渐渐消失在一条横巷里。(托马斯·曼《布登勃洛克的一家》)(不可替换)

第四,C 段的对比。

C 段成分的语义特征不同。“排除”句中 C 段成分语义特征中含有[+有界],句子则合格;而“消失”句 C 段的语义特征除[+有界]外,还需具有[+无定]的语义特征。例如:

(101) a. 现在,税收实际上已从成本里排除了。(BCC 科技文献)(可替换,但不为隐现句)

b. 实际上已从成本里排除了税收。

(102) a. 伯爵已在御花园尽头、绿色小径旁边的一所房子里消失了。(大仲马《王后的项链》)(不可替换)

*b. 在御花园尽头、绿色小径旁边的一所房子里消失了伯爵。

c. 在御花园尽头、绿色小径旁边的一所房子里消失了一个人。

(103) a. 她悄悄低下眼睛,下一个瞬间就从房间里消失了。(村上春树《图书馆奇谈》)(不可替换)

*b. 下一个瞬间就从房间里消失了她。

c. 下一个瞬间就从房间里消失了一个人。

例(101)中 a、b 句皆合格,“税收”在句中有实际指明的对象,是“成本中的税收”,表示确定的有界范围,适用于“排除”句。例(102—103)中 a 句通过移位变换生成 b 句与 c 句,变换后生成的 b 句合格度不高,c 句合格。因为 b 句的“伯爵、她”都为确指对象,是有定的,不符合“消失”句的句法;而 c 句中“一个人”是不定指的,符合“消失”句的用法。因而例(102)—(103)中如 a 这一类的句子并非是隐现句的基本形式与变换形式,而是常规的施事句,处所在句中作状语,表示动作的起终点。

3.2.4　小结

根据“排除”与“消失”及其构成的句法语义结构进行对比分析,结果汇总为表 6-3。

表 6－3　“排除”与“消失”及其构成的句法语义结构比较情况表

<table>
<tr><th colspan="3">对比项</th><th>排除</th><th>消失</th></tr>
<tr><td>语义</td><td colspan="2">语义特征</td><td>［＋消失］
［＋致果］
［＋范围性］
［＋预期］</td><td>［＋消失］
［＋致果］
［＋空间性］
［－预期］
［＋瞬时性］</td></tr>
<tr><td rowspan="7">语义结构</td><td rowspan="3">成分间关系</td><td>动核前后成分的关系</td><td>范围关系</td><td>空间关系</td></tr>
<tr><td>动核与前置成分关系</td><td>动核直接关涉范围成分
地位与对象成分相当</td><td>动核关涉起事成分
语义上属外围格，地位低于止事成分</td></tr>
<tr><td>动核与后置成分关系</td><td>动核＋客事
对象成分是动作行为所涉及的客体</td><td>动核＋施事
止事成分是动作行为的发出者</td></tr>
<tr><td rowspan="3">语义结构</td><td>总体语义结构</td><td>范围＋动核＋对象</td><td>起事＋动核＋止事</td></tr>
<tr><td>句式义</td><td>从整体中去掉不合适的对象成分，重新界定范围，以使论断所指适合剩余部分，而不适合排除部分</td><td>某处消失某人或某物</td></tr>
<tr><td>优势语义结构</td><td>概念范围＋动核＋概念对象
动核＋对象</td><td>处所＋动核＋事物</td></tr>
<tr><td colspan="2">成分次范畴</td><td>范围：时间、人物、处所、数量、事物、概念、事件</td><td>起事：处所</td></tr>
</table>

续　表

<table>
<tr><th colspan="3">对比项</th><th>排除</th><th>消失</th></tr>
<tr><td rowspan="9">句法结构</td><td rowspan="3">总体句法结构</td><td>句法结构的类型</td><td>A+B+C
A+C+B
C+A+B
C+B+A
B+C
C+B</td><td>A+B+C
A+C+B
C+A+B
C+B+A</td></tr>
<tr><td>表被动的句法结构</td><td>A+B+C
A+C+B
C+A+B
C+B+A</td><td>不存在被动用法</td></tr>
<tr><td>根据移位变换规则生成的句法结构</td><td>A+B+C
在 A+C+(被)B
C+从 A+(被)B
C+(被)B+在 A 外</td><td>A+B+C
A+C+B
有 C+从 A+B
有 C+B+在 A 中</td></tr>
<tr><td rowspan="5">B 段</td><td>能否带“了、着”</td><td>能</td><td>能</td></tr>
<tr><td>能否受时间副词修饰</td><td>能</td><td>能</td></tr>
<tr><td>能否与范围副词连用</td><td>能</td><td>能</td></tr>
<tr><td>能否受能愿动词修饰</td><td>能</td><td>不能</td></tr>
<tr><td>否定形式</td><td>“不”或“没有”</td><td>“没有”</td></tr>
<tr><td>A 段</td><td>语义特征</td><td>[+有界]</td><td>[+无生命]
[+有界]
[+空间]
[+静止]
[+无定]</td></tr>
</table>

续 表

对比项			排除	消失
		方位词使用偏好	里/内/中	无限制，只要能表示方位皆可，里/内/中/上/下/前/后/左/右/东/西/南/北/旁以及合成方位词左边/东面/后头/旁边等
		适用介词结构	动词前："从……里/中""在……里/中" 动词后："在……外/之外/以外"	动词前："从……里/中""在……里/中" 动词后："在……里/中"
	C段	语义特征	[＋有界]	[＋有界] [＋无定]

从"排除"与隐现动词"消失"能否进行替换来看，二者很少能直接替换，几乎不能出现在相同的语言环境中。二者只能在句式移位变换的情况下才有可能替换，且变换后对象成分向施事角色转变，句义发生变化。从语义特点与语义句法结构来看，两词之间也存在较大差异。因此"排除"与"消失"有着本质的区别，分属两类不同的动词，有各自的特点与用法，不能将二者归为一类。

4. 范围动词"包括"与"include"的比较

在思维与语言的关系问题上，维果斯基提出思维决定语言，萨丕尔-沃尔夫假说则提到语言决定思维。这两个论断都具有一定的片面性，但都在一定程度上说明了思维在形成语言过程中所起的重要作用。因而一方面可以说不同民族的人由于思维顺序与认知方式存在共性,这种共性也会体现在语言上,从而在语言的基本形式即词与句子上呈现。因此范围动词作为人类最基本的思维过程在语言上的具现,其存在与使用并不是汉语的专利,而是存在于所有语言之中,如在英语中有表"包含"的"include/comprise/contain",表"排除"的"except/exclude"等;具体生成的句法语义结构受认知的影响也表现出相似之处。另一方面不同民族的思维方式也有各自的特点,在语言上也会存在差异,因而不同语言中的范围动词在语义特征及生成的句法语义结构上也有自己的个性。

4.1　"包括"与"include"的语义对比

"Include"在《新牛津英汉双解大词典》(第 2 版)中被释为:"Verb [with obj] Comprise or contain as part of a whole 包括,包含;make part of a whole or set 列入[①]",在这里只考虑其表示包括的义项及其构成的句子,如例(104),而不考虑其他义项。

(104) The price includes dinner, bed, and breakfast.

价格中包含正餐费、住宿费和早餐费。

根据 include 的词典释义将其语义特征概括为[+contain][+as part of a whole],因此"include"与"包括"的语义基本相同,都具有[+包含]的语义特征,所包含的对象为整体中的一部分,都有[+或列举各部分,或着重指出某一部分]的特征。从句法语义特征上看,二者都为及物动词,可带宾语,特征中含有[+及物];都不同于动作动词,具有[+状态]的特征。例如:

(105) The plan would include feasibility, marketing, financial, and risk management components. (*Approaches to Incorporating IT Entrepreneurship into the Information*

① 牛津大学出版社. 新牛津英汉双解大词典(第 2 版)[M]. 上海:上海外语教育出版社,2013:958.

Systems Curriculum）

该计划将包括可行性、营销、财务和风险管理部分。

（106）In some jurisdictions，including those that follow the Model Penal Code，there is currently no difference in the punishments available for attempted and completed intentional offenses.（*A Theory of Differential Punishment*）

在一些司法管辖区，包括那些遵循《刑法范本》的司法管辖区，对企图犯和完全故意犯的惩罚目前没有区别。

例(105)是对“计划”内容的举例说明，是对计划所包含内容的静态描述；例(106)是在“司法管辖区”中着重指出“那些遵循《刑法范本》的司法管辖区”，一般在表示这一语义时句法独立性会降低，句中有后置成分对其进行总的说明。

此外，词典中对“include”与“comprise”进行了对比，认为“include”范围较广，不仅适用于句中所列部分，也暗示在同一范围中未提到的其他部分，如例(104)中“the price”暗示其包含“a special welcome pack”，即包括所谓的言外之意，这也是其与汉语中“包括”的区别所在。

4.2 “包括”与 include 的语义结构对比

首先，从总体的语义结构看，“包括”与英语范围动词 include 配位而成的语义结构相同，为“范围＋动核＋对象”。句式义都表示在某个范围内包含对象，旨在对范围成分进行限定说明，句子最终所界定的范围为对象成分所指范围。所界定的对象范围与原有范围成分的大小关系有两种情况，一是范围成分所指大于对象所指，二是范围成分所指等于对象成分所指。例如：

（107）The different schools of thought include developmentalists，dependency theorists，theorists of corporatism，advocates of political culture explanations，structuralists，institutionalists，and so forth.（*The Death of the Great*

International Systems Debate?)

不同的思想学派包括发展主义者、依赖性理论家、社团主义理论家、政治文化解释倡导者、结构主义者、制度主义者等。(范围所指>对象所指)

(108) Course design goals included experience with a significant software project, exposure to the vagaries of project management and non-technical issues attendant with real-world assignments, and improved written and oral communication skills honed for entrepreneurship. (*Approaches to Incorporating IT Entrepreneurship into the Information Systems Curriculum*)

课程设计目标包括重要的软件项目经验,接触多样化的项目管理,关于现实世界任务的非技术问题服务,以及提高为创业而磨练的书面和口头沟通技能。(范围所指=对象所指)

其次,从具体的语义结构看,"包括"与英语范围动词"include"配位而成的语义结构类型基本相同。对其中几种典型语义结构列举如下:

第一种,事物+动核+事物。例如:

(109) Personal touches to the garden house include an arched window and heron sculpture. (*the coolest backyard*)

花园住宅的个人装饰包括一扇拱形窗户和苍鹭雕塑。

此句是对"personal touches"这一范围内容的说明,包括"an arched window、heron sculpture"。前后成分都有具体的所指对象,所界定的范围是具体确定的。

第二种,概念+动核+事物。例如:

(110) The challenge is including pre-school children with disabilities with children of this age who are not disabled. (*Key child care and other federal programs for infants and*

toddlers.)

挑战包括残疾的学前儿童和没有残疾的同龄儿童。

"the challenge"这一概念范围进入句式后表示"参与挑战的人",以此包含"children",揭示前后成分间的包含关系。

第三种,事物+动核+概念。例如:

(111) Table A2 includes the percentages of Blacks and Whites for the variables in question. (*Not All Education Is Created Equal: How Choice of Academic Major Affects the Racial Salary Gap*)

表 A2 包括黑人和白人有关变量的百分比。

动词前后成分间包含关系的成立既可通过范围成分概念域的转换实现,"table A2"进入句式后表示"表中所列内容",表示概念性成分,语义结构转为"概念+动核+概念",也可通过对象成分概念域的转换实现,"the percentages of Blacks and Whites for the variables in question"进入句式表示具体的数据,表示事物对象,语义结构变为"事物+动核+事物"。

第四种,概念+动核+概念。例如:

(112) Those approaches included attributional nexus techniques like click-through nexus, affiliate nexus, and conventional agency nexus, as well as alternative techniques such as use tax notice requirements and negotiated presence. (*The Rising Trend of Sales Tax Nexus Expansion*)

方法包括属性关系技术,如点击—通过关系、附属关系、传统代理关系;以及替代技术,如使用税务通知要求和谈判出席等。

动词前后成分属上下位关系,"attributional nexus techniques、alternative techniques"是"those approaches"的具体体现,其间的包含关系是直接的。语义结构在于对概念的进一步解释与说明。

第五种,时间+动核+概念。例如:

(113) This study period <u>includes</u> the entire semester and one week before classes officially start and one week after the last day of classes minus the holidays during this period. (*WORK SAMPLING STUDY OF AN ENGINEERING PROFESSOR DURING A REGULAR CONTRACT PERIOD*)

这一学习阶段<u>包括</u>整个学期和正式开课前一周,以及课程最后一天后的一周减去此期间假期的时间。

该例中动词前后成分的关系是整体部分关系,其包含关系同样是直接的,不需认知加工。语义结构是对时间成分具体内容的说明。

第六种,数量+动核+概念。例如:

(114) One amicus brief <u>included</u> a survey of eighteen states about their child support practices. (*Revisiting Turner v. Rogers*)

一份法庭简报<u>包括</u>对18个州关于其子女抚养做法的调查。

语义结构在于对数量范围所指对象进行限定与说明,需要概念域的转换。上例中"one amicus brief"表示其所涉及的内容。

最后,从语义结构的倾向性上看,二者倾向性也基本相同,语义结构中"概念范围+动核+概念对象"和"事物范围+动核+事物对象"占优势。主要是由于这一语义结构是对事物与概念内容直观的说明,符合基本的认知规律,不需要多重认知加工转换。

4.3 "包括"与"include"的句法结构对比

"包括"与英语范围动词include的句法结构可记为"A+B+C",其中A段为表示范围的体词性成分,B段为动词及其附加成分;C段为具体内容的体词性成分。对二者的总体句法结构和具体每段的特征用法进行对比如下:

第一,总体句法结构的对比。

首先,从句法结构类型看,存在相同的句法结构,主要有

“$NP_{范}+VP+NP_{对}$、$NP_{对}+VP+PreNP_{范}$、$NP_{对}+VP$”。二者都有主动式与被动式的用法。例如：

（115） The agenda included presentations on specific substantive issues, including the difference between adverse and colorable claims.（*The Keepers of the Code: Evolution of the Bankruptcy Community*）（$NP_{范}+VP+NP_{对}$）

该议程包括具体实质性问题的介绍，包括不利的和似是而非的索赔之间的区别。（$NP_{范}+VP+NP_{对}$）

（116） Value and volatility factors were included in the final winner and loser logit models.（*COMMON FIRM-SPECIFIC CHARACTERISTICS OF EXTREME PERFORMERS ON THE JOHANNESBURG SECURITIES EXCHANGE*）（$NP_{对}+VP+PreNP_{范}$）

价值和波动性因素包括在最终的输赢评定模型中。（$NP_{对}+VP+PreNP_{范}$）

（117） The IT Entrepreneurship course was included as an elective under the experiential component.（$NP_{对}+VP+PreNP_{范}$）

IT 创业课程作为一门选修课被包括在体验部分中。（$NP_{对}$+被+$VP+PreNP_{范}$）

（118） And, of course, round trip airfare is also included.（*Ask any parent and they'll probably tell you parenthood is one of the most rewarding experiences of their lives.*）（$NP_{对}+VP$）

当然，往返机票也被包括在内。（$NP_{对}+VP$）

不同点在于“包括”句的句法结构类型还有“$PreNP_{范}+VP+NP_{对}$、$NP_{对}$+（被/由/为）+$NP_{范}+VP$”，“include”句无此用法。原因在于：一方面，英语句法结构中无介词结构作主语的现象，介词短语只能后置于句末或作为前置插入语，充当状语，对句子起修饰作用。“$PreNP_{范}+VP+NP_{对}$”不符合英语语法，故“include”句中无此用法。汉语中则无此限制，介词结构也可居于句首充当主语。另一方面，英语中一般用“be＋过去分词”表被动，动词前后成分都只有一个空位，受句式制约，范围与对象成分入句也只能分置于动词前与动词后，而不能都置于动词前，因此“include”被动式在句法结构上仅表现为“$NP_{对}+VP+PreNP_{范}$”，而无“$NP_{对}+NP_{范}+VP$”结构。汉语中“被”的其中一个作用就在于介引成分，在“包括”句中的作用便是介引范围成分，可以将范围成分提前置于动词前，强调被包括的状态。例如：

(119) 在模型中包括 16 口老井和 13 口新井。(BCC 科技文献)($PreNP_{范}+VP+NP_{对}$)

(120) 日、旬、月、季报被年报包括。(BCC 科技文献)($NP_{对}$＋(被/由/为)＋$NP_{范}+VP$)

第二，B 段的对比，其比较内容在于动词本身的形态变化与动词附加成分上。

首先，在动词的词形变化上，“include”有丰富的词形变化，有“include、includes、including、included”等形式，分别表示动词原型、第三人称单数现在时、现在分词与过去分词；“包括”没有词形变化。

其次，在表示时态的 VP 形式上，“include”可以通过自身的词形变化表示现在时与过去时，也可以与“be/have/will”等助动词构成“is including/have included/will include”等动词结构表示进行时、完成时与将来时；“包括”没有词形变化，只能借助其他成分如动态助词“了、着”表示或时间副词“已经、曾、将”表示完成时、过去时、将来时。例如：

(121) I hope that that investigation is including not only the people that actually committed the crimes, but some of the people that might have encouraged these crimes as well. (60

MINUTES II)(be+V-ing 表进行时,这里不是严格意义上的进行时,而是强调包括的持续性)

我希望调查不仅包括实际犯罪的人,还包括一些可能助长这些罪行的人。

(122) His coverage has included an explanation of the rail line's costs and likely impact on roads, as well as in-depth reporting on the Portland, Ore., experience with light rail. (*What urban rail vote does for Austin roads*)(have+V-ed 表完成时)

他的报道包括了解释铁路线的成本和可能对道路的影响,以及对俄勒冈州波特兰轻轨经验的深入报道。(V+了表完成时)

(123) Test results will include comparison behavior data and feedback from students. (*Four Wisconsin public schools block social media apps as part of ...*)(will+V 表将来时)

测试结果将包括比较行为数据和来自学生的反馈。(将+V 表将来时)

再次,在表示情态的 VP 形式上,include 与"can/could/may/should/would"等情态动词共现,表示可能、应该等情态;"包括"则与"应该、必须、要"等能愿动词结合使用表示情态。两类结构在语义上与所表情态上相同。例如:

(124) The string of thefts may include one captured on security video in late June. (*Houston Car Hackers Suspected Of Theft of More than* 100 *SUVs ...*)

连环盗窃案可能包括在6月底的安全录像中捕捉到的一件。(表示范围成分中包含对象成分的可能性)

最后,在表示被动语态的 VP 形式上,include 常与"be/have"助动词组成"be included/have been included"结构表被动;"包括"句常与表被动义的"被、为、由"等介词结合使用表被动。值得说明的是,在特定的句法结构中,动词不需加任何成分句子也呈现被动义,如例(116)。

(125) Only a few JVs have been captured by the database, but separate accounts are not included, as these are even more tailormade solutions. (*Fee Structures in Private Equity Real Estate*)(be+V-ed 表被动)

只有少数几个合资企业被数据库囊括在内,而独立账户却没有被包括,因为其需要更适合的解决方案。(被+V 表被动)

此外,VP 还可由动词与其他附加成分结合构成,表示特定的句法意义。其中,"范围副词+V"结构是对范围大小的进一步说明;"频率副词+V"结构一般表示动作发生的频率,与范围成分内所要说明对象的经验常识相关。例如:

(126) My data only include those that presidents chose (for whatever reason) to publish. (*Claims about Obama's use of executive orders and presidential memorandums*)

我的数据只包括总统们选择(无论出于什么原因)公开的那些数据。(范围副词+V)

(127) Engineering education often includes units, and even entire courses. (*Ethical Considerations in Artificial Intelligence Courses*)

工程教育通常包括关于职业道德的单元,甚至是整个课程。(频率副词+V)

例(126)表示"my data"只包括"those that presidents chose (for whatever reason) to publish"这一内容,而非其他内容,且句子所表示的语义也不能再包括其他数据内容,范围被严格限定。例(127)是指在"engineering education"的内容中经常提到"units, and even entire courses, on professional ethics"这部分内容,因而在人的认知中形成固有印象,在下一次出现时激活这一认知经验。

还有一点需要说明的是，“include”与“包括”语义中都含有[+列举各部分]的特征，因此在句中常与表示举例性质的词语共现，对范围中的具体内容进行举例说明。“Include”句中会出现“for example, such as, like”等；汉语中“包括”句中使用“如、例如、等”。

(128) These costs include, for example, legal fees, tax advisory fees, structuring fees, and administration costs. (*Fee Structures in Private Equity Real Estate*)

这些成本包括，例如，法律费用、税务咨询费用、结构费用和管理费用。

第三，A 段的对比。

一方面，从语义特征上看，A 段成分的特征相同，都具有[+有界]的特征。在英语的“include”句中范围成分一般会用定冠词 the、指示代词 this/those/these 或其他具体的定语成分对其进行修饰限定，以明确所要描述的范围界限；“包括”则可通过范围成分本身表示有界性，也可加定语成分进一步限定。

另一方面，从具体形式来看，include 句中位于句首的 A 段成分一般由普通名词、指示代词、定中短语充当，位于动词后的范围成分由介词 in 与名词结构共同构成。“包括”的范围成分在句首可由普通名词、短语、合成方位词、指示代词、方位短语与介词结构充当，位于动词后的范围成分与介词结构“在……中”共同构成。例如：

(129) Over a third of this effect is included in the management fee load. (*Fee Structures in Private Equity Real Estate*)

超过三分之一的影响被包括在管理费负担中。

第四，C 段的对比。

从语义特征上看，C 段成分的特征相同，都具有[+有界]的特征，入句时成分形式无限制，一般为名词性短语，也可以是句子形式，如例(108)中的“exposure to the vagaries of project management”。“Include”句中 C 段成分较长时，会将中心名词提前直接置于动词后，再用后置定语或定语从句对其补充说明，以增强动词对对象成分的关联性。汉语“包括”句中 C 段成分很少用后置定语，会直接使用定中结构，或先抽象概括、再举例说明。例如：

(130) These include medical questions that present a patient summary and ask for the most likely diagnosis or most appropriate treatment. (*WastonPaths*: *Scenario-Based Question Answering and Inference over Unstructured Information*)(名词短语+定语从句)

这些问题包括提供病人病例与询问最有可能的诊断或最合适的治疗的医学问题。(名词短语)

4.4　小结

对汉语中“包括”与英语范围动词“include”语义及其句法语义结构进行对比，汇总结果为表 6-4。

表 6-4　“包括”与英语范围动词“include”及其构成的句法语义结构比较情况表

对比项			包括	include
语义	语义特征		[+包含] [+或列举各部分，或着重指出某一部分] [+及物] [+状态]	[+包含] [+或列举各部分，或着重指出某一部分] [+及物] [+状态]
语义结构	成分间关系	逻辑关系	包含关系	包含关系
		成分间范围大小关系	范围所指+对象所指 范围所指>对象所指	范围所指+对象所指 范围所指>对象所指

续　表

<table>
<tr><td colspan="3">对比项</td><td>包括</td><td>include</td></tr>
<tr><td rowspan="5"></td><td rowspan="4">语义结构</td><td>总体语义结构</td><td>范围＋动核＋对象</td><td>范围＋动核＋对象</td></tr>
<tr><td>句式义</td><td>在某个范围内包含对象，旨在对范围成分进行限定说明，句子最终所界定的范围为对象成分所指范围</td><td>在某个范围内包含对象，旨在对范围成分进行限定说明，句子最终所界定的范围为对象成分所指范围</td></tr>
<tr><td>语义结构类型</td><td>事物范围＋动核＋事物对象
事物范围＋动核＋概念对象
人物范围＋动核＋事物对象
人物范围＋动核＋概念对象
时间范围＋动核＋概念范围
处所范围＋动核＋事物对象
处所范围＋动核＋概念对象
数量范围＋动核＋事物对象
数量范围＋动核＋概念对象
概念范围＋动核＋事物对象
概念范围＋动核＋概念对象
事件范围＋动核＋事物对象
事件范围＋动核＋概念对象</td><td>事物范围＋动核＋事物对象
事物范围＋动核＋概念对象
人物范围＋动核＋事物对象
人物范围＋动核＋概念对象
时间范围＋动核＋概念范围
处所范围＋动核＋事物对象
处所范围＋动核＋概念对象
数量范围＋动核＋事物对象
数量范围＋动核＋概念对象
概念范围＋动核＋事物对象
概念范围＋动核＋概念对象
事件范围＋动核＋事物对象
事件范围＋动核＋概念对象</td></tr>
<tr><td>优势语义结构</td><td>概念范围＋动核＋概念对象
事物范围＋动核＋事物对象</td><td>概念范围＋动核＋概念对象
事物范围＋动核＋事物对象</td></tr>
<tr><td colspan="2">成分次范畴</td><td>范围：时间、人物、处所、数量、事物、事件、概念
对象：事物、概念</td><td>范围：时间、人物、处所、数量、事物、事件、概念
对象：事物、概念</td></tr>
<tr><td rowspan="2">句法结构</td><td>总体句法结构</td><td>句法结构的类型</td><td>$NP_{范}$ ＋VP＋$NP_{对}$
$NP_{对}$ ＋VP＋$PreNP_{范}$
$NP_{对}$ ＋VP
$PreNP_{范}$ ＋VP＋$NP_{对}$
$NP_{对}$ ＋（被/由/为）＋$NP_{范}$ ＋VP</td><td>$NP_{范}$ ＋VP＋$NP_{对}$
$NP_{对}$ ＋VP＋$PreNP_{范}$
$NP_{对}$ ＋VP</td></tr>
<tr><td>B段</td><td>动词的词形变化</td><td>无词形变化</td><td>有丰富的词形变化，有include/includes/including/included</td></tr>
</table>

续　表

对比项			包括	include
		表示时态的VP形式	V+“了、着”等动态助词 “已经、曾、将”等时间副词+V	形态变化 “be/have/will”等助动词+V
		表示情态的VP形式	“应该、必须、要”等能愿动词+V	“can/could/may/should/would”等情态动词+V
		表示被动语态的VP形式	“被、为、由”等介词+V	“be/have been”等助动词+V
		能否与范围副词、频率副词连用	能	能
		能否与表示举例的插入语共现	能	不能
	A段	语义特征	[+有界]	[+有界]
		具体形式	普通名词、短语、合成方位词、指示代词、方位短语与介词结构	普通名词、指示代词、定名短语、名词+定语从句、名词+后置定语
	C段	语义特征	[+有界]	[+有界]
		具体形式	无限制,名词结构占优势	无限制,名词结构占优势

根据以上分析与上述汇总表,得出以下结论。首先,二者语义大致对应,都具有[+包含][+或列举各部分,或着重指出某一部分][+及物][+状态]的语义特征,不同点在于“include”包括言外之意的部分。其次,在语义结构上,二者相差不大,总体语义结构与具体语义结构类型、句式义、倾向性上都表现出极大的相似性。最后,二者在句法结构上有相同之处,主要表现在总的句法结构、倾向性、A段与c段成分语义特征上。差别主要在于“include”句的句法结构类型不包括“$\text{PreNP}_{范}+\text{VP}+\text{NP}_{对}$”

“$NP_{对}$＋(被/由/为)＋$NP_{范}$＋VP”以及“include”有词形变化上。总的来说，二者在语义及其句法结构上差别不大，仅略微有所不同。探究其相似原因在于不同民族的人在思维与认知方式上具有共性，因此与思维密切相关的语义及语义结构在不同的语言中也呈现出相似性。其产生区别的原因在于不同的语言有各自的特点，通过语法来呈现个性，句法结构是语法的一个重要组成部分，因而受到语法规则的制约，在不同语言中表现出差异。

5. 范围动词总结

上一章提出范围动词的概念并对其进行界定，并进一步对每类范围动词及其句法语义结构进行了描写，本章在此基础上对其进行了跨次类、跨词类与跨语言的比较研究，全面而系统地研究范围动词，并得出了相关结论。

第一，对范围动词进行界定与再分类。认为范围动词是隶属关系动词，是对动词前后成分关系的表述，揭示包含关系与排除关系，表达在某一范围内包含或排除对象的状态；从语义上看是界定句子所表示范围的界限，即在某一范围内对事物外延的大小或数量的多少进行限制和概括。可分为包容类、总括类与排除类。

第二，对包容类范围动词的具体语义特征以及句法、语义结构的类型和倾向性进行考察，认为其总的语义内涵是在表存在的同时确定两个配项之间的外延关系，即范围配项蕴含对象配项(P→Q)。通过考察语义结构的配项类型，认为包容类范围动词是典型的二元动词，总的语义结构为“范围＋动核＋对象”，原型语义结构是“概念范围＋动核＋概念对象”“事物范围＋动核＋事物对象”，占据优势地位的是“概念范围＋动核＋概念对象”。通过分析句法结构，认为其受识解方式的影响而产生差异，呈现复杂的表层句法结构，其中优势句法结构为“$NP_{范}$＋VP＋$NP_{对}$”；同时也受语体特征的影响,配项结构越常规,其语体适用度也高,越复杂和越特殊的语义结构,往往容易出现于有特殊要求的语体中。

第三,对总括类范围动词的具体语义特征以及语义结构的类型和倾向性进行考察,认为总括类范围动词是对所出现的事物或概念进行概括,表示的是句中成分间的反向包含关系,逻辑上表述为“A 包含于 B”,句子结构一般隐含被动的意味。具体而言这类动词又可细分为统计类与概括类,前者是对具体的事物或概念进行数的统计;后者主要是将事物、概念、事件合在一起并进行抽象而简练的概括说明。从语义结构及倾向性来看,总括类范围动词句语义结构复杂,语义结构中原型结构是“对象＋动核＋数量范围”,占优势地位的是“事件对象＋动核＋数量范围”。从句法结构及倾向性看,总括类范围动词句法结构的出现频率总的倾向序列为被动式＞主动式。总括类范围动词的原型句法结构是“$NP_{对}$＋VP＋$NP_{范}$”,占优势的是“$S_{对}$＋VP＋$NP_{范}$”,其他句法结构使用频率低。

第四,通过分析排除类范围动词的具体语义特征以及语义结构的类型和倾向性,认为排除类范围动词是对原有范围内的某些对象成分进行排除,并以此来确定范围,使句子论断保持一致的动词,由此构成的动词前后成分间的逻辑关系可表述为“A 排除 B”。在总体的语义结构中,动核与对象成分配位占绝对优势;动词与两个成分配位时,“概念范围＋动核＋概念对象”占优势;此外,排除类范围动词与行为主体配项情况十分常见。从句法结构看,排除类范围动词的原型句法结构是“$NP_{对}$＋VP＋$NP_{范}$”,但占优势地位的是“$NP_{对}$＋VP”;处置式与带有被动标记的被动句很少使用。

第五,通过比较范围动词次类,认为包容类、总括类与排除类范围动词在动词本身、语义结构与句法结构上既有共性又有区别。其共性主要有:语义结构的配项都为范围成分与对象成分,所涉及的成分次范畴相同,具体的语义结构类型差别不大。语义结构的相似性可用图形背景、象似性、认知图景与意象图式等认知理论解释。受相同的识解方式影响，句法结构类型大体一致。句子实现条件具有一致性，包括成分的有界性以及范围与对象间存在直接或间接的包含关系这两个条件。其区别主要表现在：逻辑关系与界定范围不同，包容类为 A 包含 B，最终界定范围为 B 的所指；总括类逻辑关系为 B 总括为 A(B 包含于 A)，界定范围为 A 的所指；排除类逻辑关系为 A 排除 B(A 不包含 B)，为 A-B 所表示的范围。此外，三者句法语义结构的倾向性有所不同，包容类语义结构倾向“概念范围＋动核＋概念对象”和“事物范围＋动核＋事物对象”，在句法结构上倾向“$NP_{范}$＋VP＋$NP_{对}$”；总括类在语义结构上倾向“概念对象＋动核＋数量范围”和“事物对象＋动核＋数量范围”，在句法结构上倾向“$NP_{对}$＋VP＋$NP_{范}$”；排除类语义结构倾向“动核＋事物对象”，句法结构倾向“$NP_{对}$＋VP”。

第六，以存现动词与英语范围动词中的典型成员作为参照对范围动词进行个案比较。通过对“包括”与存在动词“有”以及“排除”与隐现动词“消失”的比较，认为范围动词与存现动词之间存在一定的相似之处，如都是非动作动词，都有存在、消失的语义，都有“处所＋动核＋事物”的语义结构等等。但二者在句法语义结构上更多地呈现的是不同的特点，无论是在类型、句式义、成分间的关系还是倾向性上都相差甚远。因此从理论与实例上否定了两类词统一定类的可能，不能将其混为一谈。范围动词独立于存现动词之外，有单独作为一类词的必要。通过“包括”与英语范围动词“include”的对比，分析得出二者语义大致相同，语义结构相差不大，在总体语义结构与具体语义结构类型、句式义、倾向性上都表现出极大的相似性。在句法结构上也有相同之处，主要表现在总的句法结构、倾向性、A 段与 C 段成分语义特征上。差别主要在于“include”句的句法结构类型不包括“$PreNP_{范}$＋VP＋$NP_{对}$”“NP 对＋(被/由/为)＋$NP_{范}$＋VP”以及“include”有词形变化上。探究其相似原因在于不同民族的人在思维与认知方式上具有共性，其产生区别的原因在于不同的语言有各自的特点，受到不同语法规则的制约。

总而言之，第5、6章通过对现代汉语范围动词进行宏观与微观、正面与侧面相结合的研究揭示了范围动词的内容、性质及用法，初步建构了一个关于范围动词全面而系统的分析框架。不仅明确了范围动词单独归类的必要性，将其与存现动词区分开来；而且丰富了范围范畴体系，为范围范畴深入研究提供了基础。

当然，我们对于范围动词的研究仍存在一些不足，值得进一步研究。首先，研究范围动词时所使用的语料相对而言较少，对考察动词句法语义结构的倾向性有一定的影响。其次，仅具体考察了范围动词的主要语义结构与句法结构，对其中数量极少、定性困难的句子未作深入分析。再次，对范围动词的研究仅涉及其中的典型次类，其中的一些非典型的次类，如限制类、留存类、欠缺类等等，文章并未涉及。最后，对范围动词与存现动词、英语范围动词的对比仅选取个案进行研究，对其整体把握只有一部分的参考作用，不能完全代表范围动词与存现动词、英语范围动词之间的异同。

附：范围动词及其《现代汉语词典》(第7版)释义

包容类

包：⑨[动]容纳在里头，总括在一起

包藏：[动]包含；隐藏

包含：[动]里边含有

包括：[动]包含(或列举各部分，或着重指出某一部分)

包罗：[动]包括(指大范围)

包容：[动]②容纳

包孕：动包含

包蕴：动包含

盛：动②容纳

带：⑧动含有

富含：动大量含有（某种物质）

含：动②藏在里面；包括在内；容纳

含蓄：①动包含

含蕴：动含有（某种思想、感情等）；包含

涵盖：动包括；包容

涵蓄：同【含蓄】

内蕴：①动里面包含

囊括：动把全部包罗在内

容[1]：①动容纳；包含

容纳：动①在固定的空间或范围内接受（人或事物）

隐含：动隐约含有；暗含

蕴藏：动蓄积而未显露或未发掘

蕴含：动包含

蕴涵：②同【蕴含】

蕴蓄：动积蓄在里面而未表露出来

总括类

概括：①动把事物的共同特点归在一起，总括

共计：动①合起来计算

归并：动①把这个并到那个里头；②合在一起，归拢

归拢：①动把分散的归并到一处

归纳：动①归拢并使有条理(多用于抽象事物)

归总：①动把分散的归并到一处

合：①动结合到一起，凑到一起，共同；②动折合

合并：动①结合到一起

合称：①动合起来叫作

合计：动合在一起计算

合拢：动合在一起，闭合

计：②动总计(常用于统计或分别列举)

累计：动加起来计算，总计

统称：①动总起来叫作

统计：①动总括地计算

综计：动总计

综括：动总括

总：①动总括，汇集

总称：①动总括起来叫做

总合：动全部加起来，合在一起

总计：动合起来计算

总括：动把各方面合在一起

排除类

裁：③[动]从整体中去掉一部分，削减

除：①[动]去掉

除去：①[动]去掉、除掉

除却：①[动]除去、去掉

除外：[动]不计算在内

减：[动]①从总体或某个数量中去掉一部分

扣：⑤[动]从原有数额中减去一部分

扣除：[动]从总额中减去

扣减：[动]扣除，减去

例外：①[动]在一般的规律、规定之外

免：①[动]去掉、除掉

抹：③[动]勾掉。除去，不计在内

排除：[动]除掉、消除

刨：[动]②〈口〉刨除

刨除：[动]从原有事物中除去、减去

去：④[动]除掉、除去

去除：[动]除掉、除去

剔：③[动]剔除

剔除：[动]把不合适的去掉

第 7 章　汉语范围副词及其句法语义特点

汉语范围副词是现有范围范畴中研究得最为充分的一种表达形式，无论从研究的广度、深度和系统性上都是成果斐然的。本章首先对汉语学界有关范围副词的研究进行简要梳理；其次，根据第 2 章的特征系统类型对汉语范围副词进行分类：将其先分为确定范围副词与不确定范围副词，再将确定范围副词分为全量范围副词与唯一范围副词，从平面来看可将其看作三种类型，故分三节分别讨论；最后还对英汉典型的唯一范围副词进行个案比较。

范围副词的界定是从语义与句法功能两个角度做出的，之所以这样说，是因为范围副词一定能够表达与范围范畴相关的语义，其次范围副词的确定需与其可状（语）性等其他句法功能相联系。所以，不能孤立地讨论范围副词，一定要与其句法结构相结合。

我们的一个基本观点是：范围副词有两个联系成分：可能对象与实际对象，当两个成分都与范围副词共现于同一个句法结构，并针对某种行为或事件时，范围语义才能得以充分的展现。这两个成分有时候是两位一体的，如“全村的孩子都来了”，可能对象与现实对象都是“全村的孩子”；有的时候是独立的，“全村孩子只有小王来了”，可能对象是“全村孩子”，实际对象是“小王”；

有时候可能对象是隐含的，如“只有小王来了”，可能对象就是一个范围超出“小王”的人的集合；再如“部分孩子来了”，“可能来的孩子”在范围上是大于“实际来的孩子”的。

1. 汉语范围副词研究现状

范围副词作为副词中典型的次类，一直被学界所重视。从《马氏文通》问世以来，几乎每本语法著作中都有范围副词的身影。且根据知网论文信息发现，自 20 世纪 80 年代开始对其的研究一直持续至今，并出现了丰富的研究成果。本节以各个时期典范的现代汉语语法著作中有关范围副词的内容以及知网关于范围副词的研究成果为研究对象，梳理范围副词的研究现状。

1.1　范围副词的发展研究

范围副词的发展研究以汉语语法发展史上各个时期典型的语法著作为依据，对范围副词进行溯源以及发展历程的考察。

关于范围副词的研究可追溯到 19 世纪末，马建忠(1898)在《马氏文通》中按意义将“状”字分为六类，其中第四类为“以度事成之有如许者。如许者，言事成而有多少、深浅、厚薄、偏全之个别也”[①]，虽未正式提出“范围副词”的概念，但已初步涉及到了范围副词的概念内涵。同时，书中还提到“至‘凡’‘虑’与‘大凡’‘大抵’‘大要’‘大归’以及‘亡虑’‘都计’诸字，皆用以为总括之辞，亦可列诸约指代字”[②]，虽将此类词归为指代字，但已注意到了范围副词的总括义。

黎锦熙(1924：189)在《新著国语文法》中将数量副词分为关于次数、程度与范围的副词，其中关于范围的分为五类，表专独或

① 马建忠. 马氏文通[M]. 北京：商务印书馆，2009：236.

② 马建忠. 马氏文通[M]. 北京：商务印书馆，2009：86—87.

空枉，如“仅仅、只、不过、白、徒然”等；表各别，如“各、双方”等；表相互，如“相、互相”等；表共同，如“共、一同、一块儿”等；表统括，如“都、全、尽、一概”等；并强调范围副词与指示代名词之打通。随后，黎锦熙、刘世儒(1959：294—299)在此基础上对分类稍加修改，将数量副词中表范围的分为六类，表专独或空枉的分化为二类。此时范围副词虽已开始被放入副词中进行研究，但并未成为独立的副词次类，并未明确提出“范围副词”的说法；且与指示代名词仍有较多交叉之处。

王力(1943)在《中国现代语法》中提到“用于范围修饰的副词叫做范围副词，同时将其分为三类，即指示主语的范围者、指示谓语的范围者、指示目的位的范围者”①。可见王力先生是从语义的角度划分副词类别，再从语义指向的角度划分范围副词次类，这已经很明显涉及到范围副词的概念与语义指向的内容，对范围副词的研究开始独立进行，此后的语法著作中范围副词都作为独立的副词小类被提出。

胡裕树(1962)在《现代汉语》中将副词分为表示程度、情状、时间与频率、范围、否定、语气的，其中表范围的如“都、总、统统、也、仅仅、只、一共、全都、总共”②。

朱德熙(1982)在《语法讲义》中提到范围副词即表范围的副词，可分为两类，一类标举它前边词语的范围，其中“都”是总括，“也”是分举；另一类范围副词标举它后头的词语的范围，如“光、就、单、只”。同时对两类动词进行了区分，认为两类范围副词表示的意义不同，“都”和“也”表示包举，“光、就、单、只”等等表示限制，如果从反面说，就是排除。此外，他认为“光、就、单、凡”一类副词直接在名词前头出现的句子应该看成是省略了“是”的紧缩

---

① 王力. 中国现代语法[M]. 北京：商务印书馆，1985：133—134.

② 胡裕树. 现代汉语[M]. 上海：上海教育出版社，1981：322.

形式①。

黄伯荣、廖序东(1991)在《现代汉语(下册)》中提到副词可表示范围,如"都、大都、均、总、共、总共、统共、只、仅仅、单、净、光、一齐、一概、一律、单单、不单、就、全、通通、皆","都、只"都表示范围,但是"都"表示总括全部,一般是总括它前面的词语,而"只"表示限制,限制它后面的词语的范围②。

邢福义(1996：183—184)在《汉语语法学》中将一般副词分为程度、时间、否定、范围与频率副词,其中范围副词如"都、只、仅、共、净、光、全都、统统、总共、一齐、一概、仅仅"等。③

1.2　范围副词的总体研究

对范围副词的总体研究涉及到各个方面,包括确定范围副词的原则、范围副词的再分类、范围副词的语义指向和范围副词的句法功能等。

首先,关于确定范围副词的原则,林曙(1993)从三个角度确定何为范围副词,即"第一,范围副词语义上的总括或限制对象与句法上的修饰对象往往不一致;第二,与表示范围的基本语义有关联;第三,位置只能在动词之前"。此后,尹百利(2013)对范围副词的确定原则进行了更加全面的说明,涉及语义、功能、语义指向以及能否进入结构槽四个方面。语义上,范围副词的语义就是对象的范围,或者划定某个对象的外延,或者确定对象数量的多少。句法功能上,范围副词都能充当状语,包括句首状语和句中状语。语义指向上,一般范围副词修饰对象与语义指向的对象是不一致的,并且范围副词在语义指向上总是指向指称性成分或数

---

①　朱德熙. 语法讲义[M]. 北京：商务印书馆,2016：195—196.

②　黄伯荣、廖序东主编. 现代汉语(下册)[M]. 北京：高等教育出版社,2012：18—19.

③　除文中列出的语法著作外,几乎每本涉及到词类划分的语法著作中都将范围副词作为副词的次类加以考察。

量成分。能否进入结构槽上，范围副词可以进入[指称性短语＋X＋陈述性短语词]与[体词性短语＋X＋(谓词性短语)＋数量短语]结构槽中。

其次，关于范围副词的再分类问题，也有较多学者进行了研究。李运熹(1993)认为范围副词可以分为三个小类，即表示总括的、表示限定的与表示外加的。肖奚强(2003)《范围副词的再分类及其句法语义分析》从语义指向与句法功能的角度将范围副词分为超范围副词、等同范围副词和子范围副词。其中，超范围副词又分为确超范围副词和下确界范围副词，等同范围副词分为容他性范围副词和排他性范围副词，子范围副词分为上确界范围副词和过半范围副词。明琴(2007)从范围副词的语义特征和功能特征将范围副词分为四个次类，即总括性范围副词、统计性范围副词、限定性范围副词、外加性范围副词。高晓芳(2008)从语义指向角度将范围副词分为指体范围副词、指量范围副词、双指范围副词、排量范围副词与全指范围副词。尹百利(2014)提出从语义特征和句法分布角度对范围副词进行再分类，将其分为限制性范围副词、总括性范围副词、惟一性范围副词与统计性范围副词。王艳梅(2016)从语义指向角度将范围副词分为总括性范围副词、统计性范围副词、限定性范围副词与外加性范围副词。

再次，范围副词的语义指向作为范围副词分类的依据，一直是范围副词总体研究的重点。李运熹(1993)认为范围副词语义指向的成分既有在副词前的，也有在副词后的。明琴(2007)从语义指向角度进行分析，认为“总括性范围副词多是前指、多项、单联副词；统计性范围副词多是后指、单项(有条件限制时可为多项)、单联副词；限定性范围副词多是后指、多项、单联副词；外加性范围副词的情况较为复杂，‘另、另外’是后指、多项、多联副词，‘还、又、再’是双指、多项、多联副词”。并从语义指向角度分析歧义现象的产生与消除。高晓芳(2008)从语义指向角度对范围副词次类划分的合理性进行了论证。尚宇(2010)对每个范围副词的语义指向进行了具体而细致的说明,如"'一共'的语义指向可指向主语或修饰主语的数量短语、谓语、宾语或宾语修饰的数量短语以及数量补语";还对范围副词连用的语义指向进行了描写与分析。此外,李明(2013)《关于范围副词语义指向偏误的考察及分析》、尹百利(2015)《现代汉语范围副词的语义指向分析》和(2017)《与范围副词语义指向相关的歧义问题》、王艳梅(2016)《现代汉语范围副词次类划分和语义指向研究》等文章也对范围副词的语义指向进行了论述。

此外,范围副词的总体研究还着眼于范围副词的作用及句法功能上。王力立(1981)对部分范围副词在八种动词性谓语句中的作用方向进行了考察,认为范围副词按作用方向可分为前向范围副词、后向范围副词与双向范围副词;并提出范围副词在动词性谓语句中,不单能作用于谓语动词,也可以作用于其它成分。杨荣祥(2000)认为范围副词应分属于四个不同的副词次类,四类之间语义特征有别,组合功能更是不同。并从对被饰成分的选择、与其他副词同现时在线性序列中所处的位置、在句法结构中的语义指向三个方面所存在的功能差别对四类副词进行了分析。周小枚(2011)在《范围副词的隐性否定功能研究》一文中从句法、语义和语用三个平面探讨范围副词的隐性否定功能。认为首先从表限定的范围副词和表总括的范围副词两个方面揭示范围副词具有隐性否定的语义功能;接着从句法特征上进行分析,认为范围副词在表达隐性否定的语义时一般出现在动词和形容词前面,此外表限定的范围副词还可以出现在名词和代词前面;在语用上,由范围副词构成的隐性否定句一般含有预设和羡余否定成分。其后,又在《现代汉语范围副词的隐性否定功能研究》一文中对现代汉语范围副词的隐性否定功能进行了更细致全面的描写。尹百利(2014)详细考察现代汉语里 63 个常用范围副词与动词、名词、形容词、数量词的组合分布情况后发现范围副词与动词组合能力较强，与形容词的组合能力较弱，与数量词、名词的组合能力处于中等水平；并通过分布考察发现范围副词不论是修饰动词、形容词、名词还是数量词都充当状语，而不能充当其他句法成分。

最后，范围副词的总体研究还体现在对范围副词研究现状的分析上。由于范围副词研究成果众多，学者们在各个时期不断对现有研究成果进行梳理，出现了一些有关范围副词研究综述的研究成果。鞠彩萍、周建兵（2003）对范围副词的范围、范围副词确定的原则、范围副词的语义指向及语义制约、关于范围副词修饰名词问题等内容进行了综述。连蜀（2006）从副词的分类、范围副词的再分类、范围副词的语法功能和句法分布以及范围副词的语义指向等方面对历年来范围副词的研究进行综合性的阐述。李志忠、张晓宁（2011、2012）从宏观和微观角度整理 1990 至 2011 年间的现代汉语范围副词研究概况。其中宏观研究主要包括范围副词的内部分类、句法功能、语义功能、连用等几个方面；微观研究主要包括范围副词的个案研究和对比研究。毕亚丽（2012）从范围副词的界定、范围副词的分类、范围副词的语义指向研究、范围副词的语法功能研究和范围副词的语用研究五个方面对范围副词的研究现状进行了全面的梳理。

1.3　范围副词的部分研究

关于范围副词的部分研究成果颇丰，主要体现在某一类具体的范围副词研究、某几个范围副词的对比研究和某一个范围副词的研究上。

1.3.1　范围副词的次类研究

范围副词根据语义指向的不同可分为不同次类，这些不同次类都可分别作为研究对象被研究，并由此产生丰富研究成果，涵盖范围副词研究的各个具体方面。

首先，范围副词的次类研究聚焦于总括类范围副词，涉及多个具体方面。徐杰(1985)指出“总括”所反映的是范围副词“都”“全”“净”等同它们限制的对象之间的直接语义关系;并认为总括对象在语言形式上可隐可现;还对疑问代词能否充当总括对象进行了分析。宋云凤(2007)认为古代汉语中的总括范围副词是副词中一个特别的小类,语义指向与谓语有关的相关项;来源很广泛,每个词都有它自己的语义义源,并对每个词的义源进行了分析。张宇(2008)梳理了古汉语总括范围副词研究现状,并选出十几个总括范围副词,对其来源、产生时间、语义指向及其组合功能、句法功能等方面进行综述。车淑娅(2009)对“全都”类单音总括范围副词历时发展进行研究,认为“全都”类单音总括范围副词的成员个数经历了一个由少到多再到少的历时演变过程;从其出现位置来看,用于体词性谓语前的发展趋势大致呈一条平稳下降的斜线,用于谓词性谓语前的则大致呈一条平稳上升的斜线;从其语义指向来看,前指指向主语或与主语有关的对象的发展趋势大致呈一条平稳上升的斜线,后指指向宾语或与宾语有关的对象的则大致呈一条平稳下降的斜线。王丽香(2013)论述了现代汉语“全都”类总括副词的语义功能及其对句法的制约、“全都”类总括副词在行知言三域的选择倾向性、“全都”类总括副词量特征与否定规律以及它们之间的同现与替换规律。王敏(2018)认为汉语总括副词大多来源于动词或形容词,还有一些是由动词引申为形容词再虚化为副词;并选取一些典型总括范围副词从整个汉语发展角度分析汉语总括副词的产生、发展和演变过程。

其次,范围副词的次类研究着眼于限制类范围副词。刘立成(2008)从句法语义、共用连用现象、语篇连接功能等角度对限定性副词进行了全面系统的研究,认为限定性副词可从语义特征角度划分为数量限定和范围限定两个次类;限定性副词内部有连用现象,并且连用时的语序呈现一定的规则性,这种规则性主要是受语言使用中省力原则的支配;限定性副词具有内在的连接功能，这是由其本身的语义特征和分布特征所决定的。姚远(2009)同样从句法语义、共现连用、内部差异和虚化过程四个角度对限制副词进行全面的分析考察。邓慧爱(2010、2012)论述范围副词确立的标准和分类，将其划分为两个次类，并依照汉语史的分期对两个小类每个时期出现的词分别论述，且重点论述限定范围副词演变中出现的既可表限定又可表总括的现象，分析其产生原因与发展过程。许实年、蔡淑珍(2011)将限制性范围副词细分为“言少”类、“言多”类、“过半”类和“估量”类；并对限定性范围副词与名词或名词短语组合进行分析，认为限定性范围副词对所修饰限定的成分具有一定的选择性。熊细滚、许实年(2011)除对限制性范围副词进行次类划分之外还分析了其与动词或动词短语组合的情况，认为限制性范围副词对所修饰限定的成分同样具有一定的选择性。

此外，范围副词的次类研究还涉及到其他类范围副词。涉及唯一性范围副词的如刘立成(2005)对唯一性范围副词语义功能、句法分布、语用选择、重叠、共现连用与在对外汉语教学研究中的应用等方面的分析。涉及外加类范围副词的如张烨(2009)对外加类范围副词的确定及语义指向的分析，认为外加类范围副词主要包括还、又、也、再、另外、另等副词，并逐一对具体的范围副词的语义指向进行分析。涉及排除类范围副词的如温婷、魏玉清(2010)对排他性范围副词进行界定，认为排他性范围副词为仅(仅)、就(是)、只(是)这几个词；并从英汉对比的角度对排他性范围副词的语用功能进行分析，认为其语用功能在于对后续信息的强调与确指、对后续信息的补充说明、起过渡性作用以及避免话语转折突兀的功能。

1.3.2 范围副词的对比研究

范围副词的对比研究大部分集中在类似的几个范围副词之间，小部分涉及到跨语言的对比分析。

一方面，范围副词的对比研究主要聚焦于汉语某一类范围副词内部几个相近的词之间的对比。如谭翠、郑贤章(2006)、刘建东、任海波(2006)、张传霞(2007)、路炜(2007)、杨洋(2008)、刘红妮(2008)、陈勇(2008)、刘霜华(2008)、杨欣烨(2013)与丁静、王海峰(2014)等人都对“一律”与“一概”进行对比分析，分析了其产生和发展、词汇化和语法化历程以及用法上的差异。涉及遍指义总括性范围副词对比研究的如辛慧(2012)、王丽娜(2014)、周洪艳(2017)与范诗雨(2018)等人对“处处、到处、随处、随地”等的对比分析，汤彬(2018)与王静(2018)对“统统、通通”的对比分析。涉及特例性范围副词对比研究的如赵玉梅(2013)、郑舫(2014)与姜益欣(2015)对“单、单单”的对比，王翠环(2015)对“独、独独”的比较研究，姜益欣(2016)对“光、光光”的组合能力考察，武荣强(2010)、王琪(2012)、张倩颖(2012)、李嘉璇(2016)与鲁志杰(2019)等人对“单、光、仅、只”的对比分析。涉及限定性范围副词对比研究的如孙莉杰(2015)与李婧婷(2017)对“就、不过、只是”等词的对比。涉及估量范围动词对比研究的如石文娟(2013)与杨越(2018)对“大半、多半、大多”共时与历时的对比，王雪梅(2019)从语义、语法、语用方面对“起码、至少”的对比分析。

另一方面，范围副词的对比研究涉及到不同语言对应词之间的对比。涉及英汉对比的如赵永新(1980)的《谈汉语的“都”和英语的“all”》，文中对汉语的“都”和英语的“all”从词性、词义、语法功能以及词在句中的位置四个方面进行对比，认为“都”和“all”在这四个方面相同的地方少，相异的地方多。涉及汉语与印尼语对比的如 SHERYNPARAMITAHARTLAND(陈羽琳)(2016)的《汉语范围副词“都”与印尼语“semua”、“seluruh”与“-pun”对比分析》与 JULIANAGUNAWAN(黄丽蓄)(2016)的《汉语范围副词“全部”和印尼语对应词“seluruh”、“semua”和“segenap”的对比及偏误分析》。涉及汉语与泰语对比的如覃冬冬(2015)的《汉语副词"都"与泰语副词"LUAN"的比较》与潘大雄(2016)的《汉语副词"只"与泰语副词"[p～hia]"的对比》。

1.3.3 范围副词的个案研究

范围副词的个案研究在范围副词部分研究中占重要地位,其研究成果是范围副词的部分研究中最多的,涉及诸多方面的内容。

首先,范围副词的个案研究中关于"都"的研究是最全面且最深入的,已形成了关于"都"的全面的理论框架与广泛的应用实践。于红梅(2007)、李军(2010)、卿芝花(2013)和王丹彤(2016)等对"都"的研究现状作了综述,其中李军梳理了"都"的句法语义研究现状,卿芝花对"都"的语法意义进行了总体的综述。杭仁童(1985)、杭仁童、孙莲芬(1986)研究了"都"的逻辑作用,认为"都"表总括,且着眼于某一类中的个体,可以此辨别集合概念和非集合概念。张爱民(1987)、彭砺志(1991)、王红(2000)、张洋(2005)、刘振平、刘倩(2006)、范闻鹤(2010)、吴闲荣(2011)和刘方圆(2018)等从句法、语义、语用等方面对"都"进行研究,并构建了"都"的语义网络。陈子骄(1996)、于宏(2004)、詹卫东(2004)等分析了"都"的语义指向。康振栋(2009)、刘富华、祝东平(2009)、葛婷(2013)等考察"都"与其他成分共现的情况,包括与否定词、时间词、协调副词等的共现。张谊生(2003)、孟艳华、王健(2005)等对"都"的限制条件进行说明,前者分析其位置,后者考察其选择限制。张谊生(2005)对副词"都"的语法化与主观化过程进行分析。蔡森(2012)从方言的角度研究开封话中的"都"。永胜柏森(1987)、张道俊(2007)研究"都"字句的相关内容。

其次,范围副词的个案研究涉及内容广泛,包括各个次类中的典型成员;对某一具体范围副词的分析角度也较全面,涵盖多种内容。其中,涉及语法化内容的有杨佳(2010)《"凡是"的句法功能及其语法化过程》、叶蕾(2011)《"既"的语法化》、张惟、高华

(2012)《自然会话中“就是”的话语功能与语法化研究》、邱峰(2012)《副词“并”的语法化》、辛慧(2012)《HSK丙级词汇“到处”的语法化》、兰碧仙(2012)《论“唯”从语气副词向范围副词的转化》、罗梦劼(2013)《浅议范围副词“仅”的主观化》、韦司乐(2014)《网络流行词“单纯”的范围副词化研究》、冯璠(2018)《定中结构“大略”的词汇化与语法化》。涉及语义内容的有王丽君(2000)、周韧(2011)、王小穹(2011)、吕俞辉(2011)、邓根芹(2012)、吕丹(2013)和张可心(2016)等,其对“只、全、统统、尽、至少”等词的语义进行了分析。涉及历时演变内容的有武振玉(2005)《试论副词“总”的产生与发展》与《试论副词“全”的产生与发展》、夏焕乐(2019)《“莫不”的历时演化过程》。此外,詹鄞鑫(1995)、夏青(1996)、夏燕(2003)、周建姣(2004)、王华(2006)、金莹(2007)、王岩(2008)和夏焕乐(2018)等还探究分析了“率、颇、大抵、莫不皆在、独、就、无非”等范围副词。

1.4 范围副词的专书研究

范围副词的专书研究是以某一本具体的著作或某一时期的文学作品为研究对象,考察作品中与范围副词相关的内容。其研究内容全面,既涉及总体研究,也涵盖部分研究。

首先,范围副词的专书研究主要集中于总体研究。大部分研究以某一本文学作品为对象分析有关范围副词各个方面的内容,张景霓(1999)、季琴(2002)、欧阳戎元(2003)、回敬娴(2007)、冯军(2008)、张劲秋(2009)、林松(2010)、李熠(2010)、王金芳(2010)、李玉(2010)、刘勇(2010)、杨瑞彬(2011)、杨艳华(2011)、董付兰(2011)、张巧(2011)、王金芳(2011)、潘贵彬(2012)、陈迎娣(2012)、郭爱涛(2015)、高欣(2016)、邓慧爱(2017)、程文文(2018)、谭晓娅(2018)、王健(2018)等都对某本著作中的范围副词进行了综合研究,涵盖各个时期各种类型的文学作品,如《左传》《三国志》《荀子》《诗经》《红楼梦》《世说新语》《唐语林》《元刊杂剧三十种》《摩诃僧祇律》等。一部分研究以某一时期或某个人的文学作品为对象考察其中与范围副词相关的内容，如武振玉(2010)《殷周金文范围副词释论》、郃迪(2012)《李白乐府诗中的范围副词研究》、邓慧爱(2015)《明清白话小说中不同次类范围副词的连用》、程文文(2018)《先秦两汉范围副词研究——以出土医书为中心的考察》。

其次，范围副词的专书研究包括范围副词的次类研究。李杰群(1996)、白银亮(2000)、武振玉(2002)、张劲秋(2003、2008、2010)、刘光明(2005、007)、李玉娇(2006)、宋云凤(2007)、许敏云(2011)、薛倩倩(2012)、王丹(2012)、苏华、唐韵(2012)等以具体著作为对象研究总括类范围副词相关内容；孙淑营(2009)、张劲秋(2009)、杨娟(2010)、曲美丽(2012)、王洪秀(2018)以具体著作为对象研究其中与限定性范围副词相关的内容。

再次，范围副词的专书研究涉及范围副词的对比研究。如张文轩(1989)《〈老乞大〉〈朴通事〉中的“但、只、就、便”》、唐为群(2004)《〈百喻经〉中的副词“都”和“相”》、蔺佳影(2010)《〈西游记〉总括范围副词“都”“皆”比较研究》等。

最后，范围副词的专书研究还涵盖个案研究的内容。肖兴(2000)、李强(2004)、张国艳(2006)、吕晶晶(2010)、朱少峰(2011)等对著作中“皆、都、最凡、就”等词进行了考察。

此外，范围副词的专书研究还涉及副词次类比较的内容。如高娣(2008)从历时、共时以及同经异译三个方面对鸠摩罗什译经中的范围副词和程度副词进行比较。

1.5 范围副词的对外汉语教学研究

近十年来对范围副词的研究更加侧重实践应用方面，范围副词研究的重心不断向对外汉语教学相关方向偏移。范围副词的对外汉语教学研究主要涉及留学生对范围副词的习得与偏误分析、范围副词的对外汉语教学方法与效果、面向对外汉语教学的范围副词研究等方面的内容。

第一，范围副词的对外汉语教学研究侧重留学生学习范围副词的偏误分析。阮氏雪(NGUYEN THI TUYET)(2012)、王艳琳(2012)对越南学生学习汉语范围副词的偏误进行了分析。李卉(2013)、李南南(2016)、胡云晚、孙宏茂(2018)分别分析了留学生学习总括类、排他类、限定类范围副词的偏误。谷雨(2015)、罗金亮(2016)、于爱静(2016)、胡雪(2016)、李君会(2017)、张黄忠(2017)等分别考察留学生学习某几个典型范围副词的偏误。胡蓉洁(2012)、徐萌萌(2012)、董瑶(2013)、刘奕男(2014)、黄慧婷(2014)、陈氏贤(2015)、EKA FATMAWATI(方小静)(2015)、李秀侠(2015)等分析了各个国家留学生学习范围副词"都"的偏误；万素花(2008)、李娜(2012)、杨静(2017)等分析了留学生学习范围副词"就"的偏误。

第二，范围副词的对外汉语教学研究包括留学生对汉语范围副词的习得研究。刘雯(2012)、方龙凤(2013)、刘明香(2013)分别考察留学生习得限定性、总括性范围副词的情况。杨柳(2009、2012)、伊格(AHMET GUNC)(2014)探究了留学生习得典型范围副词的情况。孙旭虹(2010)、姜莉(2015)、易乐(2016)、鲍佳瑶(2017)、易宇婷(2018)分析了留学生习得范围副词"都、大都"的情况。

第三，范围副词的对外汉语教学研究涉及范围副词的对外汉语教学方法、设计和教学效果方面的内容。林芬(2015)、王宠惠(2015)分别探究了范围副词外汉语教学的教学策略和教学设计。钟洲毓(2014)研究了对外汉语总括性范围副词的教学。邹岚(2010)、杨柳(2011)、曹妍(2012)、林欢(2013)、毛远帆(2014)、徐雅晴(2016)、齐增燕(2018)、杨雪(2019)等对几个典型范围副词的教学策略与方法进行了探究。戴黎红(2008)分析了多媒体环境下对外汉语副词"就"的教学效果。

第四，范围副词的对外汉语教学研究还涉及到面向对外汉语教学的范围副词研究。如宋瑞凡(2018)从对外汉语教学的角度考察了汉语范围副词连用现象，王芹(2009)从对外汉语教学的角度对"都"类总括范围副词进行对比分析。

总的来说，关于范围副词的研究已经十分全面深入，已形成关于范围副词的全面系统的理论框架，并呈现以下特点：第一，研究角度多元，包括词汇、语义、语法、语用等多个角度。第二，研究内容广泛，既侧重理论研究，也包括应用分析；既包括汉语普通话中范围副词的研究，也包括方言中范围副词的分析；既包括现代汉语范围副词的研究，也涵盖古代汉语范围副词的研究；既包括汉语范围副词的分析，也涉及外语范围副词的研究。第三，研究方法多样，包括语料库法、比较法、共时与历时相结合的方法、定性分析与定量分析相结合的方法、依靠多媒体信息技术的方法等。但仍存在一些不足，如范围副词的研究集中在典型成员上，极少研究其中较为边缘的成员；对范围副词的研究以语义为主，功能研究较少；范围副词次类划分标准具有主观性，次类划分结果复杂。这些问题都值得进一步探究。

张谊生(2004：85—86)认为范围副词都是用来限定范围的，并将汉语范围副词分为三类：统括性、唯一性和限定性，这三种分类较为清晰；但我们认为有一点不可取，即既然三者都是限定性的，那么唯独其中一种叫限定性范围副词，便有所不妥。故我们在此基础上重新分类，按照我们对范围范畴的分类系统，首先将范围副词分为确定范围副词与不确定范围副词，再将前者分为全量性范围副词与唯一性范围副词。从肯定形式来说，范围副词都表示限定范围，其否定形式则隐含排除关系。下文我们就从这三类范围副词的基本句法语义特点入手，并在范围范畴的框架内考察范围副词的连用现象，相近范围副词的用法对比及其与否定词连用的情况，以揭示范围副词的内在规律。此外，还对中英语一些语义近似范围副词的用法进行比较，试图寻找汉语范围副词的类型学特征。

2. 全量范围副词及其句法语义特点

2.1　典型全量范围副词的用法

我们根据张谊生(2004：85)所界定的统括性范围副词，认为比较典型的有以下这些：都、全、尽、净、统、通、共、凡、皆、俱、全都、全然、统统、通通、总共、一共、但凡、凡是、一律、一概等。

2.1.1　对象前置或后置

根据所概括的对象位置，范围副词可分为两种：一种是对象前置的类型，一种是对象后置的类型。其中全量性范围副词也常被分为这两种类型；更准确地说，可分为三种类型，包括对象前置类、对象后置类、对象可前置可后置类，表现在语义指向上即为只能前指类、只能后指类、可前指可后指类。

1) 只能前指类

"全"作为范围副词是只能前指的(对象前指)。而"全"的特殊性在于，作为名词或名素，限定对象在其后；而作为副词，限定对象在其前。例如：

(1) 酒店里，街上，都没有人，大家全"看热闹"去了。(维克多·雨果《悲惨世界》)

(2) 全世界人民要保卫世界和平，战胜帝国主义的战争阴谋，就必须团结起来，坚持斗争。(《人民日报》1960-05-20)

例(1)中"全"作为范围副词前指范围成分"大家"，表示全量；例(2)中"全"作为语素后指范围成分"世界"，同样表全量，但指向其后。

"全都"是两个全量范围副词的组合，现已通过词汇化固化成词，语义指向前面的对象。其构成成分"全""都"本就偏于前指，叠加后该功能更加强化，组合只能前指。例如：

(3) 贝特丽丝："是吗，殿下？开头儿，他为了开心，把心里话全都'开诚布公'；承蒙他好意，我就不好意思不加上旧欠，算上利息，回算他一片心，叫他'开心'之后加倍'双'心；所以您说他'伤'心，可也有道理。"(莎士比亚《无事生非》)

(4) 每周与每天一样，每月与每周雷同，年复一年，岁岁年年，全都一个样。(玛丽卡·乌夫基尔《女囚》)

上例中"心里话""岁岁年年"作为"全都"前指的对象只能前置，无法后移。

"统统"与"通通"用法类似，都明显前指。例如：

(5) 进入市场，信息查询、发布、传输全部电子化操作；失业登记、求职登记、职(创)业指导、素质测评、职业介绍、招聘洽谈等，统统"一站式"服务。(《人民日报》2013-06-10)

(6) 这本书里，作者没有用一个"它"字来指称鸟类，而是把它们通通"升格"为"他"和"她"。(《人民日报海外版》2004-05-28)

上例中"统统"前指其限定的成分，无论是复杂对象成分如"失业登记、求职登记、职(创)业指导、素质测评、职业介绍、招聘洽谈等"，还是简单对象成分如"它们"，都前置于"统统"。

三个类似用法的"一律""一概""一齐"也都前指。例如：

(7) 从今天开始，信件一律要检查，家属一律不准探望。(张贤亮《灵与肉》)

(8) 他们的命运，是无用了，不知如何处置，一概上山下乡，向贫下中农再学习。(李碧华《霸王别姬》)

(9) 猫蛋和狗蛋几乎一齐"哇"地哭出了声。(路遥《平凡的世界》)

"皆"基本前指对象成分。例如：

(10) 坐起皆席地，两膝据地，伸腰危坐，而以足承尻后，若趺坐，若蹲踞，若箕踞，皆为不恭。(周作人《日本的衣食住》)

(11) 还有五分之一认为，和平的希望在俄国与革命，两者皆不可缺。（艾瑞克·霍布斯鲍姆《极端的年代》）

“俱”也都是前指。例如：

(12) 5月10日晚8时40分左右，降了20分钟的暴雨和冰雹，降雨量达45毫米，五六分钟后，泥、砂、水、石俱下，仅30分钟，就造成重大损失。（《人民日报》1982-08-10）

总的来说，对象前置类全量范围副词的语序是固定的，对象成分只能前置于范围副词，无法后移，在语义指向上便表现为只能前指。前置成分无限制，可简单可复杂、可具体可抽象，范围副词的作用便在于将其量化，限定前指对象范围的全量。

2) 只能后指类

“凡”基本只能后指于对象。例如：

(13)凡一个人无缘无故的，藏在旅馆里头整个星期，绝对没什么好事，你要是撞破了人家的秘密，于你一点好处没有，恐怕反要惹出别的枝节来呢。（张恨水《春明外史》）

(14) 凡上台的人，都得先自打算一下：我是要选哪一种呢？病有了，上台后，就有恃无恐，说话声音可以放响亮些。（林语堂《论政治病》）

例(13)中“一个人无缘无故的，藏在旅馆里头整个星期”是一个事件，但在句中是以个量表全量，并通过“凡”加以凸显；例(14)“凡”限定后置对象“上台的人”的全部外延。

类似用法的双音节范围副词“但凡”“凡是”也只能后指。例如：

(15) 二是语言要本土化，但凡“出海”成功的手机应用，几乎都能向全世界用户实现零盲区，社交、内容、游戏、电商、支付类的手机应用更是如此。（《人民日报海外版》2016-05-30）

(16) 凡是10厘米深度以下的土壤，含盐量均低于0.3%，棉籽可以出苗；凡是在10厘米深度以内，含盐量均高于0.5%，棉籽

无法承受。(《人民日报》1988-10-12)

只能后指的范围副词也可与其他表范围的成分共现，如例(16)中“凡是”与“以下”“在……以内”等限制范围的成分共现。

“全然”也是后指。例如：

(17) 一个舞蹈方阵足有三四十人，汉子们反复着一种简单的颠步及弯腰动作，嘴里哼着小曲，全然一副自我陶醉的憨态。(《人民日报》1999-03-28)

上例中“全然”是不是也前指(汉子们)？我们认为，“全然”是后指，因为可以把“汉子们”换做“他”同样能说，是比较确定的后指用法；且从“全然”本身来看，“然”有“……的样子”之义，在语义上更适切于后置成分“一副自我陶醉的憨态”。

总的来说，对象后置类全量性范围副词所限定的对象只能后置，不能前移，在语义指向上表现为后指。该类范围副词与后置对象成分结合表示全量范围，后指的对象成分即使为单量，与该类范围副词结合后也以单量表全量。这也是其与对象前置类全量范围副词的区别所在，对象前置类的前置成分只能为复量，而对象后置类的限定对象可以单量转指全量事件范围。

3) 可前指可后指类

“都”一般被认为是典型的语义前指副词，例如：

(18) 但他们只是喝着我留在车里的从南方运来的私酿的威士忌，在一起聊聊天而已。一切都乱了套了。(杰克·凯鲁亚克《在路上》)

(19) 你老人家四世同堂福气好，我六十一岁，这个月刚退休，生有一儿一女，都三十上下了，还没孩子。(《人民日报》1987-01-29)

但汉语语序的灵活性是不言而喻的，“都”同样有后指的例子。例如：

(20) 这两本书都附有勘误表，上面所列的错误都有几十处之

多，可谓惊人。(《人民日报》1986-09-12)

(21) 今天，杏花姑来送年糕，又说起了阿青叔。都三十多年了，阿青叔还是没有下落，要评烈士也找不到证人、证据。(《人民日报》2016-08-24)

当然，我们也可将其理解为特殊的句型。例(20)属于领属分裂句，领有成分后置句末，“都”在语义上指向后置成分，甚至可以说前后兼有；例(21)中“都+数量”构成表示意料之外的构式，如“都一米八啦”“都二十了”，后面的数量成分与句末语气词是必须共现的，故限制对象后置，当然在这个构式中，“都”的范围义被抑制，很弱，被认为是一种语气。从这个意义上讲，“都”基本还是前指的；只不过由于范围副词“都”是高频词，会在使用中浮现一些新的用法，或出现在特殊构式中，才偶有后指用法。

“尽”一般被认为是语义前指的，如例(22)，但也有后指的用法(可能被作为动词看待)，如例(23)。例如：

(22) 红叶独占香山，摆开赤红八阵图，俨然香山之王，香山之魔，引天下众生尽来匍匐朝拜，而红叶自身，永远扎根本土，叶红叶落，只在香山。(《人民日报》2001-09-13)

(23) 中华全国总工会正在热烈地响应世界工联的号召，发动全国工人广泛地开展增产节约运动，加强祖国的国防建设与经济建设，尽一切力量来支援你们，支援朝鲜前线，争取抗美援朝早日取得最后的胜利！(《人民日报》1952-06-26)

例(22)中“尽”前指“天下众生”；例(23)中“尽”后指“一切力量”。

“净”一般被认为是前指的，如“椅子净是坏的”，但也不排除后指的可能，例如：

(24) 他脑子里净想着你推荐他读的一些书，还想同你交换读书心得。(简·奥斯汀《劝导》)

(25) 老奸巨滑的苏格兰守财奴，净写一些溜须拍马的报道。(詹姆斯·乔伊斯《尤利西斯》)

作为范围副词的“总共”“一共”主要是后指。例如：

(26) 哈特郎今年一共种了50亩哈密瓜，按一亩地收2000公斤瓜，每公斤6角钱计算，他估计今年种瓜能卖个六七万元。(《人民日报》)

(27) 第七届世界武术锦标赛今天全面展开，首日总共产生了7项套路赛金牌，实力雄厚的中国队夺走了其中3枚金牌。(《人民日报》2003-11-05)

“共”作为范围副词，主要是后指，但偶尔可前指。例如：

(28) 尤其是最后一天比赛共产生10枚单项金牌，而中国体操队只收获了其中的3枚，对这一结果，观众是不满意的。(《人民日报》2001-08-27)

(29) 美国国防部同时承认：美国在海外的所有驻军共占“全国三军武装部队的百分之四十以上，近六十万人”。(《人民日报》1950-05-13)

例(28)中“共”确定后指；而例(29)中“共”看做前指或后指，似乎都可以。

2.1.2　标记作用与系联功能

张谊生(2004：90)根据句法功能的不同，把统括性范围副词分为附体词和附谓词两大类，其中对附体词的界定是虽可以修饰谓词性词语，但主要修饰体词性词语；并认为附体性、附谓性是与对象后指、对象前指相对应的。我们大致同意张先生的观点，但同时认为，这种附体性与附谓性都不是绝对的。

我们的基本观点是，范围副词与范围对象共同来表达范围意义，单独一个成分是无法表达范围范畴的，从这个意义上讲，范围副词起到标记范围语义的作用，所以，所谓附体性其实是标记前置，附谓性是标记后置(虽然句法上这样的范围副词被处理为状语)。上节我们其实已经分析过，全量性的范围副词很多是可以出现在两个位置的，这也佐证了我们的观点。

还有一个重要的特点是，当范围副词后指紧连的对象成分时，整个范围成分与对象之间需要其他成分（很可能也是范围副词或其他表示范围义的成分）与之组配，也就是说，范围成分在某种意义上又起到联系句子范围成分与后面的成分（特别是谓语成分）的作用，即既有标记作用又有系联作用，只不过后置性的范围副词刚好兼顾了这两个方面的功能。

全量性的范围副词只能后指的主要有"凡""大凡""举凡""凡是""是凡"几个，一般只用于句首，限定后面的对象成分，但因为在句首，只起到标记作用，系联功能很难兼顾，这就需要另一个成分来承担这样的功能。例如：

(30) 凡一个人无缘无故的，藏在旅馆里头整个星期，绝对没什么好事，你要是撞破了人家的秘密，于你一点好处没有，恐怕反要惹出别的枝节来呢。（张恨水《春明外史》）

(31)凡是《圣经》上说的都是合于英国国教的。《圣经》上甚至还有一个例子：有人养了一个孩子，取名埃勃纳海昆或者梅立雷显特，意思就是"贤人的儿子"。（维克多·雨果《笑面人》）

(32) 大凡一个人，自己所做的事即使客观上是错误的，也不容易承认其不对。（吴浊流《亚细亚的孤儿》）

(33) 是凡一件事，他若一觉得悲观，他就先逃。逃到哪里去呢？他自己常常也不知道，但是他是勇敢的，他不顾一切，好像洪水猛兽在后边追着他，使他逃得比什么都快。（萧红《马伯乐》）

上面的例子很明显地显示了范围副词"凡""凡是""是凡"都在所指对象的前面（也在整个小句的前面），其主要起到标记作用，但起不到系联作用（联系后面的成分），而这个系联功能则由其他成分完成，如其他副词（绝对、都）、关联词（即使……也，一……就）来完成。

2.2 全量范围副词的连用情况

范围副词之间的连用现象很普遍，也引起了学界广泛的注意，研究范围副词的文献基本都会提及。范围副词连用的语法效果是非常明显的，如"全都"已经凝固为一个词了，且凝固后只能前指。鉴于学界研究的普遍性，我们不专注具体的连用情况，而是关注连用后的功能变化，根据原来范围副词的前指或后指性，我们把连用分为"同指叠加"与"异指共指"两类。

2.2.1 同指叠加

"同指叠加"指的是指向相同的两个全量范围副词叠加连用，起到强调的作用。"同指叠加"主要是前指范围副词的叠加。例如：

(34) 我们的小船好几天以来，皆一同停泊，一同启碇，我虽不认识他，他原来早就认识了我的。(沈从文《一个多情水手与一个多情妇人》)

(35) 因为，这些精疲力竭的小家伙已经统统都一命呜呼了。(法布尔《昆虫记(典藏)》)

(36) 嘿——多么胆小呀——没胆量去获取你最渴求的——姿色——财富——地位——你物质上、精神上的每一个欲望，通通都得到满足了。(西奥多·德莱塞《美国的悲剧》)

例(34)是"皆"与"一同"共现，强调"我们的小船"的同步性；例(35)的"统统都"、例(36)的"通通都"也是同理。这些例子中单用一个范围副词也是可以的，连用则是一种强调。

2.2.2 异指共指

"异指共指"指的是两个范围副词一个前指一个后指，指向同一个对象，后指的起到标记作用，前指的既有标记作用，还有系联作用。例如：

(37) 他们俩都想弄个美丽的核耀，凡一个人所能做到的自我的熔耀全做出来，以博得民众一时欢心。(戴维·赫伯特·劳伦斯《查泰莱夫人的情人》)

(38) 我首先要知道身高，凡是5英尺8英寸以上的都算涉

嫌。(弗·福赛斯《豺狼的日子》)

(39) 大凡"圈子"里的人,可以说都有居心叵测之目的,有不可告人之龌龊,因此像这样的一个"圈子",它所具有的性质也就决定了它必然会是一个极其自私的"圈子",同时也只能是个极为残酷的"圈子"。(张平《抉择》)

上面的后指范围副词"凡""凡是""大凡"与前指范围副词"全""都"组合使用,共同指向对象。

2.3 相近全量范围副词的用法比较

2.3.1 一律/一概/一齐/一并

这几个含有同一语素"一"的范围副词语义和功能都比较接近,"一"有"整""全"之义,故这几个范围副词归为全量范围副词,在语义指向上都是前指的,一般的句法位置是在谓语前。经常可以互换使用。例如:

(40) 因为对方由一个百万富户领头儿,人家有一支棒子队,平时该干活就干活,一有了事情就携上家什动手,棒子抓钩,长刀火枪一齐上。(张炜《你在高原》)

(41) 巴奴日说:"我接受他说的结婚;其余的一概不接受,我请你相信,在女人和马匹方面,世界上没有一个人有我的命好。"(弗朗索瓦·拉伯雷《巨人传》)

上面例句中的"一齐""一概"都可以换为其他三个,语义上没有大的变化。

但它们也有一些用法是有差异的,不能互相替代。如"一齐"强调不同主体对象动作行为的一致性时,是不能用其他三个替换的。例如:

(42) 到后来,四个一齐上。周围的人大家伙把赫连都一围,拥着他进了胡同。(汪曾祺《星期天》)

我们无法说"四人一律上""四人一概上""四人一并上",要么语义不通,要么语义有变。

再如"一并"表示"化零为整的整体性"时，也是不能够被其他三个替换的。例如：

(43) 我刚才忘了顺便提起，蕾伊小姐，现任房主也考虑把家具一并出售，当然，如果价格合理的话。(米涅·渥特丝《女雕刻家》)

"把家具一齐/一概/一律出售"即便可说，也与"把家具一并出售"语义有差异，后者是一个整体，还有动作行为时间上的一致性。

此外，当表示"不同对象/方面作同样处理"的意思时，对象间的差异是客观存在的，这种情况下更适合"一律""一概"。例如：

(44) 森的父亲也有同龄人所有的进了理科就轻蔑文科的那股劲儿(我们的青春是在原子弹使我们战败、都却又达到了汤川博士获得诺贝尔奖的科技至上时代中度过的啊)，而且，他表里如一，对于写东西的人的想象力和驾驭语言的能力，一律不分青红皂白地吹毛求疵。(大江健三郎《摆脱危机者的调查书》)

(45) 不仅是说话，写文章做事也都一样，一概不上账，不认账。(巴金《随想录》)

范围副词"一律""一概"的差异较小，基本可以互换；但各有一些固定性说法，是不能随意替换的，如"一概而论"不能说成"一律而论"，"一律免费"一般不说"一概免费"。

2.3.2 都/皆/全/净

"都""皆""全""净"都属全量范围副词，都前指于对象，用法比较接近，有时可以互相替代。例如：

(46) 自汉以来，余姚名家辈出，中国十大思想家中的两位：王阳明和黄宗羲都是余姚人。(《人民日报》2002-04-10)

(47) 第一次乘坐无人售票车的我，发现自己钱包里全是10元一张的钱。(《人民日报》1997-04-07)

(48) 可光有秧歌没有唱还显得不"火爆"，还不能说出心里话，唱吧，旧秧歌词净是"一进大门抬头观，观观财主的灯笼杆"那

一套。(《人民日报》1965-12-08)

(49) 自从女角萝一到了大方剧团,一切人皆不用了。(沈从文《一个女剧员的生活》)

上例中的范围副词一般来说,都可以替换为另外三个,且替换后对句法语义都无影响,可见其语义上和用法上都有共性的一面。

但"都/皆/全/净"本质上属不同的词,即使十分接近,仍会有所不同,并体现在句法、语义或语用上。

首先我们看"皆""净"。"皆"仍留文言的用法,可以直接带名词性宾语;"净"也可以,但明显是口语用法。例如:

(50) 曾经发表反杨荫榆宣言的女师大教员七人,有三人在内,皆"某籍"。(鲁迅《而已集》)

(51) 往后这个社可闹不好啦,人们净三心二意的,一脚踏着两只船。(《人民日报》1954-04-26)

"皆"与其他三个范围副词的区别主要就在于语体色彩不同,"正式体"色彩明显,不适合在口语中出现。而"净"与其他三个词语不同的是,它所指向的对象适合是一个整体的对象,不适合多个体的组合;且具有口语化色彩与强主观性。例如:

(52) 戴上它,什么工商管理费、治安费、交易税、租场费都不用交了,每天只要交1元钱的卫生费就行了!(《人民日报》1997-05-07)

(53) 哎呀,乔治,你真不是个东西!一个星期七天净干丢脸的事。(柯南·道尔《失落的世界》)

例(52)虽也具有口语性,但有一定的客观性,其中的"都"不适合替换为"净";例(53)则更明显地反映了"净"的口语特点和主观性强的功能。

"都"与"全"的共性较多,能互换的情况也常见,但也有一些差异。如所指对象是任指的对象时,或在一些固定搭配如"连……都"中时,则不宜换为"全"。例如:

(54) 是啊，人死了，哪里都一样。不过，如果是桂川，我可不喜欢呢。(连城三纪彦《一朵桔梗花》)

(55) 现在倒好，连这吴山圆洞门的小院子都保不住了。(王旭烽《茶人三部曲》)

如果说例(54)中的"都"换作"全"还勉强可说的话，例(55)中的"都"一定不能换作"全"。

2.4　全量范围副词与否定词搭配的句法语义特点

在含有全量范围副词的小句中，如果出现否定词，还表全量范围吗，或表示排除范围？我们认为仍可表全量范围，只不过是一种否定性的行为解读。例如：

(56) 英雄天生不知天高地厚，对什么都不在乎。(让·热内《小偷日记》)

(57) 凿开的银块全是不足数的，另外得要加铅。(司马中原《狂风沙》)

(58) 他绕着静悄悄的岸边划过一圈以后，心想就这样放舟自流，放舟自流——在这一望无际的空间——什么事都谈不上有什么目的——没有阴谋——没有计划——也没有实际问题急待解决——什么都通通没有。(西奥多·德莱塞《美国的悲剧》)

(59) 总之对方对青豆的行为呀，去向呀，一概不知。(村上春树《1Q84BOOK3》)

上述例子实际上仍反映的是对"所有的东西""所有的银块""所有的一切""所有的行为"的全量限定，只不过之后的行为解读是否定的。

3. 唯一范围副词及其句法语义特点

3.1　典型唯一范围副词的用法

根据张谊生(2005：85)等所界定的限定性范围副词，我们认为典型的、常用的唯一性范围副词主要有：单、才、只、光、仅、就、惟、唯、偏、独、徒、单单、仅仅、独独、偏偏、唯独、独自等。唯一性范围副词内部也具有一些对立特征，如直指与隔指、范围显性与隐性、唯一与不唯一等，造成唯一性范围副词内部的差异。

3.1.1 直指与隔指

唯一性范围副词在语义上基本是后指的，有的与指向对象直接组合，也有的中间隔着其他词语，特别是谓词。例如：

(60) 两年的同学，多少次的接触，数不过来的小小的亲密，马路上迎面过来一队女兵。只一眼，他收进多少纯洁的脸，正气的眼神，不体面的制服，短而努力前进的腿。(老舍《火车集》)

(61) 单从《信使报》报道的第一次私奔来看，咱们很容易产生一种想法：这个海员就是那个最初引诱不幸姑娘的“海军军官”。(爱伦·坡《罗杰疑案》)

(62) 可是，汤姆，单论干活，你绝不能像在我这儿一样穿得舒适，过得舒心哪！(比彻·斯托夫人《汤姆叔叔的小屋》)

(63) 现在这些问题都解决了，只剩下了最后一个问题：无双到哪儿去了。(王小波《怀疑三部曲》)

上例中的“单”“只”在语义上都是后指的，其中例(60)—(62)都是与对象的直接组合，例(60)“只”与名词性成分“一眼”组合，表示量的单一性；例(61)“单”与介词结构“从《信使报》报道的第一次私奔来看”组合，表示条件的唯一性；例(62)“单”与动宾结构“论干活”直接结合，表示议论切入点的唯一性。例(63)隔着动词“剩下”指向对象成分“最后一个问题”，表唯一量。

3.1.2 范围显性与隐性

唯一性范围结构中，因范围副词所指对象在其后，而且为唯一对象，从语义上看，应该还存在一个表全量或整体的成分，这个成分可能显性存在于语法结构中，也可能隐没在句中。例如：

(64) 眼下，钱谦益倒是忽然想起了另一种奇怪的情形，那就

是刚才在端门外等候时，王铎固然没等着，但阁臣中也只到了马士英一人。（刘斯奋《白门柳》）

（65）一个军队，没有马鸣，没有旗帜，没有刀枪，没有行列，只在一片热沙上奔跑着无数的裸体猫人，个个似因惊惧而近乎发狂，拚命的急奔，好似吓狂了的一群，一地，一世界野人。（老舍《猫城记》）

（66）当基蒂走了，只剩下列文一个人的时候，他感到她不在他是那样心神不安，那样焦急地盼愿明早尽快尽快地到来，——到明早他会再看见她，而且和她永订终身"哦，那么还不是死的时候吧？"（列夫·托尔斯泰《安娜·卡列尼娜》）

例（64）—（65）中表整体或全量的成分"（所有）阁臣""一个军队""全身"是显性出现的，例（66）中表整体或全量的成分是相对隐性的，如"基蒂＋列文"。

3.1.3　唯一与不唯一

我们把这类范围副词称为唯一范围副词，其实不够准确（只是没有找到一个更合适的名称取代），因为有时范围副词指向的对象并限于"一"这个概念，而是在说话人或叙述人看来"少"的概念，该情况下说话人带有较强的主观性。例如：

（67）酒后的一次访问，竟种下了恶根，在前年的岁暮，前后两三个月里，弄得我心力耗尽，一直到此刻还没有恢复过来，全身只剩了一层瘦黄的薄皮包着的一副残骨。（郁达夫《南行杂记》）

（68）知道么，我就是在这样的家庭长大的。你说眼下才有八百万可动，可是有纪子，这可是实打实的钱，不是专卖游戏场上用的纸票。（村上春树《国境以南太阳以西》）

（69）天渐渐凉了，林中的树叶黄了，草枯了，蘑菇出来了，可能够吃蘑菇的驯鹿只剩三十几头了。（迟子建《额尔古纳河右岸》）

（70）第一个发现飞蝗的是渡口的谭水金，他从船舱只发现了三四只，就朝村中呼号狂奔：要死人了！要死人了……不到三日，

那些飞蝗，密密麻麻地从东南方向飞来，在天空中像箭镞一般纷纷扬扬，所到之处，犹如乌云蔽日。（格非《江南三部曲》）

（71）孙七慨叹着说："我走了十几家铺子，才弄来五块钱！"（老舍《四世同堂》）

（72）天津相声演员马三立，每个月都排得满满当当，不是演出就是录音、录相、讲课、辅导，唯独 2 日和 17 日两天空白，因为这是马三立当"业余警察"的日子。（《人民日报》1989－06－19）

上例中只有"一层瘦黄的薄皮包着的一副残骨"表示的是确定的单量，而"八百万""三十几头""三四只""五块钱""2 日和 17 日两天"都不表示单量，尤其是"八百万"，但其在唯一类范围副词后出现便在主观上被认定为具有极小量的特征，某种程度上也可看作唯一量。

当然，即便对象成分不唯一时，此类范围副词所限定对象的特征还是比较明显，即具有[＋数量][＋确数/小量]的特征；其中[＋确数]十分重要，是人们从主客观环境判断其是一个表小量成分的依据。

3.2　唯一范围副词的连用情况

与全量范围副词一样，唯一范围副词也可以连用，既可同类连用，如"唯独"这个词本身就是由两个连用的范围副词凝固而成；也可以与其他表示范围语义的成分连用。

3.2.1　组合连用

唯一范围副词之间的连用比较常见，甚至形成了准固定结构，如"偏偏就""唯独只有"等。下面我们来看一些具体的例子。例如：

（73）他暗暗想道，说也奇怪，偏偏就在今天，珀西瓦尔·施托伊弗桑特提出了一个从头做起的办法。（阿瑟·黑利《汽车城》）

（74）如果两只眼睛都流下一滴眼泪，那就比较好看、对称，可偏偏只淌下一滴，另一只眼睛淌下的那滴眼泪太小，还没有流出

就让一向干涩的眼皮吸收了。(克拉林《庭长夫人》)

(75) 统计数据表明,到1993年9月止,我国登记注册的企业达711.3万家,而到1993年底,有效注册商标仅才有41.12万件。(《人民日报》1994-08-30)

(76) 她但说高楼大厦、锦绣帏,已经见识得够多了,实在无意再去浏览嘉丁纳太太骂她蠢,她说:"要是光光只有一幢富丽堂皇的房子,我也不会把它摆在心上;可是那儿的放置庭园景色实在可爱,那儿的树木是全国最美丽的树林。"(简·奥斯汀《傲慢与偏见》)

(77) 不止一次地他感觉自己是在读一页如诗的记忆,那一连串的妙语连珠不知怎么禁不住脱口而出,唯独只有一件事他始终守口如瓶,而这也成了他情感世界中无法把握的一片空白。(詹姆斯·希尔顿《消失的地平线》)

(78) 事情的真相是,在中国的日侨原来就只有35,000人,愿意回国的29,000余名日侨都已回到日本,早就只有6,000人还留居在中国,这是因为他们表示要长期或暂时留居中国。(《人民日报》1956-02-14)

上例中的"偏偏就""偏偏只""仅才""光光只""唯独只""就只"都是同类唯一范围副词无间隔组合连用的情况,连用后可看作一个整体,强调对象成分量的"唯一性""极特殊性",更凸显主观评价。无间隔连用组合的排序具有一些规律性,如双音节在单音节前面,双音节不会跟双音节连用,"只""才""仅"连用时的语序规律是:仅>只>才,等等。

此外,还存在间隔连用的情况。例如:

(79) 仅1952年夏秋之间一个多月的时间内,在整个战线上,就歼敌27000多人,几乎顶上战争初期的一个战役了。(魏巍《东方》)

上例中"仅……就"间隔连用,其强调的效果与无间隔组合连用是一样的。

3.2.2　与其他成分连用

唯一范围副词与其他范围成分共现时，其他的范围成分主要充当全量范围成分，与唯一范围副词及对象共现，形成一个较为完整的范围表达式。例如：

(80) 反倒是赛前被看好的男双发挥并不理想，刘成/张楠、李俊慧/刘雨辰组合都未能闯入决赛，这也是5个单项决赛中，唯一一个没有国羽选手身影的项目。(《人民日报海外版》2017－11－22)

(81) 到了宋代，全国设有市舶司(相当于现在的海关)八处，唯一一个在北方的，就位于板桥镇，此时，这里成为当时中国北方唯一一个对外贸易的港口。(《人民日报海外版》2015－04－02)

上例中"5个单项决赛中""市舶司(相当于现在的海关)八处"同样是表示范围的成分，在句中充当全量范围作为限定唯一量的基点，"一个"则是对唯一量的再次强调，二者都与唯一量范围副词共现，共同表达限定范围，强调其唯一性。

还有一种极为特殊的情况是全量范围副词与唯一范围副词共现，表范围的语义发生变化，就是既表全量又表唯一，但整体上是表示全量很少。例如：

(82) 2005年的招生，总共就只有100多人报考，这些人里面有很多甚至连上海方言都不会。(《人民日报》2016－10－27)

3.3　相近唯一范围副词的用法比较

3.3.1　单(单单)/仅(仅仅)/偏(偏偏)/光(光光)

"单(单单)""仅(仅仅)""偏(偏偏)""光(光光)"都是唯一性范围副词，语义指向相同，有时可互换使用，如下例中，除了"偏(偏偏)"外，其他是可以互换的。例如：

(83)光有一个粗略的指标是不够的。要一丘一丘地规划，一片一片地规划，不要"一刀切"，不要去做违反自然规律的事。(《人民日报》1980－06－14)

(84) 你发誓，希望被赦免，但是我要告诉你，单单一个誓言对

我是不够的！（翁贝托・艾柯《玫瑰之名》）

(85) 东阳市北江镇拥有千余亩黄花梨基地，仅周村就有400余亩。（BCC科技文献）

但这几个词也有自身的特点，故在语义、搭配成分、具体用法及语体层面会有一些差异。

首先看韵律的情况。单、双音节主要受搭配成分韵律影响，当单音节的范围副词与另一个单音节的词语搭配时，不适合换为双音节的用法。例如：

(86) 才接着说道："刚才那梅山四圣，若单论道行，还在血魂尊者之下，但是四人联手使出的音波攻击，威力大增，即使是四个血魂尊者，若无血魂旗相助，也不可能是他们的对手。"（莫言《中州纪事》）

(87) 小厢三楹，中为膳食所，左为寝室，席地而卧，右为书室，室仅一桌，桌仅一砚。（周作人《半农纪念》）

例(86)中"单"与单音节动词"论"共现，不宜替换；例(87)中"仅"与单音节名词"室""桌"匹配，不适用于双音节词。

语义上，"仅仅"可以用于限定时间，其他几个一般不可以，故无法替换。例如：

(88) 然而，他登记进入客房后仅仅10分钟，电话铃就响了。（乌鸦与麻雀《孤岛喋血》）

"偏(偏偏)"强调唯一的意外性，而"光"带有举例性，两者不能互换。例如：

(89) 偏是还有一种人，私罪没有，而公罪也绝不肯犯。他们的原则是：有罪不如无罪，绝不去担风险，当官的算盘拨得很精明。（《人民日报》1988-01-24）

(90) 孟云房连呼可惜四十元了，随后哈哈大笑，说庄之蝶没那份命。偏偏一次，一次就遇上个烂货！（贾平凹《废都》）

(91) 光一个"东莞团"，就有56人买了首航往返的机票。

(《人民日报海外版》2005－01－30)

而"仅"有一些固定搭配或句型,其他三个不能替换。例如:

(92) 当时,我年仅12岁,所以把他的话当成神话故事般听得入了神,尤其听到他说人们将可经由深海里的电缆与遥远的东方通话时,我的印象极为深刻。(海伦·凯勒《假如给我三天光明》)

(93) 至1999年底,全省火电装机6000千瓦及以上火电厂机组平均容量仅为2.7万千瓦(尚未包括6000千瓦以下小火电厂),而且大部分机组超过退役期限,属关停对象,如不及时投入大容量机组,必将出现机组超役不退产的现象。(BCC科技文献)

上例(92)的句型可概括为"范围成分+仅+对象成分",其他相近的词无此用法;例(93)中"仅"与动词"为"共现,结合构成"仅为",较为固定,"仅为"不能替换为"偏为""光为""单为"。

3.3.2 惟/唯/唯独/独/独自

这几个唯一范围副词含有相近的成分,在用法上具有一致性,有时可以互换使用。如下例中的"唯"除了无法用"独自"替换外,其他几个都可替换,原因在于"独自"的对象是人。例如:

(94) 其中13册、130卷几经周折,现存北京图书馆,唯201—210卷一册,流散民间,不知去向。(《人民日报》1995－08－12)

(95) 安琪拉不在这儿,他独自一个人,他又获得青春的自由了。(西奥多·德莱塞《天才》)

例(94)中的"唯"可自由替换为"惟/唯独/独",替换后对句子无影响;例(95)的"独自"无法自由替换,因为"独自"具有反身代词的性质,在句中与先行词"他"以及复指成分"一个"都密切相关,其他类似范围副词无此性质。

但"惟""唯""唯独""独""独自"在韵律上、语义上、搭配上及语体用法上也存在一些差异。

下例换成"唯""惟"不太自然,是韵律的原因,不能换成"唯一"则是语义的原因(后面成分里有"几句"与"唯一"相悖)。

例如：

(96) 坐在我身边的演员李立群先生是今夜无可置疑的明星，我对他说："你在台上学遍了大陆各地的方言，惟妙惟肖，唯独几句上海话学得不道地。"(余秋雨《华语情结》)

(97) 在中国，惟一一个以山、海、关合并命名的地方就是山海关。(《人民日报海外版》2004-03-04)

"独"具有独特性，用于固定结构"独家经营""独一无二""独占鳌头""独出机枢"等，也有口语化的"独个人""独自儿"的用法。例如：

(98) 她说完笑了。副领事也笑了，独个人在笑。(玛格丽特·杜拉斯《副领事》)

而"独自"只能指人，与其他几个副词在指人时也有区别，主要是搭配上或结构上的问题，如果和代词、数量词组合，"独自"的结构是"代词＋独自＋数量"，而其他词是"唯独/唯＋代词＋数量"。类似用法的"只"也要出现在代词前。例如：

(99) 而后，鹰子抽抽搭搭地哭了起来，呜咽声声地说：我独自一个也要搞哩。我想要入睡。(大江健三郎《日常生活的冒险》)

(100) 珍亚也认识童娅，但却爱赫尔曼爱昏了头，心中唯有他一个人。(沃兹涅先斯卡娅《女人十日谈》)

(101) 达什伍德太太好吗？你两个妹妹哪儿去啦？什么！只你一个人！你一定欢迎有人陪你坐坐。(简·奥斯汀《理智与情感》)

上例中"我独自一个"与"唯有他一个人""只你一个人"在语序上不同，前者代词前置、数量词隔词复指，后两个代词后置、数量词邻接复指。

3.3.3　徒/才/只/就

"徒""才""只""就"几个单用的唯一范围副词共性是后指，但在语义上、搭配上、语体用法上差异明显。

“徒”作为范围副词，书面语特色较为明显，且有一些固定格式使用，与其他几个不能互换使用。例如：

（102）伊莲娜拖着箱子上楼。一条走廊穿过她的身体。接下来是厨房，浴室，一个房间。徒有四壁。（赫塔·米勒《独腿旅行的人》）

（103）故清嘉庆著名的端砚学人李兆洛，在其《端溪砚坑记》中亦如此慨叹：“端砚之辨，非生长斯土，悉心穷究者，徒执古人成说，不足据也。”（《人民日报海外版》2002-11-25）

“就”表唯一量，有时可与其他同类词互换；但其可作为介词引出一个话题成分时，无法被其他词替换，其他副词即使可组合使用表达此功能，但其中一个成分也必须为“就”。例如：

（104）负责文艺图书的，实际上就他一个人。（《人民日报》1985-12-16）

（105）在全村里，就只有他家这所草屋了。（《人民日报》1963-09-10）

（106）就他个人而言，他实现了他所信奉的儒教理念：修身、齐家、治国、平天下。（《人民日报海外版》2000-04-10）

例（104）中的“就”则可换为“只”“仅”；例（106）我们也可以说“单就他个人而言”“仅就他个人而言”，但没有“就”，语义似不通。

“才”“只”表示唯一量时，往往都表达少的意思，“才”需要前面语句中有另一个表量单位来衬托，形容极少，“只”无此限制。例如：

（107）觉慧停了半晌才说出一句话，这与其说是对觉民说的，不如说是对自己说的。（巴金《家》）

（108）他说的也不多，只一两句，点拨出最重要的人生转折。（张洁《无字》）

例（107）中有表时间量的成分“半晌”与“才”共现，带有主观上的夸张性;例(108)中则无其他表量成分。

3.4　唯一范围副词的核心意义

3.4.1　排除范围还是限定范围

唯一范围副词在我们的范围系统中处于确定范围的一个类别,但在实际的用例中,总是显得所指对象与众不同,与排除范围又非常接近,而这两者在范围范畴系统中相距甚远,一个范围内、一个范围外。那到底如何理解?我们还是通过实例说明。例如:

(109) 母畜生产的那天,就他一个人在跟前。他兴奋,他也担心。当小驹儿安全地生下时,他赶紧脱下自己一件绒衣给它披上,唯恐小驹受了凉。(《人民日报》1955-02-12)

(110) 我必须稍微现实一点才行。余下的时间仅仅1小时多一点点。(村上春树《世界尽头与冷酷仙境》)

(111) 一个身材高大的人从第二架爬犁上跳下来。他穿着一件光板羊皮袄,敞着怀,露出一件豹皮背心。背心上扎着宽皮带,皮带上挂着一只左轮子手枪,还有一把短柄的小斧头。只有他没戴皮帽子却戴着一顶三页瓦毡帽。(莫言《丰乳肥臀》)

(112) 七嘴八舌弄得老郝没法应付,一发急更是说不出个整句子,他成了把好事办坏的"样版"。不久工会改选,偏偏他没有落选,因为这底细不久就拆穿了,人们相信老郝绝不会办这"缺德"事。(李国文《改选》)

(113) 上苍似乎故意地考验她。海岛缺水,偏偏1995年下半年玉环岛上滴水未下,旱灾严重,生活用水频频告急。(《人民日报》1998-02-07)

还是回到我们之前所强调的那个观点,在带有范围副词的语句中,范围副词所指的对象是显性存在的,具体到唯一范围副词,就是那个表示"唯一"的成分。但在语句当中显性或隐性存在一个更大的、表示范围的成分,这才是范围副词之所以叫范围副词的原因。这个相对于唯一对象成分来说范围更大的成分,与对象之间在逻辑上是属种关系或整体与部分的关系。从这个意义上来说,唯一范围副词表达的是范围内、限定范围、确定范围。

3.4.2 大量还是小量

一般来说,唯一范围副词所指应该是表示小量,这一般是没有太大争议的。例如:

(114) 全身的毫毛唯独头发格外地长。(许地山《女子的服饰》)

但在具体句式中,往往还有其他成分特别是数量成分共现,情况似乎就复杂了,不太确定是表达大量还是小量。如下面的例子:

(115) 牛堡屯人民公社杨富庄生产队运用运筹学合理安排了劳动力,仅一项人工灌水田就节省劳力20%,又提高了劳动效率。(《人民日报》1960-11-11)

(116) 钉子一样的雨打在屋顶、路面,回弹到他身上,他不闪也不避。才一个小时,他就已经一步一拐,渴望停下来。(蕾秋·乔伊斯《一个人的朝圣》)

我们不能把整个句子的语义看做是唯一范围副词所带来的,唯一范围副词的语义应该就在对象及显性或隐性存在的范围成分中来确定,表示在这个大范围中唯一的对象,在这个意义上此类副词当然是表示小量/少量的。

3.4.3 核心意义是"范围内的例外/特殊一员"

综合以上两点,我们对唯一范围副词的核心意义应该有更清楚的认识,我们的看法是表示"范围内的例外",即首先对象是某个范围内的成分,其次对象在这个范围内是特殊的。从下面的句子中来验证我们的看法:

(117) 先别把门堵上这么死啊。给你冲点麦乳精,补充营养再想想。我不喝。你那麦乳精是过期处理的,不符合食品卫生法。才过期一个月。这个月和上个月有什么区别?(毕淑敏《大

海里翻了豆腐船》)

(118) 这儿虽然离公路不远,但人迹稀少得几乎就只有他一个人的足印。(《人民日报》1961-01-24)

上例中"过期时间""(认为)某个地方有所有人足印"即为"范围内的例外"中的范围成分,"过期一个月"是"过期时间的一个情况","他一个人的足印"是"很多人足印的一员",后者还表示情况很特殊,表达"其他人足印很少""就是他的足印"之义,但不管如何都属于范围中的"例外",是被主观认定的范围中的特殊成员。

4. 不确定量范围副词及其句法语义特点

根据张谊生(2005: 85),我们认为典型的不确定量/约量范围副词主要有:足、约、大约、大都、大概、大略、大致、大体、大凡、多半、最多、最少、顶多、至多、至少、起码、足足、不过、不只、不止、何止等。

4.1　典型不确定量范围副词的用法

4.1.1　前指或后指

1) 前指

有些约量范围副词在语义指向上是前指的,是对前置对象成分范围的大体限定,常用于主谓之间。例如:

(119) 首先,与传统的国家安全威胁相比,它们好似蒙面杀手,多半"来无影去无迹",杀伤力强大且带有突发性,有时事态看上去相当孤立,有时又"牵一发而动全身",其形态、边界和活动规律往往难于确定,使追踪和应对它们的努力变得相当困难。(《人民日报》2003-05-21)

2) 后指

有的约量范围副词在语义指向上是后指的,指向其后的对象成分,限定其约量范围,其在句中与宾语结合更为紧密。例如:

(120) 当初韩国观光公社曾预测,2002年世界杯会吸引10万中国游客赴韩看球,且会给韩方带来起码10亿美元的收入。(《人民日报》2002-05-24)

(121) 我重新端详她的脸,怎么也看不出有这么大年纪,至多22或23。臀部完美地隆起,无一道皱纹。(村上春树《世界尽头与冷酷仙境》)

3) 可前指可后指

还有的约量范围副词可前指也可后指。例如:

(122) 走向这个高度的过程,郭老师的家为他打开门的次数最多———衣服脏了,扔在郭老师家;想改善伙食了,朝郭老师家奔去。(《人民日报海外版》2002-11-29)

(123) 三忌冗长。杂文姓短,几十字、几百字,最多千字文也就可以了。这是我国散文的好传统。(《人民日报》1984-09-17)

例(122)中"最多"前指对象成分"郭老师的家为他打开门的次数",言次数之多,但多到什么具体程度未明确规定,表示约量;例(123)后指对象成分"千字文",规定了范围的上限,但下限如何是不确定的,同样表示约量。

4.1.2 大量或小量

1) 主观大量

能表主观大量的是以下范围副词:足、大都、大概、大略、大致、大体、大凡、多半、最少、至少、起码、不只、不止、何止、足足。下面是具体的例子:

(124) 我坐在他对面,浑身直哆嗦。"你知道我怎么为你报仇吗,阿尔宾娜?我观察了那儿的人,发现那个强奸犯晚上大都一人在家。他老婆是剧场的灯光设计师,半夜才回家。"(沃兹涅先斯卡娅《女人十日谈》)

(125) 大凡一切颠倒的事,都足以引人注意,有记录的价值,

譬如中国现在报纸上所记的政治或社会的要闻，哪一件不是颠倒而又颠倒的么？（周作人《夏夜梦（选录）》）

（126）别的班组司机轮休多半“鸟兽散”，刘钰峰却要求大家集体学习，每月至少解决两个日常工作中的实际问题。（《人民日报》2016－06－24）

上例中的“大都”“大凡”“多半”所限定对象成分的范围在主观上是偏大量的，表示范围中的大多数。

2）主观小量

相对于表主观大量的副词，表主观小量的范围副词要少很多，具体包括以下几个范围副词：最多、顶多、至多、不过。下面看具体的例子：

（127）这个有关一位自幼失明的患者在成年重见光明的电话也暗含了这样一种情形，其罕见性正如眼科医生阿尔佩托·瓦尔沃在《长期失明后重获视力》一书中写的那样：“实际上，过去一千多年来，我们了解的类似例子最多20个。”（奥利佛·萨克斯《火星上的人类学家》）

（128）即使我们不得不靠那么少的一点钱来过日子，我知道，在我们相处的这段时间里——也许这段时间最多不会超过六个月或八个月——反正我总能过得去的。（西奥多·德莱塞《美国的悲剧》）

（129）小孩子在家打破个碗，娘老子顶多一巴掌。可要犯了法，法可是冷冰冰的，像铁轨一样。法要通人情，还叫什么法？我这话讲的不中听，不讨人喜欢。（高行健《绝对信号》）

（130）索赔却赔不起，因为，这几个都是整天惹祸招灾、无事生非的土棍儿，家里顶多一床褥子，两床被，几十个臭虫，连吃饭的家伙都没有。（冯骥才《神鞭》）

上例中的“最多”“顶多”在主观上具有表小量的倾向，其旨在通过确定范围上限来表示强调量少，其具有的极性语义在句中的语义是相反的，以极多表极少。

4.1.3 约量/不确定量

还有一些约量范围副词没有明显的主观性，以客观表约量为主，如“约”“大约”。例如：

(131) 她点点头，身上又掠过一阵痉挛。约 10 分钟后，痉挛消失。我掏手帕给她擦拭嘴角，将呕吐物用沙子盖严。（村上春树《舞！舞！舞！》）

(132) 洞像用圆规画出似的十分之圆，直径约 1 米。（村上春树《世界尽头与冷酷仙境》）

(133) 向她道了声“早安”后，我煮了咖啡，把剩下大约 1/3 的鱼肉汉堡烤得恰到好处，解决早餐问题。（森见登美彦《四畳半神话大系》）

(134) 火灾发生后，伦敦消防局立即派大约 120 多名消防队员赶赴现场，在阿莱街道上，他们与火魔展开了殊死搏斗。（BCC 科技文献）

上例中“约”“大约”后的对象成分与客观世界具有一定的对应性，其范围有一定的真实依据，但由于未精确度量而具有模糊性，所以表示带有客观性的约量范围。

“足足”主要用于客观，可表约量可表确量，不过主要表示确量，特别是在正式语体中。例如：

(135) 他在他心爱的地点等了足足一个多小时，然后他站起来，开始心神不宁地在周围走来走去。（西奥多·德莱塞《嘉莉妹妹》）

(136) 张卜天修订后，附于书后足足 200 页的注释的质量大为改观。（《人民日报》2017-10-06）

同样地，“足足”所表范围也有一定的客观基础，“足足”的作用在于强调该客观范围的真实性以及表示该情况在意料之外，如例(135)中“他”确实等了“一个多小时”，“足足”的作用在于表示他所等的时间长度是在其意料之外的。

4.2　不确定量范围副词与其他范围成分的连用

4.2.1　不确定量范围副词连用

1）列举式

列举式是几个同类约量范围副词共现的情况，且在所表范围成分的句法结构具有一致性，带有列举性质。例如：

（137）调查研究结果发现，春季时草坪出现杂草105种，分属34科，其中有10种杂草普遍存在于各类草坪。草坪类型明显影响杂草分布，交播型草坪杂草最少（23种），暖季型草坪杂草最多（88种），养护水平高，建植年限鲜重防效06-24考查，上部发黄，但基部绿色的仍计入鲜重。（BCC科技文献）

（138）卢森堡在共同体中私人消费率最高、娱乐方面花钱最少、公路交通事故最多、中小学生和大学生最少、按人口比例医生最少、罢工最少、夜间工作最多。（《人民日报》1981-05-25）

（139）辽宁是国企职工最多、离退休人员最多、也是下岗职工最多的省份，党中央、国务院确定在辽宁全省进行完善社会保障体系的试点，用辽宁干部群众的话讲，这是大智大勇。（《人民日报》2002-03-11）

上例中带有列举性质的成分共现时，句法结构相同。如例（137）的句法结构都是“NP＋约量范围副词”，属于负向列举，最多、最少成分各举一例；例（139）的句法结构也都是“NP＋约量范围副词”，但属正向列举，都是最多成分的举例。

2）“最多”“不过”的常规连用

“最多”常与“不过”连用，可以看作一种固定格式。“最多”的作用在于以极多言极少量，“不过”是在此基础上将其功能明示出来；从范围上看，“最多”“不过”都是对范围上限的说明，叠加强调。例如：

（140）我留在这里，法国人占不到什么便宜，最多不过叫我少活一两天罢了。（莎士比亚《亨利六世》）

4.2.2 不确定量范围副词与其他范围副词连用

1）不确定量范围副词与唯一范围副词连用

约量范围副词与唯一范围副词连用时的语序都是：约量范围副词＞唯一范围副词，如“何止”与“只”连用。例如：

（141）我在望着那黑板上一个个“正”字时，心里就想，这“正”字，何止只是“五”的代号呢？（《人民日报》1999－05－01）

（142）徐江村人十几年来“以滴水穿石的韧劲”在废墟上重新建立的，何止只是一座美丽的新村，还有一种崭新的精神。（《人民日报》2013－01－17）

（143）朱四判官说：“双方事先议妥交款的地方，在宗祠后边的石板巷里，保爷在前面一倒，五阎王就在后面替我收了钱，……若不是你八爷挡了我的财路，我何止只拿那笔钱？看光景，保爷那条命，您也有意寄在我头上了。”（司马中原《狂风沙》）

有些连用的情况是固定搭配，如“顶多只（有）”“最多才”“最少就”，连用是两种意义的叠加：表达对低量/小量的估计，仍表达不确定的量。三者在表小量上有所不同，“顶多只（有）”“最多才”是通过限制范围上限表示上限值的小量，一般与表示小量的成分共现；“最少就”是表小量副词的叠加，但在语义表达上具有矛盾性，通过表示下限的小量来表达主观认定的大量，一般与表示大量的成分共现。例如：

（144）1998年全国打击走私工作会议以前，全国每年抓获走私犯罪嫌疑人最多才200多人，1999年以来平均每年都抓获3600人以上。（《人民日报海外版》2004－01－06）

（145）“陪打”已是不少网球运动员的理想出路。在运动队辛苦训练一个月顶多只有1000元工资，而在北京、上海、广州、深圳等经济发达地区，做陪打一个月进账万元十分平常。（《人民日报》）

（146）这种食店几乎遍布巴西全国，据非正式的统计，仅圣保

罗一市最少就有近千家，沙市大约也有十多家。（朱邦复《东尼！东尼！》）

例（144）“最多才”与“200 多人”共现表示“全国每年抓获走私犯罪嫌疑人”的范围上限为“200 多人”，带有主观性，即主观认定该范围上限过小，例（145）同样如此；而例（146）“最少就”与“近千家”共现，虽表示小量，但在主观上认为范围下限也很大。

2）不确定量范围副词与全量范围副词连用

约量范围副词与全量范围副词连用在语序上无明显规律，约量范围副词既可在前也可在后。连用具有功能上的分指性，全量范围副词一般前指、约量范围副词则后指，各自限定范围。例如：

（147）即使以乡村的标准而言，圣潘塔雷昂也不太大，总共只有大约 100 个居民，一间小旅馆，一座十二世纪的教堂，带着一片由岩石砌成的墓地。（彼得·梅尔《永远的普罗旺斯》）

（148）但凡能揭开锅的人家，都最少买下一块月饼，预备过团圆节。（毕淑敏《月饼的故事》）

上例中全量范围副词“总共”“都”指向前置成分“圣潘塔雷昂”“能揭开锅的人家”，限制其全部范围；约量范围副词指向后置成分“100 个居民，一间小旅馆，一座十二世纪的教堂，带着一片由岩石砌成的墓地”“一块月饼”，以确定量表示约量范围。

4.2.3　不确定量范围副词与其他范围成分连用

1）非同类范围义成分连用

非同类连用的功能是在某个范围内，对某个对象进行的估量。例如：

（149）这些人，大多数不知道自己所住街区杂货店的老板是谁，也不知道面包的价格有多高，但我却一点也不怀疑他们知道在大布里士、加兹温、设拉子和巴格达谁画得怎么样，也不怀疑他们知道哪个画坊、国王、君主、王子花多少钱编书，更不怀疑他们听说了太多的最新谣言和传说，这些谣言和传说至少在这个范围

内就像瘟疫一样流传得很快。(奥尔罕·帕慕克《我的名字叫红》)

(150) 在海南参加社会保险人员范围中,至少有两部分人员是其他省市还没有的,一是机关等财政拨款的单位从业人员,一是外来的流动的就业者。(《人民日报》)

(151) 刚才他的女佣告诉他,在她丈夫工作的大工厂中,已捡到了几百只死老鼠。大致上就在这一时期,城里的人开始担心了。(阿尔贝·加缪《鼠疫》)

(152) 在生活上,学生们多半"起居无时,惟适之安",有少数人日高三竿尚在梦乡之中。(BCC 科技文献)

(153) 巴黎每一个沙龙里,不止一个年轻人都会回忆起,当吕西安博得美丽的德·莫弗里涅斯公爵夫人的青睐、所有女人都知道吕西安引起国家要人之一的妻子德·赛里奇夫人的兴趣时,自己曾经怎样羡慕过吕西安。(巴尔扎克《交际花盛衰记》)

上例中都包含一个确定的范围成分,再在这个范围成分内进行约量范围的限定,以对约量范围进行相对而言更准确的描写。

2) 同类范围义成分连用

同类连用的功能在于两个范围量的对比。例如:

(154) 要是不信,只要离开这条正街,进到黑咕隆咚的巷子里,不只几十年,只是几十步,你就回到了那古老的时代。(高行健《灵山》)

(155) 他写道:"根据我在全体讨论会和分组讨论会上以及这封信中所表述的社会主义政治经济学的对象的定义,应用马克思主义的辩证方法,我能在一年内,至多一年半,在两个人的帮助下,从理论上来解决社会主义政治经济学的各种基本问题,阐明马克思主义的、列宁斯大林的社会主义政治经济学理论,这个理论定会把这一科学变成人民为共产主义而斗争的有效武器。"

(《人民日报》1952-10-31日)

上例中“不只几十年,只是几十步”是反向对比描写,通过大量与小量的对比强调范围;“在一年内,至多一年半”也是对两个范围的对比描写,但二者的对立性相较于上一例较轻。

4.3　相近不确定量范围副词的用法比较

4.3.1　大约/大概/大略/大致/大体/大凡

都是带有语素“大”的约量范围副词,语义上有一定的相通之处,甚至可以互换使用。例如:

(156) 所以,综观有清经学,大凡三变,如皮锡端所言:“国初,汉学方萌芽,皆以来学为根抵,不分门户,各取所长,是为汉、宋兼采之学。乾隆以后,许、郑之学大明,治宋学者已少。说经皆主实证,不空谈义理,是为专门汉学。嘉、道以后,又由许、郑之学导源而上,……是为西汉今文经学,学愈进而愈古,义愈推而愈高,屡迁而返其初,一变而至于道”。(BCC科技文献)

但这些词在语义上,也有明显的差异,“大凡”“大体”更接近全量。例如:

(157) 大凡一个主角,能演着与他有关痛痒的剧本,他一定是演得更亲切,由这一点上来证明,也觉得主角是燕西的化身了。(张恨水《金粉世家》)

“大概”具有较强的主观性。例如:

(158) “‘不是什么日暮而道远。是道近了然而也日暮了。暮色越来越浓……’/‘说到道,这道又是什么呢? 无非是该作的事吧。既然这样,何必分远近……’/‘道就在近处’这话我脑子里也有,可是连近的我也没有作。大概‘道远’的道和‘道在近处’的道是不同的。连非常之近的道我也没有做到。”(大江健三郎《生的定义》)

“大略”表示事情的概略,用其他词也行,但达不到精确的效果。例如:

(159) 广生咳一下嗓子，把事情的经过大略说了一遍。(陈忠实《石头记》)

(160) 他随即走下楼去，叫醒那看门人。大致一个钟头过后，冉阿让出去了，穿上了国民自卫军的全套制服，并带了武器。(维克多·雨果《悲惨世界》)

(161) 杜克勒站起身来走了出去。走过广场，又走了大约100米路，到了爱丽舍宫大门口。(弗·福赛斯《豺狼的日子》)

“大体(上)”相当于“基本(上)”，不能换为“大凡”。例如：

(162) 现在王大一想起自己干过的各种不伦不类的差事就做噩梦。我和他的经历大体上差不多，但是不做噩梦，因为我还在噩梦中。(王小波《黑铁时代》)

搭配上有些固定用法，如“大体上”“大体而言”“大致上”。另外，“大凡”“大体”搭配某种对象、情况为常见，“大约”“大概”后跟数量名词语为主，与数量、时间有关为常见。而“大略”后可直接跟谓语，语义上可以前指，这是与其他几个不同的。例如：

(163) 1851年的英国，有大约1.6万名律师(不算法官)和不过1700名的法律学生(欧洲大陆上律师的数目和比例通常更高)。(艾瑞克·霍布斯鲍姆《革命的年代》)

(164) “不，不算多。看上去，嗯，大概一两千人里面有一个吧。虽说不是很容易找到，但也不是完全找不到。困难的其实是怎么才能跟那样的人促膝好好地谈话。一想便知，那可不容易啊。”(村上春树《没有色彩的多崎作和他的巡礼之年》)

(165) 关于有部律，我个人起初见之甚喜，研究多年；以后因朋友劝告即改研南山律，其原因是南山律依四分律而成，又稍有变化，能适合吾国僧众之根器故。现在我即专就四分律之历史大略说些。(李叔同《弘一法师全集》)

“大凡＋一量名”是固定搭配。例如：

(166) 如果说，大凡一个人爱上一个人，都是因为先有了感激

之心，器重之意，那么，伊丽莎白这次感情的变化当然既合情理，又叫人无可非议。（简·奥斯汀《傲慢与偏见》）

“大致”后面可以出现数量短语，也有一个比较特殊的用法，就是跟谓词组合，引出一个故事，这在故事叙述中较为常见。例如：

（167）于是，这一带的过剩人口的出路大致为：男性到富士卖药，以越后的杜氏、汤屋奉公等有名。女性因肌肤雪白出美女，成为有名的越后艺妓。……（山崎朋子《山打根八番娼馆》）

我们再从语体上来看，这几个词书面化程度都较高，但也稍有不同，其语体正式度呈以下序列：大凡>大略>大体>大致>大概>大约。例如：

（168）南齐王俭为秘书丞撰四部书目四卷大凡一万五千七十四卷。又撰令书七志一曰经典志纪六艺小学。（《册府元龟》）

（169）依据翻译的实际经验，翻译过程大略可以分为理解、表达与校定三个阶段，如图所示。（BCC科技文献）

（170）与此类似，在我国汽车作为身份的象征性符号，经历了从单一到多元的演变历程，大致三个阶段：第一阶段，在改革开放之前的中国，在普遍贫穷的情况下，个人没有汽车，而是国家所有。能够使用作为奢侈品的汽车，都象征使用者的地位和权力。（BCC科技文献）

（171）冬天大概一个人也没有。除我，不至于有人愿意在那里度过一冬。（村上春树《寻羊冒险记》）

（172）我昨天听见说是出传进稿去，大约一两天就可揭晓了。（《胡涂世界》）

单用“大体”比“大体上”则更显书面语风格，例如：

（173）其次，时值基督教会统治之下，因宗教保守之影响，袒露之画法似有不妥，因赤裸之人体在当时被视为亵渎或诱惑。甚而成为“异教”，故此画风大体不为世人所接受，可见此画于彼时

当属创新之举。(李叔同《弘一法师全集》)

4.3.2 大都/大多/多半

“多半”在《现代汉语词典》(第7版)只标注形容词用法,但其实它与范围副词用法具有很强的一致性,所以我们认为它也有范围副词的用法。例如:

(174) 声调方面外国人说汉语多半“洋腔洋调”,主要原因是声调不对。(BCC 科技文献)

“大都”“大多”“多半”都可前指,基本语义差不多,可以调换使用。例如:

(175) 这时候,她大都一个人在家,很高兴有人来聊天。(毛姆《刀锋》)

(176) 到出来才知道,以前旅行时早已习以为常的安全保证和诉求网络,在这些国家大多不存在。(余秋雨《千年一叹》)

但其在语义上也有一些差异。如“大多”“大都”以人的量化为主,事物的量化为辅;“多半”除此外,还可以量化情况/场景等更为复杂的对象。例如:

(177) 有人试过中医,有人试过西医,大都不尽如人意。只能忍痒负重,勉强对付。(季羡林《西苑医院》)

(178) 父亲大多不在家,那年月,能让儿女读完大学的父亲,哪能不在别的地方写检查、听口号呢。(余秋雨《吴江船》)

(179) 我们每天吃的食物,不是属于植物类,就是属于动物类,多半不会想到石油可以变为食物,然而近代科学的发展,证明石油也可以作为食物了。(《人民日报》1965-05-24)

“多半”表示很大的可能性时,或所指非人或事物时,不能替换为“大多”。例如:

(180) 如果不是老友盛情相邀,我想,我多半不会写苏州。不是不想写,而是不敢写。(《人民日报》2003-01-23)

(181) 我知道你们国王的长相,不过,他看到我的时候多半不

认得我。但是巴德一定还记得我,我也希望能够马上见到巴德。(托尔金《魔戒全集(指环王1、2、3)》)

例(180)中"多半"指"我写苏州"的可能性,例(181)"他看到我认出我"这一事件的可能性,都无法替换为"大都""大多"。

在成分搭配上,它们都具有前指性范围副词的特点,前面是对象后面是谓词性结构,在这一点上,三者没有多大差异。例如:

(182) 而女人大多不愿充当将自己所爱——哪怕是曾经的爱但不是没有交换条件的让步,除经济利益上的考虑,最重要的是翻案。(张洁《无字》)

(183) 全县三十二个公社的头儿们大都"亮"到他们一边了,小小的河西公社关志雄竟然敢于公开声明站到"联"字号一边,气得"造"字号的头头唐生法火冒三丈,亲自带领人马来捣河西公社"联"字号的老窝,来抓他这个顽冥不化的"黑手"。(陈忠实《地窖》)

(184) 那时候,花街上的男人多半不跑车就跑船,包括倒插门来的。(徐则臣《轮子是圆的》)

在语体上差异更明显一些,在BCC语料库中,"大都"在文学库中明显少于"多半",而在科技库中远远超过"多半";"大多"在两个库中的用例都超出了"大都""多半",但就其自身而言,在科技库中的用例也远超文学库。说明相比较而言"大多"更适用于正式语体,而"多半"更为口语化一些。例如:

(185) 小型规模养殖户,大多分散于村落。(BCC科技文献)

(186) 他正是"喜怒不形于色"的人,而有一向当时人多说他痴,他大概是颇能做作的罢?装睡装醉都只是装糊涂。睡了自然不说话,醉了也多半不说话——就是说话,也尽可以装疯装傻的,给他个驴头不对马嘴。(朱自清《语文影及其他》)

4.3.3 不只/不止/何止/起码

"不止""不只""何止"几个词用法也比较接近,《现代汉语词典》(第7版)虽未列出它们作副词的用法,但张谊生(2004:85)很早就把其视为范围副词;“起码”也具有类似功能,我们也认为它们有范围副词的用法,这从它们常用用法中可见。例如:

(187) 是啊,到这时它已经跳了不止12次了吧,他想。(海明威《老人与海》)

(188) 一个人可以在任何年龄患哮喘,别人不会把哮喘传给你,但很多情况下一个家庭不只一个人患有哮喘。(BCC科技文献)

(189) 继而我想到,我散步也许不该紧挨着朱丽叶,不该用手臂搂着她,然而,这是孩童时就养成的习惯啊,而且阿莉莎何止一次看见我们这样散步。(纪德《窄门》)

(190) 一听到“动物园”三个字,巴克利马上想到猴子,好像已经踏上了动物园湿漉漉的小路,这样一来,起码一天之内他不会再想到我。(艾丽斯·西伯德《可爱的骨头》)

上面的例子中,几个词语的语义都是后指的,以表数量范围为主,表示超出某个特定的数量值,基本可以互换。如“跳了不止12次”可换为“跳了不只/何止/起码12次”,替换后对句子无影响。

但“不止”“不只”“何止”“起码”在语义上也存在一些差异。“不止”后指成分有固定化趋向,构成“不止+一量名”结构,如下例:

(191) 我要求再听一个故事,一个也许能让我更加满意的故事。这个宗教肯定有不止一个故事——所有宗教都有很多故事。(扬·马特尔《少年派的奇幻漂流》)

(192) 我发现她身上插针处流血不止,因为那儿被人插了不止一根缝衣针。(张炜《你在高原》)

而“起码”后接数量词一般超出单数“一”,还有前指用法,如“三个起码”,有常用结构“最起码”,表示“不少于某个数字或标准”的意思。例如:

(193) 用皮绳把他仔细地反绑起来，同时鞭打起码一百下；……(王小波《青铜时代》)

(194) 她认真地想了想，“嗯，最起码下午五点以前我不喝，嗨，见鬼，如果你觉得有必要，我就把酒给戒了。”(艾丽斯・西伯德《可爱的骨头》)

在搭配上，宾语位置上的“不止”“不只”不能被“何止”替代。例如：

(195) 有时我在这些话中听到我母亲人生的二重性，绨尔扎母、利亚人生的二重性，以及贝特民茨的绨尔扎・玛扎拉人生的二重性。仿佛她们也在墙上投下了不止一个影子。(阿摩司・奥兹《爱与黑暗的故事》)

(196) 语言变异的实际存在形式是变素，变异是由许多变素按照互相是否对立的原则归结出来的，一个变异可能包含不只一个变素，研究实际话语中的各种变异，要找出这些变异的各个变素在什么条件下出现，从而说明各种社会因素和语言变异之间的相关关系等理论，这种研究不仅新颖，而且有科学性。(BCC 科技文献)

上例中的“不止”“不只”都是位于谓语后直接限制宾语成分的例子，不能替换为“何止”，若替换，句子合格性大大降低，甚至不合格。如“不止一个影子”单用时可替换为“何止一个影子”，但若在该句中替换为“仿佛她们也在墙上投下了何止一个影子”，则句子不合格。

“不只”除了限定数量外，也可以限定人物、事物这样的对象。例如：

(197) 不只他拒绝这荣耀，其中还有另外的意义；我想他感兴趣、想吸引的群众，并非如同今日作家觊觎的一大堆陌生群众，而是一小群地可以私下认识和敬重的朋友。(米兰・昆德拉《缓慢》)

(198) 大地震是在亥时，接着有几次余震，但到了一日凌晨丑时许，又有一次更强烈的地震，不只令滨松受损，京都的三十三间堂也倒了六百尊佛像。(山冈庄八《德川家康 6 · 双雄罢兵》)

另外，在用法上，“何止”有反问的基础，语气更强更多样，有时还带有一种调侃的味道。例如：

(199) 常说救人一命，胜造七级浮屠，我西门闹千真万确地是救了一条命。我西门闹何止救过一条命？大灾荒那年春天我平价粜出二十石高粱，免除了所有佃户的租子，使多少人得以活命。可我却落了个何等凄惨的下场，天和地，人和神，还有公道吗？还有良心吗？(莫言《生死疲劳》)

(200) 假如他们知道这对方章上的云蝠出自薄意大师王雷霆之手，且是他的精品，索价何止 1.8 万呢？(《人民日报海外版》2005 - 05 - 23)

(201) 我想说的是：我何止“有时候”辩不过你，而直接就不是对手，简直没有招架之功。(张炜《你在高原》)

(202) 冯小刚签完名笑着说：何止你感动，我都被自个感动了，由衷地佩服我自己：我怎么就能说哭就哭，什么也没想张嘴就来，听着还挺像那么回事。多读书呵，这是个秘诀。(王朔《你不是一个俗人》)

例(199)中由于“何止”的使用，使句子所表达的语气更为强烈，更适合表义的需要；例(202)中通过使用“何止”肯定当前状况，并进一步引出自己，带有调侃对方以及自我调侃的意味。

“起码”还可以使用于“递进”或“递退”结构中。例如：

(203) 有人说，这是人太多，就有一些不争气的小贼用这种方法偷人家的帽子，但我认为不是这样，起码不全是这样。(王小波《怀疑三部曲》)

另外，这几个副词限定的对象一般在其后，但特殊情况下，“起码”“不止”的语序也可以颠倒，如“三个何止”，“不只”则不能这样变换语序。例如：

(204) 这人认识的阔人很多，是由十多名同乡议员，公函警厅，保准了的免考医生。手段虽不能十分高明，门诊费却走二元，出诊也是五元起码。(张恨水《春明外史》)

(205) 贝贝原被摔得压进胸腔了的脑袋拔出来了，似乎一米八二不止，肃穆而更显伟岸。(尤凤伟《石门夜话》)

在语体上，“不止+一量名”结构在文学语体中用法远超过其他语体。

4.3.4 至多/顶多/最多，至少/最少

“至多”“顶多”“最多”“至少”“最少”都是表示约量，其所表范围与词语意义具有一定的矛盾性，其中带有语素“多”的反而表示少量，带有语素“少”却表示多量。例如：

(206) 他的话很少，操着河州口音，说出的话语句也很短，至多两三个词，老像是有满腹心思。(张贤亮《绿化树》)

(207) 按当地法律，做旅游向导要经过至少一年的训练，但特姆伯尔仅仅用了三个月就顺利地通过了严格的考试，取得了在河流中从事旅游向导的资格。(吴会艺编译《“马”口脱险》)

例(206)中“至多”限制范围上限为“两三个词”，重点强调少量；例(207)中“至少”限制范围下限为“一年的训练”，着重凸显多量。

“顶多”“最多”“最少”在《现代汉语词典》(第7版)中没有收录副词的用法，但从其使用情况看，我们发现其与其他约量范围副词具有一致性。例如：

(208) 纪昀站起来回话：“也没什么好收拾的，两个肩膀一个脑袋，顶多再带着那张纸。”(电视剧《铁齿铜牙纪晓岚》)

(209) 女的最多二十五六岁，苗条俊秀，尤其一双眼睛，顾盼神飞，柔情如水。(雪菲《“第三者”协会见闻录》)

(210) B：现在这个局面，只要白球做得细，就没问题，现在塞尔比就开始做开了，现在打起来就很顺。

A：刚才说这个，最少拿三局，塞尔比都要拿到六局了。(2015年斯诺克中国公开赛决赛(威尔森对塞尔比)解说词)

我们认为，语义上“至多”“顶多”两者对应于“至少”，所以分工非常明显。例如：

(211) 这个有关一位自幼失明的患者在成年重见光明的电话也暗含了这样一种情形，其罕见性正如眼科医生阿尔佩托·瓦尔沃在《长期失明后重获视力》一书中写的那样：“实际上，过去一千多年来，我们了解的类似例子最多20个。”(奥利佛·萨克斯《火星上的人类学家》)

(212) “对对，体格十分了得，另一个瘦瘦小小，个头顶多1米50。小个子穿着倒像模像样。不过哪个一看都不地道。”(村上春树《世界尽头与冷酷仙境》)

上面例子中，“最多”与“顶多”都不能用“至多”替代。

搭配上，“最少”作为限定成分，一般限定数量(包括年龄)，但若对象是其他类型，则强调一种底线，对象是某个序列中较低的层次时；而“至少”后接成分没有明显倾向。例如：

(213) 在作者眼里，这些道貌岸然、故作正经的政客、生意人和法律的维护者比黑手党更残酷无情、十恶不赦，他们的道德行为远不如西西里杀手，因为西西里杀手至少并不伤害无辜的百姓，而这群人为了切身利益而肆意鱼肉百姓。(庆云《从〈教父〉到〈末代教父〉》)

(214) 你可能不知道，美国一位专门研究超自然现象的专家自赖特·史德加博士，就写过一本《奇异的失踪》的书，收集了不少集体失踪事件，所牵涉的人数，由最少十二人到最多四千人……(路遥《平凡的世界》)

(215) 最少在表象上看，下一步将从自己写作史上的一个新的起点出发了。下一个数量上的目标是越过这一部的二分之一处。(路遥《早晨从中午开始》)

(216) 最少在眼下,他不愿带着脸上的疤痕,和任何女性相跟着逛大街,他无法忍受陌生人用异样的目光看他和身边两个漂亮的妹妹。(路遥《平凡的世界》)

语体风格上,比较鲜明的是"至多"与"顶多",前者是正式体的典雅用法,后者是非正式体用法。例如:

(217) 决定重启一项旨在刺激经济的债券购买计划,从本月8日起追加购买600亿英镑的英国政府债券,购买至多100亿英镑的英国企业债,将金融资产购买计划扩大至4350亿英镑。(《人民日报》2016-08-09)

(218) 每勇出至隘口驻防。给费至多不得过钱百文。召至县城听候调遣。(《皇朝经世文续编》史藏\经世文编)

(219) 宝玉道:"这几天就打算走。因为刻正是穿来袍的时候,行李不必多带,只要带几件单夹及夏衣就够了;并且连衣箱也不必用,只要买一个外国的大皮匣就是。我顶多一两个月就回来。"(《新石头记》集藏\小说)

(220) 校长:就可以有考试资格了。这个时候儿,通知你来练车。你又省油……又那什么,让学员觉得快。

刘爽:嗯。

校长:学员呢,顶多就是着急,怎么还不让我上车,怎么还不让我上车?但是一旦让你上了车,有一个心理的一个问题。就是你上了车了,就把过去在家等待的那段时间就忘了,淡忘了。(自然口语)

5. 范围副词"就"与"just"比较

范围副词的存在具有类型学上的共性,很多语言中都有范围副词,以表唯一量的范围副词为例,汉语中表唯一量的范围副词有"单、独、仅、只、只有、光、唯、就、才"等,英语中表唯一量的范围副词有"only、merely、just、barely、simply、but"等；但受制于具体的语言规则及语言使用习惯，不同语言的范围副词系统也具有一定的不对等性，并体现在句法、语义与语用等多个方面。关于英汉唯一量范围副词的比较，卢英顺(1995)认为英语中的"only"和汉语中的"只"，无论在句法分布、语义指向，还是在语用方面都有某些相似之处，但又存在着差别。徐以中(2010)从语用前提制约语义指向的角度解释了导致"只"与"only"异同的深层动因；并认为在主观性上这两个词都有主观性与客观性的用法，但"only"的主观性比"只"的主观程度更为强烈。丁后银(2003)在比较汉语副词"只"和英语副词"only"的语用指向后发现，汉语中主语前的"只"只能指向主语，主语后的"只"既能指单项，也能指多项联合体；而英语中主语前的"only"指向主语，主语后的"only"可以修饰句子任何成分；主语前后的"只"存在着语用歧义。综上，现有研究大部分集中在"只"与"only"的对比上，少见对其他表唯一量的范围副词进行对比研究，故本节选取在汉语和英语中同样具有代表性的表唯一量的范围副词"就"与"just"进行对比分析，探究其在句法语义上的共性与差异，以为整体对比提供一定的参考。

5.1 "就"和"just"的句法特点对比

5.1.1 句法分布的异同

从句法分布上看，"就"和"just"的相同点在于其与主语的位置关系上，既可位于主语之前，也可位于主语后、谓语前。例如：

(221) 天空一下延伸展开，无边无际，四周一片空旷，就我一个人在飘浮。(谭恩美《喜福会》)

(222) 他就买了可口可乐。(阿瑟·黑利《汽车城》)

(223) Just I ate the most.(BCC 双语语料库)

(就我吃得多)

(224) He just tipped the ball with his bat.(BCC 双语语料库)

(他只是用球棒擦击来球。)

例(221)中"就"位于句首,修饰主语"我",将该范围的所有人限制在我"一个人"上;例(222)"就"位于主谓之间,所修饰的成分不同,修饰的是谓语所表示的行为,但在语义上将所买东西的范围限制在"可口可乐"上。例(223)中"just"位于句首限制"I",将人物范围限制在"I"上;例(224)中"just"修饰其后的谓语,将"with his bat"可作的行为范围限制在"tipped the ball"这一动作上。

二者在句法分布上的不同体现在其与宾语的位置关系上,"就"只能用于谓语前,即使是其在语义上指向宾语的情况,也不可直接修饰宾语;而"just"既可用于谓语前,也可位于谓语后、宾语前,直接修饰宾语。例如:

(225) a. 耕二来晚了五分钟。他动静很大地拉过椅子,坐在对面的位子上,然后问道:"过得怎么样?"说着接过透递过来菜单,"啊,肚子还真饿了。午饭<u>就吃了点三明治</u>。"(江国香织《东京塔》)

b*. 午饭<u>吃了就(一)点</u><u>三明治</u>。

(226) a. They played <u>just the male fairy-wren call</u>. Then they played the trill of the wrens singing immediately after the butcherbirds. (BCC 双语语料库)

(研讨人员首先只播放了雄鸟的平凡鸣声,然后播放了伯劳鸟的警告声及雄鸟当即做出的归反响。)

b. They <u>just played the male fairy-wren call.</u>

例(225)中"午饭就吃了点三明治"的语序是固定的,"就"在其中无法自由移动,即使其在语义上指向宾语"三明治"。例(226)中"just"的位置可自由变换,变换前后的句子都是合格的。但语义有细微变化,即前者是将"所播放内容的范围"限制在"the male fairy-wren call"上;而后者则是将他们的行为范围限制在"played the male fairy-wren call"这一行为上。"就"与"just"与宾语位置关系存在不同的原因在于语义关联的不同,"就"在语义关联上是双向的,既向前关联主语,又往后关联宾语,还关联谓语动词所表示的行为,即其与句中所有成分间的关系都是直接的,因此只有处于主语后、谓语前才能管控所有成分。而"just"对句法成分的管控作用相对而言没有这么严格,既可以有严式管控,即直接管控句中的主语、谓语和宾语成分,此时"just"必须位于主语后、谓语前;也可以宽式管控,即直接管控谓语与宾语、间接关联主语成分,此时"just"则可位于谓语后、宾语前。

二者在句法分布上的不同还表现在主系表句式中,"就"一般用在系词前,而"just"一般位于系表结构之间。例如:

(227) a. 屋里的全部家具就只是一只跪凳和一座小祭台,上面有一个十字架和几只花瓶。(缪塞《一个世纪儿的忏悔》)

b*. 屋里的全部家具只是就一只跪凳和一座小祭台。

(228) a. People walking street, I was just the most ordinary a piece of dust. (BCC 双语语料库)

(人来人往的街头,我只是最平凡的一颗尘埃。)

b*. I just was the most ordinary a piece of dust.

上例中"就"位于系表结构"只是一只跪凳和一座小祭台"之前,将屋里家具的范围限制在该结构所表的确定量上;若将"就"置于系词后,则句子不合格,如例(227b)。"just"位于系词和表语之间,起限定范围的作用;若"just"置于系词前,句子同样不合格,如例(228b)。二者在主系表结构中所处位置的不同与英汉语本身的句法规则有关,汉语中副词一般用于系词前,而英语中副词则只能位于系词与表语之间。

此外,二者在句法分布上的不同还体现在其与介词结构的位置关系上,"就"一般只能用于介词结构之前;而"just"既可用于介词结构之前,也可插入介词结构之中。例如:

(229) a. 就在火车拉起长长的汽笛即将开动的时刻,热妮亚

冲上了站台。(瓦西里耶夫《这里的黎明静悄悄》)

b*. 在就火车拉起长长的汽笛即将开动的时刻。

(230) You won't dignify the house just by painting it. (BCC双语语料库)

(仅仅通过粉刷房子不会给房子增添光彩。)

(231) a. Stephanie and David redecorated a room in just three days. (BCC双语语料库)

(斯蒂芬妮和戴维仅在3天之内就重新装修了一个房间。)

b. Stephanie and David redecorated a room just in three days.

例(229a)"就"在介词结构前用于修饰介词结构所表时间点,"就"的位置固定,不能自由移动;若移动,则句子不合格,如例(229b)。而"just"位置则较为自由,如例(230)同样是修饰表时间范围的介词结构,其既可以置于介词与介引成分之间,如例(231a);也可置于介词结构之间,如例(231b)。但位置的变化必然会造成语义的细微变化,"just"位于整个介词结构前强调的是在这整个时间段之中;而位于介引成分之前时则仅仅强调时间。

以上三方面的区别究其根本在于"就"与"just"是否能否在宾语前位置出现,具体体现为能否在动词宾语、系词宾语与介词宾语前出现。据上文分析可知,"就"不能直接出现在宾语前的位置,原因在于汉语谓语与宾语成分之间并无空位,无法插入异类成分;"just"则无此限制,可自由出现在宾语前的位置,无论是何类宾语都适用。

5.1.2　充当句法成分能力的异同

从充当句法成分的能力上看,"就"和"just"都可做状语。从状语所修饰的成分上看,"就"和"just"作状语时既可修饰动词性成分,也可直接修饰名词性成分,还可修饰分句。例如:

(232) 那人提了一大桶肥皂水叫她喝,她就喝了一口,然后往

空桶里吐。(王小波《青铜时代》)

(233) 总统的命令就三个字,如同上校的回答一样,干脆果断。(阿尔伯特·哈伯德《致加西亚的信》)

(234) 那天,就因为三浦晚来了一个小时,竟与女儿失之交臂。(川端康成《生为女人》)

(235) By doing what they did, they just hurt the people in their community. (BCC双语语料库)

(通过做他们的那些事,他们只会伤害自己社区的人们。)

(236) That's just one example of the kind of experiments you can do. (BCC双语语料库)

(这只是你所能做的实验中的一个例子。)

(237) Don't belittle her piano playing just because you're jealous. (BCC双语语料库)

(不要仅仅因为你忌妒而贬低她的钢琴弹奏。)

副词作状语最为常见的用法是修饰动词性成分,"就"与"just"也有大量修饰动词的用法,主要是用作范围状语,限制行为范围以及与行为相关的宾语范围;"就"与"just"直接修饰名词性成分的情况也大量存在,构成"副名结构",限制范围;"就"与"just"同样可直接修饰小句,一般是修饰从句,将其作为主句所表示的与之范围相关的一个特例,例(234)"就"将"三浦晚来了一个小时"限制为"那天与女儿失之交臂"的唯一原因,将原因这一范围最小化,例(237)同样如此,"just"将"you're jealous"作为"belittle her piano playing"所产生原因的范围中的唯一存在。

二者在充当句法成分能力上的不同主要在于"就"不能单独使用,只能与其他成分结合后才能置于句末位;而"just"则可单独位于句末。例如:

(238) 如果您想见我,立即过来,就现在。(欧文·华莱士《圣地》)

(239) Liking maybe it's just absolute — just. (BCC双语语料库)

(喜欢可能只是绝对的——只是。)

例(238)中"就"无法单独置于句末，否则句子不合法，只能与"现在"组合共同作时间补语，对"立即过来"起补充作用；而"just"则可单独置于句末，如例(239)。究其原因，可能与音节韵律有关，"就"作为单音节词，其在独用性上本身就不强，很少直接单独出现在无其他句法成分依托的环境中，若换为同义的双音节词，则独用的合格性可能会增加许多；而英语中并无单音节词与双音节词的使用限制，故"just"的独用性也未受到限制，可以单独作为补语使用。

二者充当句法成分能力的差异还表现在"就"可构成特殊句式"NP＋就＋NP＋数量名"与"NP＋就＋NP"，表示在某个范围中只存在某个成分，某种程度上"就"在该句式中可以看作谓语成分，相当于"只有"；"just"则无此用法。例如：

(240) 当时，我手上管理的美元可以说是用"亿"计的，但是我不要，并且把自己所有的职权全部取消。虽然面上这么做，其实我心里很清楚，我穷不了，也饿不死的。因为家就在那儿，家里8个孩子中就我一个女儿，他们会看着我挨饿吗？所以我并没有对未来的贫穷或饥饿心存恐惧。(BCC科技文献)

(241) 靠政府救济度日的李阿伯家中就一间低矮的小房，是李向群在春节期间约上4位战友为他搭起了厨房，又在房前屋后给他种上了菜。(《人民日报》1999-02-24)

"NP＋就＋NP＋数量名"与"NP＋就＋NP"是汉语中极为特殊的句式，前者侧重对范围中数量成分的强调说明，后者侧重对范围中具体成分的限定。但不论是哪个句式中，"就"的存在都使句子的合格性大大增强，使句子在句法成分上具有完整性，在语义上凸显前后成分间的范围关系。

5.1.3 与其他副词成分共现的异同

从共现成分来看，“就”和“just”都可以与其他类副词共现。在具体的类别上，二者都可受焦点副词的修饰，焦点副词是指对所修饰的词进行强调，使之成为人们注意焦点的副词，带有双重强调之义，其在语用功能上与“就”和“just”类似，共现时带有双重强调的意味。例如：

(242) 也就三天没人住，一推开家门，一股热浪扑面而来。(渡边淳一《如此之爱》)

(243) But secretly he'll freak out if you take him to Ruth's Chris, even just the one teeny time. (BCC 双语语料库)

(但是私底下，如果你带他去的是“茹丝葵”，他会高兴地发疯的，就算你只带他去一次。)

例(242)中“也”与“就”连用，是对“三天”时间的双重强调，以凸显内心对眼前场景的不可置信；例(243)中“even”与“just”连用同样是对“the one teeny time”的重点强调。

“就”和“just”还可与同类的范围副词共现，与同类范围副词共现时有时在前，有时在后。例如：

(244) 我替你想想，倒真是够呛，别的不说，光就你身边那几个精明人，你恐怕就对付不了。(格非《江南三部曲》)

(245) 若我们要来写一部历史，如《中华民国史》之类，单就文体论，便有大问题。(钱穆《中国史学名著》)

(246) 在东方除了两个远在十里以外金字塔形的岛屿以外，就只一片为日光镀上银色的大海。(沈从文《如蕤集》)

(247) We have not planned its, only just spontaneous. (BCC 双语语料库)

(我们没有计划它，只是自发的。)

(248) Nowadays, up to the bottom, everyone is just only thinking of themselves when every politician and businessman is

corrupted.（BCC 双语语料库）

（如今，当政客和商人都腐败的时候，每个人都只想到自己。）

（249）I just merely escorted the investigators around the ship.

（我只是在船的周围护送调查人员。）

上例中“单就”“光就”“就只”与“only just”“just only”“just merely”都是同类唯一量范围副词连用的情况。由于同类范围副词在句法语义上差别不大，所以连用时前后位置也较为自由，视习惯而定。

“就”与“just”有时还可与不止一个副词成分共现。例如：

（250）“是些什么样的客人?”我就问。“哎呀，其实也就只一个客人，没有第二个。”格温说。（埃里奇·西格尔《奥利弗的故事》）

（251）For example，if you spend sometimes even just only 10 to 15 percent of a replacement cost，you can make this dangerous。（BCC 双语语料库）

（例如，如果你有时只花费更换成本的10%到15%，你就会变得很危险。）

（252）My seminary experience was not just merely academic.（BCC 双语语料库）

（我的神学院经历不仅仅是学术性的。）

例（250）—（251）是焦点副词与两个范围副词共现的情况，例（252）是否定副词与两个范围副词连用的情况，这三例中有两个成分都是同类的。

综上，我们发现“就”与“just”在与副词成分共现时其中有一个共现副词要么是同类副词，要么是一个虽不同类，但在语用功能上与之相近，都起强调作用的副词，可见“就”与“just”与副词共现时受一定条件的限制，有其内在规律。但换个角度而言，“就”

与"just"同其共现成分在句法上占据同一位置，在语义上表义相近甚至相同，在功能上也差别不大，故其共现也带有一定的冗余性。

5.2 "就"和"just"的语义特点对比

5.2.1 语义特征的异同

"就"和"just"都是表唯一量的范围副词，二者具有共同的语义特征，即[+限制最小量]，将所表范围限制在"就"和"just"后成分所表的最小量上，这里的最小量是相对而言确定的小量，并非仅仅只是单量。例如：

(253) 世界上就一个人我不敢打，就是我爸。(严歌苓《陆犯焉识》)

(254) 公安局的人一看，就五个羊蹄，事不大，就说："你写个检查吧！"(汪曾祺《讲用》)

(255) With only a single vote, you see just the one element in the data series. (BCC 双语语料库)

(由于只有一个投票，所以您在数据系列中只能看到一个元素。)

(256) The image push has expanded enormously in just the five years since Hu last visited the U. S. in April 2006. (BCC 双语语料库)

(自 2006 年胡锦涛主席上次访美后的 5 年间，中国便开始大规模的进行形象推广。)

例(253)与(255)限制的是单量范围，例(254)与(256)限制的并非单量，但在语义上表示的是所表范围中的最小量，在某种程度上也可看作唯一量。

"就"和"just"共同的语义特征还表现在二者都具有[+排他性]上。"就"和"just"的作用在于将范围限制在其后成分所表的范围内，并以此排除不属于该唯一量的范围中的任何其他成分，具有强烈的排他性。例如：

(257) 我们家就一个闺女，你们家就一个儿子，过了这村，没了这店，想热闹也找不到机会。(李国文《世态种种——爱之极》)

(258) It allows you to open the/etc/passwd file and read each line one at a time, cutting out just the first field in the file and then printing that line. (BCC 双语语料库)

(它允许您打开/etc/passwd 文件，并且每次读取其中的一行内容，仅截取文件中的第一个字段，然后打印这行内容。)

例(257)中"就一个闺女"指在逻辑上排除"我们家"有任何其他孩子的可能性，包括其他儿子与闺女，"就一个儿子"则是在逻辑上排除"你们家"有任何其他孩子的可能，具有绝对的排他性。例(258)同样如此，"just the first field in the file"在逻辑上排除"the file"中的任何其他内容，仅能涵盖"the first field in the file"，也具有绝对排他性。这也在某种程度上验证了"就"和"just"表唯一量在逻辑上的合格性，"就"和"just"表唯一量是根据其绝对排他性来确定的，而非仅仅依据数量上的单复数。

"就"和"just"在语义上都具有[+有界]的特征，但二者的严格程度有所不同，"就"对该特征的严格程度大于"just"。"just"与名词性成分组合时语义限制显然更少，既可与具体的数量范围组合，也可与表集合概念的词或短语组合；而"就"在名词性成分组合时一般要与数量短语、指示代词或限定性形容词等确定表有界的成分共现，否则在结构上不合格。例如：

(259) a. 我说："这牛究竟有多少名字？"老人回答："这牛叫福贵，就一个名字。"(余华《活着》)

b*. 这牛叫福贵，就名字。

(260) a. "有行李吗，阁下？"车夫问。"谁——我？就这棕色纸包儿，就这个，别的行李要走水路。"(狄更斯《匹克威克外传》)

b*. 就纸包儿。

(261) This is just a very small little summary.（BCC 双语语料库）

（这个只是一个很短小的总结。）

(262) a. It's just the paper. Paper on top of paper on top of paper.（BCC 双语语料库）

（就只是纸，一张张的纸叠着纸。）

b. It's just a paper.

例(259)—(260)中的"就"只能与数量名短语结合表示唯一量，若直接与名词组合则句子不合格，在语义上也无法表示确定量。而"just"在语义上的限制更小，其既可表示集合概念，也可表示集合中的确定量，不过在语义上这两者都是表示唯一量，只是参照点不同。如例(262a)表示的是在所有事物范围中的唯一量"paper"，将事物看作一个整体加以量化，每种事物都相当于一个单量；例(262b)则表示的是所有事物中确定的一张纸，同样是量化事物，但这里借助了明确的数量词定量。

5.2.2 语义指向的异同

语义指向是范围副词分类的基础，这一标准同样适用于不同语言范围副词的对比。"就"和"just"在语义指向上的相同点在于二者都明确指向其后的成分。例如：

(263) 他们问：你肯定这条巷子就一个厕所吗？我肯定。（弗兰克·迈考特《安琪拉的灰烬》）

(264) 院子里一个"极左大娘"叫顺姐写我的大字报。顺姐说：写别的太太，都可以，就这个太太她不能写。她举出种种原因，"极左大娘"也无可奈何。（杨绛《顺姐的"自由恋爱"》）

(265) The whole world, not just the people of Burma, suffers from this loss.（BCC 双语语料库）

（整个世界，不仅是缅甸人民，都在为遭受这一损失而悲痛。）

(266) All the parameters of incubator are agreement, just

the different volume of the workroom about the model.（BCC 双语语料库）

（培养箱的各项性能参数均一致，型号只是工作室容积大小的区别。）

上例中"就"的语义明确指向其后成分"一个厕所""这个太太"，将范围限定在其所表示的唯一量上；"just"的语义指向其后成分"the people of Burma""the different volume of the workroom about the model"，将其限定为唯一量。

当"就"和"just"前后的成分在语义上具有整体与部分的关联性时，"就"和"just"在语义指向上与前后的成分都相关，前面成分作为限定范围的基础而存在，其后成分则是所限定范围的结果，"就"和"just"在关联二者的同时限定范围。例如：

（267）楚云也附和道："比你大哥强，当了十年副部级，国务院就他一个。天雄，我们都支持你。"（柳建伟《英雄时代》）

（268）The bed where he laid on is just the one which he has slept on for thirty-five years.（BCC 双语语料库）

（他躺在一张已经躺过三十五年的熟悉的床上。）

上例中"国务院就他一个"中"就"关联句中的范围成分"国务院"，并以此为基础结合前文条件将范围限定在"他（你大哥）"上；"just"则关联范围成分"The bed where he laid on"与范围中唯一成员"the one which he has slept on for thirty-five years"。

"就"和"just"在语义指向上的不同点在于"just"有时可单独使用，用于前指整个句子所表示的判断范围，而"就"则不能前指整个句子。例如：

（269）*吃了两口，就。

（270）That's the solution. Just. Don't do it.（BCC 双语语料库）

（这只是一个解决办法而已，不要去执行它。）

5.3 "就"和"just"的语用功能对比

"就"和"just"在语用功能上相同,都可以看作话语标记,具体可作排他标记、焦点标记与关联标记。

5.3.1 排他标记

"就"和"just"在语义上具有绝对的排他性,也造成其在语用上可作为排他标记使用。例如:

(271) 在两排大约有15张小床的当中,醒着的就他一个。(小川洋子《博士的爱情算式》)

(272) 他家就他一个人在外边,脱离了农村户口。(王小波《东宫·西宫》)

(273) Though she annoys me to no end, sometimes my roommate is just the person I want to see. (BCC双语语料库)

(对于我的室友,虽然我总是不胜其烦,但有时她是我唯一想见到的人。)

上例中"就"和"just"的存在标志着除该成分外所有范围中其他成员都不符合句子判断,如例(271)在"在两排大约有15张小床的当中醒着的人"这一范围中排除了除"他"外的所有人,例(272)排除了"他家在外面的人"这一范围中除"他"外的所有人,例(273)排除了"the person I want to see"这一范围中除"my roommate"外的所有人。"就"和"just"后的成分总是具有排他性,故其的存在具有明显的可识别性。

5.3.2 焦点标记

"就"和"just"作为焦点标记是其最重要的语用功能的体现,"就"和"just"的作用便在于强调,强调范围中的唯一量。"就"和"just"无论位于句中哪个位置、后接何种句法成分,其后的成分总是句子的焦点所在,表达句子着重凸显的信息。例如:

(274) 一个想法闪过我的脑子,我可以在这住一晚上,就一晚上,我可以明天再向他们解释。(索菲·金塞拉《家政女王》)

(275) “就现在这一刻，您有何想法?”于盖特向我发问。(西蒙娜·德·波伏娃《名士风流》)

(276) When I was six years old I met him in the playground and he came up to me with a daisy, just the one, and knelt on both knees and asked me to marry him. (BCC 双语语料库)

(在我6岁时我们初次相遇，那时他向我走来，手里握着一只雏菊，只有一只，接着他双膝跪地问我是否能嫁给他。)

(277) Just today, I feel my left eye has pretty much stopped ghosting and vision is amazing!

(就在今天，我觉得我的左眼差不多停止了看见鬼，太神奇了!)

例(274)与(276)的“就一晚上”“just the one”，都是对已表示范围最小量的再次强调，是句子的语义重心所在；例(275)与(277)中的“就现在这一刻”“Just today”，但同样是作为句子的焦点成分，强调的是“就”与“just”后接的时刻，而非在该时刻发生的事件。

5.3.3 关联标记

“就”也可作为关联成分使用，可充当语篇的关联标记，尤其是在对话中较为常见。例如：

(278) “地委牛书记让你赶快到地区去一趟。”“啥时候?”“就今儿。就现在。就眼下。”(阎连科《受活》)

(279) 基德恳求道：“给我三天时间，你可能会好转的；也许会有奇迹。”“不行。”“就三天。”“你马上上路!”“两天。”(杰克·伦敦《银白的寂静》)

上例中“就今儿”“就现在”“就眼下”“就三天”都是对上文的回答，是对时间点的一再强调，在该语境下，句法成分可承前承后省略，由“就”连接上文。

相较而言，“just”作为关联标记的情况更为复杂，主要包括：一是常与“not、just”共同构成“not just ... but ...”或“but ...

not just . . . ”复合关联结构，意为“不仅是……而是……”，表示并列转折关系；二是与“if”共现构成“if . . . just . . . ”或“just . . . if . . . ”结构，意为“如果……就……”，表示假设关系；三是表示条件关系，一般与“and”连用，“and”后的句子表示该条件所产生的结果；四是与“only”连用构成“only . . . not just . . . ”的复合关联结构，意为“只有……而不仅……才……”，表示转折条件关系。例如：

(280) Not just the people you like, or the people you get along with, but everyone. (BCC 双语语料库)

(不仅是你喜欢的人或是与你相处好的人，而是每一个人。)

(281) But we should choose the right path, not just the easy path. (BCC 双语语料库)

(我们应该选择正确的道路，而非省力之途。)

(282) If anyone asks you, just dummy up. (BCC 双语语料库)

(如有人问起，你就装哑巴。)

(283) Just ring if you need anything. (BCC 双语语料库)

(如果你需要什么东西，你就按铃。)

(284) Just give her some apple and she blisses out. (BCC 双语语料库)

(只要给她苹果，她就很开心。)

(285) A peaceful future is possible only with two states, not just the one. (BCC 双语语料库)

(只有两个国家，而不只是一个国家共同努力，才有可能有一个和平的未来。)

“just”作为关联标记的同时也限制范围，其在表并列转折关系时直接关联的是某一个在范围中具有特殊地位的成分，而转折连词“but”后接的是整体范围或范围中的其他成分，前后成分具有范围关系，如例(280)中"the people you like、the people you get along with"是"all people"中具有特别意义的一部分，是需着重强调的部分。其在表假设关系时，"just"后接的成分是在假设关系下的唯一结果，如例(282)的"dummy up"是在"anyone asks you"这一假设条件下进行选择的能满足行为人需要的一种行为。"just"与"and"连用表示条件关系时后接的成分是唯一性条件，只要实现该条件，就能实现所想要的结果，如例(284)中只要有"give her some apple"这一条件就能得到"she blisses out"的结果。"just"在"only... not just..."转折条件关系中连接的是转折部分，是在范围中具有代表性的成分，是作为对立条件予以强调的，如例(285)中的"the one"是在话语中予以否定的条件。

5.4　小结

综上所述，"就"和"just"作为表示唯一量的范围副词在句法、语义、语用上既有共性也有差异。首先，在句法上，二者在句法分布上的共性在于其可在主语前后自由出现，区别在于"就"不能出现在宾语(包括动词宾语、系词宾语、介词宾语)前位置，而"just"可以；二者在充当句法成分能力上的共性在于都可作状语，区别在于"就"可在某些特殊句式中占据谓语的位置，而"just"有时可在句末作补语。其次，在语义上，二者在语义特征上的共性表现为都具有[＋限制最小量][＋排他性][＋有界]的特征，区别在于二者对[有界]特征的要求松紧程度不同。最后，在语用上，二者可作为话语标记，包括排他标记、焦点标记与关联标记，区别在于"just"在作为关联标记的适用范围更广。由此可知范围副词的存在具有类型学的共性，但也受制于各自语言的具体规则，呈现出不同的具体差异，故要在类型学的基础上进一步认识各自语言范围副词系统的共性与个性，为跨语言交际、教育、翻译等提供一定的理论基础。

6. 结语

本章对汉语范围副词及其句法语义特点进行了探讨，既吸收了前人研究的精华，又提出了一部分新见解，对汉语范围副词理论体系的建构有一定的积极作用。具体而言，本章首先对汉语学界有关范围副词的研究进行了综述，概括了现有研究的特点并提出不足，为范围副词的研究提供一定的方向。其次，根据第 2 章的特征系统类型对汉语范围副词进行了分类，先将范围副词二分为确量与约量范围副词，再将确量范围副词二分为全量范围副词与唯一范围副词，并分三节分别讨论其句法语义特点，具体研究其语义特点、句法功能、连用情况以及同类相近范围副词的异同，以对范围副词系统有更清楚的认识。最后还对英汉典型的范围副词“就”与“just”进行个案比较，揭示其在句法、语义、语用上的共性与差异，以期为范围副词的类型学研究提供参考。

第8章　汉语限定性范围构式个案研究

1. 引言

汉语中有一些比较典型的范围构式，如“从X到Y”构式（朱军2010b）、“除了……，X”构式（朱军、盛新华2006）、“X＋之/以＋方位词”构式（王娟2012）等。之所以说它们是典型的范围构式，是因为其体现了范围范畴的一些特征，如表达的范围意义有清晰的界限，可以表达多种范围子类（次类范畴），构式具有压制功能等。我们仍以朱军（2010b）对“从X到Y”构式的分析为例：

“从X到Y”构式的基本语义是表示范围，“限定性”是其基本的语法功能，具有明显的界限性（起点—终点），而且可以表示时间、空间、事物、行为等多个范围子范畴。同时，它们都可以“序列化”，具体来说，语言成分一旦进入“从X到Y”构式中就被序列化了，不管它原来有没有序列性的特点。这就说明此构式具有成分不具备的形式与功能，能赋予进入构式的成分新的意义与功能，体现了构式的压制功能。（Adele，E. Goldberg，1995，2007）

汉语中能够表达范围语义的构式有很多，本章我们选取四个范围构式专题来进一步加深对范围范畴的认识，考虑到研究的针对性，主要涉及到的是限定类范围构式。

2. “$N_{方}$至 N”类限定范围构式研究

“$N_{方}$至 N”范围构式具有鲜明的形式特征，动词“至”（也常为“自”“到”）前面的名词是方位词，后面的名词一般是表处所义名词，也可以是其他名词或短语。该构式从结构上说是“$N_{方}$至＋N”；从语义上看是“为某对象提供一个空间或其他意义的界限”，这个界限可以是确定的，也可以是不确定的。

2.1 “$N_{方}$至 N”的形式与组合特点

2.1.1 $N_{方}$的特点

1）$N_{方}$为“上/下”

$N_{方}$为“上/下”时的特点是“上至 N”与“下至 N”配套使用，这在我们收集的语料中是最常见的类型。例如：

（1）有路电车上至布洛夫卡下至电气公司。（奥尔罕·帕慕克《新生活》）

（2）发表机关上至中央下至区乡。（《人民日报》1953－09－12）

（3）一个月内，收到选票 4733 张，投票人上至六七十岁的白发老人，下至天真烂漫的学前儿童。（《人民日报》1992－04－29）

（4）沿儿庄人上至七老八十，下至童男童女，倘若不会造炮，非残即傻。（冯骥才《炮打双灯》）

“上至 N”与“下至 N”的组合可以在一个句法结构中，如例（1）、例（2），也可以在不同的分句中，如例（3）、例（4）。

要注意的是，“上至”“下至”在配位的时候，常用一些类似的词语代替，起到同样的作用，特别是“下至”。例如：

（5）庙内碑刻上至两汉，下迄民国。（BCC 科技文献）

（6）此书上至先秦，下达明初，装成 11095 册，是中国古代最大的百科全书。（BCC 微博）

（7）参考人员上至集团军领导和机关人员，下到班、排战士。

(《人民日报》1990-12-22)

上面例句中的“下迄”“下达”“下到”与“下至”的功能是基本一致的，它们构成的小句与“上至”句一起构成一个相对确定的范围(时间范围、人物范围)。

一般来说，“上至N”与“下至N”搭配时，语序基本是：“上至N”>“下至N”，只有极少数例外。例如：

(8) 申纪兰说：“下至农村上至国家大事，我都要举手，要不说句公道话，还叫什么人大代表?”(《人民日报》2011-06-02)

此例的语序倒也是可以解释的，遵循从小到大的事理语序，具有语义逻辑上的关联性。

2) $N_{方}$为“东/南/西/北”

$N_{方}$为“东/南/西/北”时基本是四个综合使用，称为“四至”。例如：

(9) 马江-快安片区东至红山油库，南至闽江沿岸，西至鼓山镇界，北至鼓山麓；长安片区东至闽江边，南至亭江镇东街山，西至罗长高速公路和山体，北至琯头镇界；南台岛区东至三环路，南至林浦路，西至前横南路，北面以闽江岸线为界；琅岐区东至环岛路，南至闽江码头进岛路，西至闽江边，北面以规划道路为界。福州保税港区9.26平方公里(已封关面积2.34平方公里)。A区东至西港，南至新江公路，西至经七路，北至纬六路；B区东至14号泊位，南至兴化湾，西至滩涂，北至兴林路。(《人民日报海外版》2015-01-02)

上面的例句是标准的“四至”空间范围表达模式，甚至于“四至”的排序都是确定的(东、南、西、北)。

也有一些相对灵活的表达方式，“四至”用类似的词语替代，排序也没有那么整齐划一。例如：

(10) 现华北解放区东至渤海，西抵同蒲，北起多伦，南迄黄河的广大土地上，所有敌人的武装力量都已肃清。(《人民日报》

1949-05-08）

（11）我们的旅程北自新德里，南至马德拉斯，东自加尔各答，西至孟买，行程共计八千八百多公里。（冰心《冰心全集第四卷》）

（12）30多年来，白描脚步西至新疆和田，东至上海苏州扬州等玉雕重镇，北达内蒙古红山文化发祥地赤峰，南到翡翠之乡腾冲、瑞丽等地，足迹遍及玉石、翡翠之路。（《人民日报》2016-02-23）

上面三例与前面第一个例子稍有不同，句子为避免结构单一而强调动词的变化，“东至”“西抵”“北起”“南迄”“东至”“南到”，同时语序也没有完全按“东”“南”“西”“北”的顺序排列，但表空间范围的功能是一样的。

“四至”是完整的表达方式，但根据具体情况（如空间位置并不是四方形）以及表达的需要，有时可以单用或对用。

先看单用的情况，例如：

（13）试验区的区界北至黄河航道中心线，即包括黄河南大堤到航道中心线之间30000亩左右滩地。（《人民日报》1999-11-24）

（14）最新考古发现万里长城西至罗布泊。（《人民日报海外版》2001-02-23）

上面的例句中，都是单用情况，一般表达的范围不是太确定，但语境或话语背景能起到一定的补充作用，能增加一些确定因素。如例（13）中后面的“包括”句（“包括”也表范围）；例（14）是基于考古知识，“东至”“南至”“北至”没有变，变化的只有“西至”。

再看对用的情况，例如：

（15）沙湾林场所辖范围东至玛纳斯河，西至鹿角湾六七十公里山区，有森林总面积77221公顷。（BCC科技文献）

（16）从昨晚到今天，全省人民东至东海岸，西至鲁西平原，纷纷收听广播和集会游行，表示决心以实际行动来打击美帝国主义

的挑衅行为。(《人民日报》1958-09-09)

对用的基本是“东至”与“西至”、“南至”与“北至”,我们的语料中只有前者,如果说“四至”表示的范围是封闭的、平面的,对用所表达的范围则是半开放的、线性的。

我们的语料中没有发现三个连用的情况,当然不能因此说没有这种用法,特殊情况也是可以说的,只是汉语表达的习惯更倾向“四至”或对用。

3) $N_{方}$为“内/外”

$N_{方}$为“内/外”时同样是“内至”“外至”搭配使用为常见,单用少见,但语序相对自由。例如:

(17) 检务工作贯穿商检工作的每个环节,涉及面广,内至局领导、各科室的领导和同志,外至各报验单位的领导和报验员。(BCC科技文献)

(18) 远至宇宙,近至人类自身,外至自然与社会阶级和集团内至个人内心思想感情,都处于很不稳定的变革状态之中。(BCC科技文献)

动词“至”也是可以由近似词语替代。例如:

(19) 南宋以后,胥吏比换出职的范围进一步扩大,内自六曹、寺监,外至诸州、监司的胥吏都有比换之制。(BCC科技文献)

4) $N_{方}$为“前/后/左/右”

$N_{方}$为“前/后/左/右”时与“东/南/西/北”一样,“前/后/左/右”也可以表达“四至”,即四项连用,表达一个封闭的空间范围,但与标准的“东/南/西/北”表示的“四至”不同,“前/后/左/右”可以与别的方位词构成“四至”。例如:

(20) 在承祖遗下圹地一所,坐在三教辅隐居桥脚左畔第一间,坐东向西,内圹地一所,前至口,后至河,东至黄衢,西至阮宅,四至明白。(BCC科技文献)

(21) 讨论目前泪囊鼻腔吻合术仍是治疗慢性囊炎最有效的

方法之一，其手术成功关键在于造骨窗位置恰当够大，我们采用咬骨钳造骨窗法，其范围上至内眦韧带下缘水平，下至鼻泪管入口，前达泪前嵴前 2 mm，后至颌泪缝，呈上下径 13～18 cm，前后径 10～15 cm 的纵椭圆形骨孔。(BCC 科技文献)

上面例(20)是“前至”“后至”与“东至”“西至”的“四至”组合，大致可知“前、后”指“南、北”；例(21)“前达”“后至”与“上至”“下至”构成“四至”。

也有两项组合使用的，表达的是一维范围。例如：

(22) 正确的洗手方法应前至指甲缝，后至手腕处。(BCC 科技文献)

(23) 以和平门(西营门)外东西流向的小白河为界，河南是一纵队及其右翼一五一师的阵地，河北是二纵队及其左翼一五二师一部的阵地，左由北洋大学西侧，右至中纺六厂西侧，实施突破。(BCC 科技文献)

两项组合一般是“前至”与“后至”，“左至(由)”与“右至”的组合。

5) $N_{方}$为“中”

$N_{方}$为“中”时比较特别，基本不能单用，常是以“上/中/下至”的组合或“大/中/小至”的组合为常见，也有其他的组合形式。例如：

(24) 从地域看，东到上海、南京，西到雪域高原，南到南沙，北到黑龙江，中至北京、河南、湖南、安徽等省，祖国各地的庆祝活动都有反映。(BCC 科技文献)

(25) 王同书宋代洪迈的《容斋随笔》和洪应明(生卒不详)的《菜根谭》这两部书一经问世，不胫而走，上至皇帝，中至官绅富豪，下至平头百姓，无不爱读。(BCC 科技文献)

(26) 我国幼教改革所涉及的许多重要问题(大如儿童观、教育观问题，中至课程目标的确定、教育内容的选择，小到教师的具体教育行为)。(BCC 科技文献)

（27）客家先民东晋以前的居地，实北起并州上党，西届司州弘农，东达扬州淮南，中至豫州新蔡、安丰。（BCC 科技文献）

例（24）在“四至”的基础上加上“中至”，构成“五至”，一般就是范围上的全覆盖；例（25）中“上至”“下至”“中至”的组合仍然是一维范围，比较于单纯的“上至”“下至”组合，加上“中至”，三项组合更具体；例（26）中“大（如）”“小（到）”严格说不是“$N_{方}$”，但三者之间仍可构成较为完整的行为范围；例（27）中“中至”与“北起”“西届”“东达”构成“四至”，这是受到具体的地理位置的限制决定的。

6）$N_{方}$为“东北/东南/西北/西南”

这是四个复合方位词，有意思的是没有“东西至”“南北至”的用法，因为对立的方向不可能同时“至”（到达），相邻的两个方位之间可以复合使用，与其他方位词共同表示。例如：

（28）湛江东海岛东北至香港、台湾 238 海里和 578 海里，南下马尼拉 868 海里，西南距新加坡 1333 海里，在亚太经济圈中具有极为重要的地缘经济战略地位。（《市场报》）

（29）乾隆时期，中国统一的多民族国家得到巩固和发展，疆域北接西伯利亚，东临太平洋，东南到台湾及其附属岛屿，南到南海诸岛，西至葱岭，东北至外兴安岭、库页岛，成为亚洲东部最大的国家。（BCC 科技文献）

（30）大堤西起于滑县、东南至徐州约三百公里。（《人民日报》1946）

从上面的例子可见，这种复合方位标并不一定与对应了那个复合方位标连用（如“东南”对“西北”），这主要取决于对象的空间方位特征。还有一点就是当连用的格式较少时，表达的空间范围就是开放性的，如例（30），连用的格式越多，表达的空间范围就越趋于封闭。

7）$N_{方}$为“上下/左右”

$N_{方}$为“上下/左右”也是复合方位词的组合。“上”与“下”，

“左”与“右”是相反方位的组合，前文说过，这种组合一般不能与动词“至”组合，如不能说“南北至”“东西至”，之所以能说“上下至”“左右至”，是因其有特定的对象。例如：

(31) 分离的范围：水平至泪阜及内直肌上方，上下至上下直肌内侧附近。(BCC 科技文献)

(32) 其远中至第一磨牙远中，上下至前庭沟底。(BCC 科技文献)

(33) 中图为 CT 横减压范围左右至小关节。(BCC 科技文献)

(34) 采用三面捺印获得的指印须包括上至指尖，下至第一屈肌招，左右至指甲边缘的全部线。(BCC 科技文献)

(35)前至发髻，后至脑后，左右至耳根，基本上把头发和全部罩在内(BCC 科技文献)

(36) 取头部顶区(位于百会前后各 4cm，左右至顶结节)。(BCC 科技文献)

(37) 采用针刺患者头部“菱形区”(前至神庭，后至百会，左右至曲鬓)。(BCC 科技文献)

从上面的例句清晰可见，“上下至”“左右至”主要用于人/动物的身体结构，而人的某些身体结构是对称的(特别是左右)。可以说“上下至”“左右至”实际上是不同于“东北/东南/西北/西南至”的，前者是“两至”的合说，针对于特定的对象使用于特定的语体环境。

8) 混搭式组配

混搭式组配的情况主要指非常规性的、非对应性的组配方式。例如：

(38) 词典包括的范围之广，上至远古、下至晚清民国之后的称谓；外至欧美一些古代人名、王朝体制，内至不同民族历史上特有的风俗习惯、宗教信仰名称等等。(BCC 科技文献)

(39) 业务不仅遍布福建各地，而且上至长江以北，下至珠江流域，外至美国、日本、欧洲等国家和地区。(BCC科技文献)

(40) 其手术范围后至视神经孔前方，外至眶下神经。(BCC科技文献)

(41) 右面、颈部有明显肿胀及广泛性发炎，上至上眼睑，外至颧骨区，下至颏部，口唇麻木。(BCC科技文献)

(42) 手术范围广，上至锁骨，下至腹直肌前鞘上段，外至背阔肌前缘，内至胸骨旁或中线。(BCC科技文献)

(43) 左下睑外翻，整个下睑及左面部为隆起的瘤体，如面包样外观，上至左下睑缘，下至左上唇，左至耳前缘、下颌支前缘，右至鼻背、鼻翼。(BCC科技文献)

(44) 采用针刺患者头部"菱形区"(前至神庭，后至百会，左右至曲鬓)。(BCC科技文献)

从上面诸多例句中，我们得出以下一些结论：(1)混搭式组配表达的范围往往是立体的、三维的；(2)范围对象往往是一个非线性、非平面的复杂对象；(3)多运用于专业领域。

2.2 "$N_{方}$至N"的语义特点

2.2.1 范围义下位类型

就"$N_{方}$至N"这个特定的范围构式而言，表达的范围类型主要有空间范围、人物/事物范围、行为/事件范围，数量范围、时间范围则少见，详见下文。

1) 空间范围

可以说，"$N_{方}$至N"主要是一个表示空间范围的构式，2.1中所有的类型都具有表示空间范围的意义。再例如：

(45) 老城区西北至安乐山脊，东南至富春江沿岸之老县城。(BCC科技文献)

(46) 在南起沁河，北达道清路，中至木栾店(武陟新城)及东北至修武城，西接博爱之收复区，东西五十里南北四十余里的广

大平原已无敌踪，我军政人员已畅行无阻。（《人民日报》）

上例可见，“$N_{方}$至”空间范围的表达，具有多样性，既可以表达出大概的、规整的空间范围，如例（45）；也可以表达出比较具体、复杂的空间范围，如例（46）。

2）时间范围

“$N_{方}$至”表示时间范围也很常见，因为时间可被划定为不同的时段范围。例如：

（47）该书上至远古，下迄“五四”运动，按历史发展顺序分作八册，每册300多页，文字说明六至七万字。（《人民日报》1990-10-10）

（48）经过一年多的艰苦努力，保利集团从海外相继收购了百余件青铜器，时代上至商周，下至汉唐，大都十分珍贵。（《人民日报》1999-07-15）

上面例句“$N_{方}$至”后面并没有都直接出现时间词，像“五四运动”“商周”“汉唐”，但这些词语内含时间义，在构式激发下凸显，表达时间范围。

3）数量范围

“$N_{方}$至”直接表数量的不太常见，从我们收集来的语料看，非常有限。例如：

（49）据专家介绍，第二代产品延续了第一代产品的测量性能，它的测量范围上至北京五环一整圈，下至一张桌子的长度，在如此之大的跨度中，它的测距精确程度可以达到一把普通尺长，测角精度可以到达更高，相当于人眼测试视力时，相邻两行之间的角度。（《人民日报》2016-10-18）

上例表数量范围，但并没有出现直接的数量词语，而是通过语境凸显可测量的范围。

4）人物/事物范围

这儿的“人物”表义非常广泛，可以指具体的某人（专有），也可以是一类人，也可以指人体的某部分或内心感受；同样，“事物”可以是具体的事物、机构，也可以指抽象的概念。例如：

(50) 麦卡锡时代是一个疯狂和耻辱的时代，2000多万人接受了所谓的“忠诚审查”。上至乔治·马歇尔将军，中至查理·卓别林，下至无数平民百姓都受到巨大的冲击。（《上帝掷骰子吗——量子物理史话》）

(51) 为了施政的便利，内自省部，外至州县，各级官府都抄写条格、断例资料多至几十册，称为“格例簿”。（BCC科技文献）

(52) 此书的最大特点是全有资料根据，上自《尚书》、史汉，下至《苏三起解》、吴语（不甚入流的）小说《果报录》，中至《红楼梦》脂批、关汉卿剧作等均在内。（《文汇报》2001-4-20）

(53) 市场是不断变化的，因而企业上至经营思想和理念，下到具体产品和价格，也应随之进行适应性变化。（《人民日报》1999-05-21）

上面的例(50)中人物范围涵盖的是不同的人；例(51)表面指机构，实则指机构中的人；例(52)中范围涵盖了不同类型的古籍；例(53)中事物范围涵盖的既有抽象的概念也有具体的事物（产品），实际就是指企业运营的各个方面。

5) 行为/事件范围

行为/事件范围相对复杂，范围涉及的方面有的都是行为/事件，也可以是事物/人物。例如：

(54) 这一系列小镇标志性的事件，都凝聚了上至国家的方向性引领，中至省市的精准定位，下至西湖区和小镇管委会的集结合力，全力为这些企业和项目提供基础配套服务和政策引导。（《人民日报海外版》2017-03-05）

(55) 总之，天上、人间、地府三界，上至刮风下雨，中至生儿育女，下至鸟兽虫鱼，他们都管得着，其主旨是劝告人们修身从善。（《人民日报海外版》2004-02-14）

例(54)是由三个行为构成的一个完整的事件范围;例(55)则既有行为也有事物(鸟兽虫鱼),整体上构成的仍然是行为/事件范围。

2.2.2　从空间义范围投射到其他

从我们所收集的语料情况来看,“上至”“下至”还有“中至”除了表示空间范围之外,还能够通过隐喻手段表达其他范围范畴,而其他“$N_{方}$至”构式基本只表空间范围,这与空间方位词“上”“下”的多义性有很大关系,“上”“下”不仅能表达空间上的“上”与“下”位置关系,还能通过隐喻表达一种社会评价意义上的“上”“下”关系。例如:

(56) 上至国家层面的诚信,中至银行和企业等系统的诚信,下至个人诚信,都程度不同地出现了诚信危机。(BCC科技文献)

(57) 但是像今天这样,上至“庙堂”之上政治家们讨论经国之策,中至报刊、电台等新闻媒介对时事的评判针砭,下至普通群众的街谈巷议、朋友聊天,莫不予道德问题以严重关切,可以说已成为全民关注的焦点,这就非同寻常了。(BCC科技文献)

(58) 一时间黄至筠成了扬州人的光辉榜样,上自盐政,中至商户,下至贩夫走卒言必称至筠先生。(BCC科技文献)

例(56)从“国家”到“个人”是一种“上下”的关系,所以不同主体的“诚信”也就有了等级关系,例(57)、例(58)则是同样的道理。

我们需要强调的是这种隐喻用法的“上下”贯穿始终的共性是等级跨度,具体而言,有以下几类:

1) 时间等级

(59) 这批文物年代上至原始社会,下到民国时期。(《人民日报海外版》2013-07-03)

(60) 这个镇上至80岁的高龄老人,下至10岁孩童大部分都会吹唢呐。(BCC科技文献)

(61) 我国古代和现代的美术作品,上至五六千年前的彩陶,

19年来，我教的不同届的学生，都会用今曲唱古诗，只要耳边一响起熟悉的曲调，马上就可以用古诗词唱出来，上至《诗经》《离骚》、汉乐府，中至唐诗宋词，下至元曲明诗，凡教唱过的古诗，无不记忆犹新，百唱不厌。历代的许多绘画、雕塑、工艺美术和各类建筑艺术，直到现在的各种美术作品，构成了我国悠久历史的光辉画卷。（BCC科技文献）

上文诸例并不都是表示时间范围，但在时间上都是常识性的、被普遍认可的划分模式，不论是“原始社会”还是“民国时代”，不论是“80岁的高龄老人”还是“10岁的孩童”，不论是“先秦两汉的《诗经》《离骚》、汉乐府”还是“唐宋的诗词”以至“元代的元曲”都是带有时代标签性。

2）社会等级

（62）这一歧视性判决引起举国愤慨，全国妇女上至国会议员下到市民与学生，全于2月份的最后一周穿起牛仔裤走上街头以示抗议。（《人民日报》1999-03-07）

（63）参加者上至军长、师长，下至士兵，包括步兵、装甲兵、炮兵、工兵、雷达兵、防化兵等兵种。（《人民日报》1988-06-08）

空间的上下可以直接隐喻社会等级的高低，社会地位的高下之分体现了社会的阶层性差异，也会采用社会普遍承认的等级模式，如“国会议员”与“市民学生”的社会阶层差异，如“军长、师长”与“士兵”的阶层差异。

3）知识等级

知识本来没有高低等级之分，但在人们观念中，是有等级差异的，例如：

（64）这档节目中的题目与我国传统文化息息相关，每期问题百余个，内容上至天文，下至地理，知识涉及历史传说、神话典故、文学名著、诗词歌赋、历史人物与事件等。（《人民日报海外版》2014-09-15）

(65) 竞赛题目上至天文地理，下至社会细事，可谓花样百出，应接不暇。(《人民日报》1985-12-18)

“天文地理”高过“社会细事”，即便是“天文地理”内部也有差异，“天文”高过“地理”，这是与古人“天为上、地为下”的观念是分不开的。

2.2.3 点性、线性范围与平面范围、立体范围

“$N_{方}$至N”构式表达范围，因N的属性以及构式组配的形式不同，表达出的范围意义在特征上是有区别的，有点性范围、线性范围、平面范围、立体范围，这在第1章和本章前文个别分析中已经提及，就“$N_{方}$至N”构式而言，这几种类型都能涉及到。例如：

(66) 可以说：迄今为止，世界上各种最先进的尖端科学技术应用到体育上是最多的。即上至天文、下至地理、外至形态结构、内至细胞遗传，不一而足，包罗万象。(BCC科技文献)

(67) 西汉王朝的疆域东南至海，西北到巴尔喀什湖、葱岭，西南达今云南、广西、越南的中部，北至大漠，东北达朝鲜半岛北部。(《中国儿童百科全书》)

(68) 建昌府东至福建邵武府三百六十里，西南至赣州府七百五十里，西北至抚州府百四十里，东北至广信府五百十里。(BCC科技文献)

(69) 据统计，建国以来，全国上至商业部、粮食部，下至农村人民公社、街道居委会，历年发行、使用过的票证种类超过2000种，几乎涵盖了人们生活的各个方面。(BCC科技文献)

(70) 应州东至山州八百五十里，金城县东北至朔州八百里。(BCC科技文献)

上面例句中，例(70)表达的是点性范围，也是非常开放型的范围；例(69)表达的是线性范围，半封闭的范围；例(68)例(67)表达的是平面范围，是封闭性的范围；例(66)是立体范围，也是封闭性范围，表达全量。

2.2.4　单指性与多指性

大部分的情况是，多个“$N_{方}$至N”构式组配，共同表达一个范围意义；也有少数情况是多个“$N_{方}$至N”连用，但各自表达一个范围意义，总体上也形成一个范围意义。例如：

(71) 运城东南至安邑县(今山西夏县西北)十五里，西至解州(今山西运城西南解州)四十里，南至平陆县一百里，北至椅氏县六十里。(BCC 科技文献)

(72) 生产茶叶的地区达16个，西北到达陕西安康、北至淮河南岸、西南至云南、贵州，包括西双版纳和遵义，东南至福建，南至岭南两广。(BCC 科技文献)

上述两个例子有明显的不同，例(71)中单个“$N_{方}$至N”不表范围义，而是表范围义的一部分，四个组配后共同构成一个空间范围义；例(72)则不同，单独的每个“$N_{方}$至N”就是一个空间范围的表达式(点性范围)，合在一起也是一个总的范围表达。

2.3　“$N_{方}$至N”的用法特点

根据对所收集到的语料进行分析，发现“$N_{方}$至N”具有一些倾向性的规律，具体表现在以下几个方面。

1) 完整范围/确定范围为主

从我们收集到的例子来看，“$N_{方}$至N”范围构式的使用有明显的倾向性，即以表达线性范围、平面范围为主，点性范围不足1%，立体范围不足5%。

而从前文的分析可见，线性范围与平面范围的表达基本是确定的范围，即界限是清楚的。

还有一个倾向就是将对象范围设定后延伸出全量的含义，即此对象的范围(几乎)覆盖了这个范围的全部。例如：

(73) 在南起沁河，北达道清路，中至木栾店(武陟新城)及东北至修武城，西接博爱之收复区，东西五十里南北四十余里的广大平原已无敌踪，我军政人员已畅行无阻。(《人民日报》1947)

(74) 西门庆及其周围的市井阶层，上至贵妇人林太太，中至帮闲应伯爵之流，下至王婆、韩道国、王六儿夫妇，以及寺庙里的和尚，在欲望方面已经达到无所顾忌的程度了。(BCC 科技文献)

上面两例虽然表达的范围类型不同(空间范围、人物范围)，但共性是强调对象范围的全覆盖。

2) 以正式语体特征为主

"$N_{方}$至 N"范围构式具有鲜明的正式体语体特征。一是从我们语料的出处来看，我们在 BCC 中收集的语料主要集中在报刊和科技文献中，而在微博和文学库中明显少于这两个库，而前两种语体是较为典型的正式语体；二是"$N_{方}$至 N"范围构式的语体特征也与构式的构成成分有关，相近意义的表达，如果用"$N_{方}$到 N"，其效果就有明显差异，与"至"的文言用法有关，符合正式体"保守性"特征；三是与内容有关，基本是基于事实的描写，具有"客观性"特征。

3. "X 上限/下限 Y"类限定范围构式研究

"X 上限/下限 Y"是一个表达限定范围的结构，可以单用，也可以充当句法成分。该构式中 X 是对象成分，Y 是范围成分，"上限/下限"是连接两者的中间成分，也是确定两者范围关系的纽带。"上限""下限"本来就是极性词，大部分情况下，不再需要其他修饰限制词，但也有例外。例如：

(75) 而且国债交易数量的最高上限为一万手(一手面值为 1000 元)。(BCC 科技文献)

(76) 从 5 月 1 日起，证券交易佣金不再执行目前固定 3.5‰的标准，开始实行最高上限 3‰向下浮动制度。(《人民日报海外版》2015-12-02)

"最高上限"属于同义复指，起到一定的强调作用。

下文从该构式的形式与结构、语义及用法特点等几个角度具体分析。

3.1　“X 上限/下限 Y”的形式与结构特点

3.1.1　关于 X

X 大部分情况下是由名词与名词性短语充当，充当“上限/下限”的定语。例如：

(77) 今年内蒙古不仅限制发电机组的计划发电时长，还将电力多边交易电价限值由±20%调整为±25%，而现在的交易让利也达到了限值上限 0.0693 元/千瓦时，实现了发电企业和电网直接为用电企业让利。(《人民日报》2016 - 08 - 04)

(78) 统一超商 7 - 11 表示，2 月 1 日起，开放西门町商圈的捷盟门市、邻近中正纪念堂的中爱门市、民权东路六段的名宝门市兑币服务，但仅限用人民币兑换新台币，每人每日上限 2 万元人民币，须收手续费，时间是 7 时至 23 时。(《人民日报海外版》2015 - 02 - 02)

上面例句中的“限值”“每人每日”分别是名词和名词性的并列短语，都充当“上限”的定语，也是范围关系中的“对象”成分，这些成分以名词和名词性短语为主。

X 也有可能是谓词或谓词性短语，但在句法上都是充当“上限/下限”的定语，起到限定成分的作用。例如：

(79) “第三者责任险”在香港属于强制保险，购买了“第三者责任险”，若交通意外中出现人身伤亡，赔付上限 1 亿港元；若是车辆损伤，货车赔付上限 100 万港元，家用轿车 200 万港元，这已能解决绝大部分交通意外中的赔付争执。(《人民日报》2012 - 02 - 22)

上例中的“赔付”“货车赔付”分别是动词和主谓短语(其实前面的“赔付”是承语境省略了主语的成分)，也充当限定成分，从某种意义上说，是“赔付金额”的省说形式，“赔付金额”就是范围关系中真正的对象成分。

有时候，X会承上下文省略或没有出现在“上/下限”的前面。例如：

(80) 过去10年，香港居民透过当地银行，以CNY进行每日上限2万元的兑换。(《人民日报海外版》2014-11-26)

(81) 一位自称“团队助理”的人介绍，只要投资5000元购买5000数字货币，就可获赠五行币一枚，发行上限5亿枚，将来会全面替代纸币，参与者经过五轮持续投资，数字货币就可兑现近410万元。(《人民日报》2017-09-09)

上例(80)中“上限”前的X应该是后面的中心语“兑换”；例(81)中的X只出现部分“发行”，完整的应该是“货币发行”。

3.1.2 关于Y

Y主要由名词或体词性短语充当，多为数量结构，也有一些是“是/为”带数量宾语结构。例如：

(82) 一些专家建议，要加大对恶意欠薪的行政处罚力度。罚款上限2万元，缺乏震慑力。(《人民日报》2013-01-26)

(83) 昨晚座谈会，我语重心长地跟他讲，咱家的宠物上限是四只，要不然我照顾不过来，你掂量着捡哈！(BCC微博)

(84) 听说新浪的拉黑限制是这样的：普通用户上限1000人，认证V用户上限2000人，方舟子上限20000人。(BCC微博)

因为Y有时是“数量(名)”，有时是“判断词+数量(名)”，前者往往被认为是省略了判断词，发生重新分析。

3.1.3 内部结构与句法功能

“X上限/下限Y”的内部结构是“X上限/下限+Y”，基本的句法关系是同位关系，有意思的是，如果Y是一个数量结构，Y与X或X的一部分可以组成一个数量名结构。例如：

(85) 自2013年10月开园以来，秀丽东方累计接待游客近700万人次；每年接待40多万人次的亲子游和社会实践；周末和

节假日都达到入园人数的上限 3 万。(《人民日报》2017-05-09)

(86) 昨晚座谈会,我语重心长地跟他讲,咱家的宠物上限是四只,要不然我照顾不过来,你掂量着捡哈!(BCC 微博)

(87) 为了让大家看得舒服,坐得宽松,看完后也聊得尽兴,我们每场上限 10 位看客,不算沙龙主持和我。(BCC 微博)

上面例句中,例(87)相当于是"上限 YX",当然 X 保留了一部分在"上限"前面(每场),也可以说"上限每场 10 位看客";例(85)也可以说"上限三万人";例(86)可以说"咱家的上限是四只宠物"。

从"X 上限/下限 Y"的句法功能看,主要充当宾语(动词宾语或介词宾语)、定语和独立使用几种情况。

先来看充当动词宾语(句子宾语)的情况,例如:

(88) 目前我国城镇和农村居民点人均用地分别高达 133 平方米和 182 平方米,如通过旧城改造、盘活存量土地、治理"空心村"等整理措施,分别将人均用地逐步降到国家规定上限 120 平方米和 150 平方米。(《人民日报》1999-06-24)

(89) 东亚银行选择的合作伙伴将是地区性的股份制银行,他们希望入股的比例高一些,最好就是上限 20%,然后再根据政策的允许程度更深地介入。(《文汇报》)

也有一些充当介词的宾语,整个结构一般充当句子的状语。例如:

(90) 剩下的 26% 网民,以下限 1500 元计,每个月的收入总额达 103 亿元。(《人民日报》2001-07-28)

(91) 29 月 2 日当天,央行认定的莫斯科银行间外汇市场汇率为 15 卢布兑换 1 美元,比原官方汇率上限 9.5 卢布上涨了 5.5 卢布。(《人民日报》1998-09-05)

充当定语的情况,一般中心语中含有 X,而"X 上限/下限 Y"中 X 会蒙后省略或省略一部分。例如:

(92) 如果和配偶、孩子一起上保险,每月只需多缴约 2 欧元;

而购买保额上限 250 万欧元的责任险，全家每年只需多缴约 11 欧元。(《人民日报》2017 - 08 - 16)

(93) 合资或合作后，可能获得上限 15 万欧元的项目洽谈准备金，无需偿还；上限 100 万欧元的 10 年期无息贷款。(《文汇报》)

上面例(92)中宾语中心语是“责任险”，“X 上限/下限 Y”结构充当其定语；例(93)中，“X 上限/下限 Y”的 X(无息贷款)蒙后省略。

还有一种常见的用法，就是“X 上限/下限 Y”结构作为主要成分或独立使用，作为一个独立的句子或分句。例如：

(94) 最初，由于起飞座椅体积有限，宇航员身高上限为 1.72 米，体重上限为 75 公斤。第一名太空人加加林短小精悍，身高仅 1.64 米。现在体重上限 80 公斤，身高不限(波兰太空人高 1.91 米)。(《人民日报》1989 - 03 - 19)

(95) 台式电脑价格上限 5000 元，最低使用年限为 6 年。(《人民日报》2016 - 09 - 11)

上例显示，这种情况还有一个显著特点是多个“X 上限/下限 Y”结构列举使用。

3.2 “X 上限/下限 Y”的语义特点

3.2.1 X、Y 的语义特点及两者语义关系

1) X 是“X 上限/下限 Y”范围结构中的对象成分，或者也可以被看作是陈述是对象成分，从语义上看主要有与人直接相关的概念、抽象概念、行为等类型。

先看人物或与人相关的对象，例如：

(96) 此次活动名额上限 30 人，请大家踊跃报名。(BCC 微博)

(97) 据九寨沟管理局介绍，为了避免今年“五一”期间景区涌入 3 万多人的现象重演，再度危及自然遗产，经专家反复论证，他们从 7 月 1 日起，制定了日接待人数上限 1.2 万人的举措。(《文

汇报》)

“(人员)活动名额”“接待人数”都是与人直接相关的行为对象。

再看 X 表示抽象概念的情况,例如:

(98) 根据欧佩克 7 月下旬部长会议达成的协议,伊拉克生产配额约每日 300 万桶,科威特约每日 170 万桶,二者约占欧佩克日产量上限 2250 万桶的 20%,占世界日石油总需求量 4960 万桶的 9.4%。(《人民日报》1990 - 09 - 18)

(99) 即便是 15 倍市盈率,对应的股价为 8.25 元,也比发行价上限 7.95 元高出 3.77%。(《文汇报》)

(100) 今年 4 月 20 日,国家调整了棉花收购价格,每担标准级皮辊棉的收购价,内地由 700 元降为 650 元,浮动幅度 5%(收购价格下限 617.5 元),新疆由 630 元降为 600 元,浮动幅度由新疆维吾尔自治区政府自行决定。(《人民日报》1998 - 09 - 21)

“欧佩克日产量”“发行价”“收购价格”都是经济学概念,相对来说比较抽象。

再看 X 表示某种行为的例子:

(101) 11 月 16 日新股申购提示:安洁科技 002635,23 元/股,申购上限 2.4 万股,市盈率 50 倍;金安国纪 002636,11.2 元/股,申购上限 5.6 万股,市盈率 32 倍;赞宇科技 002637,36 元/股,申购上限 1.6 万股,市盈率 44 倍;勤上光电 002638,24 元/股,申购上限 3.7 万股。(BCC 微博)

(102) 国家有关企业合理化建议奖励的规定,仍然是 16 年前制定的,奖励的上限是 2500 元至 4000 元。(《人民日报》2002 - 04 - 01)

“申购”、“奖励”都是行为,在这里作为“上限”的定语,也是范围关系中的对象成分。

2) Y 为“数量(名)”或“为/是+数量(名)”量,直观的特点语义上表示一定的数量。在范围关系中充当范围成分。除了表示单纯的数量外，还可以具体化为名量、动量、百分比等，甚至可以是非数量词，但表非数量时也有能量化的特性。例如：

(103) 请见此祝福微博者，自动转账压岁钱至我的私人账户，下限 200 元 RMB，上不封顶，可接受美金、欧元、加币等，谢绝韩元。(BCC 微博)

(104) 本月广州动感地带或神州行客户充 100 送 50 优惠积分(上限 3 次)！(BCC 微博)

(105) 密切关注，分批进场，仓位上限 60%。(BCC 微博)

(106) 2019 年 NBA 选秀状元锡安上限詹姆斯，下限格林。

例(103)—(105)都是数量表达式，例(106)中的 Y 是人物名，但在这个格式中等级化了，詹姆斯是 NBA 球员最高级别的代表，格林是一般球星代表，都代表了一定的水准。

另外，还要注意的是，Y 表达的范围边界一般是确定的，如上文各例。也有极少数不确定的，例如：

(107) 参与询价的 18 家基金公司除一家外，所出报价区间上限均高于 7.42 元，其中有 3 家基金给出了最高的价格区间上限 9.3 元及以上。(《文汇报》)

上例从表述看，Y 的边界是开放的，不完全确定。

3) X 与 Y 之间的关系：对象与量化临界点。X 无论出现不出现，表示概念、人物还是行为，其在与 Y 的范围关系中，都充当对象成分，被陈述的对象；而 Y 是对 X 进行量化后的边界点。例如：

(108) 石门水库目前水位已比下限 233 米还低约 1 米。(《人民日报》1989-03-13)

(109) 申龙高科 3000 万股 A 股今日向二级市场配售发行，发行价 8 元，2002 年每股收益 0.48 元，发行市盈率 16.67 倍，沪市配售代码 737401，深市配售代码 003401，申购数量上限 3 万股，主承销商东北证券。(《都市快讯》)

例(108)中的X与Y,指的是“水位”和进行量化后的某个临界点(低点);例(109)中的X与Y,指的是“申购数量”和进行量化后的某个临界点(高点)。

3.2.2　X上限/下限Y”的构式义及其下位类型

我们再综合起来考察“X上限/下限Y”结构的构式义,可概括为:某种背景下对对象X或其某个特性进行量化后所取的最高临界点或最低临界点。例如:

(110) 责任险的价格非常亲民,以保额上限125万欧元的责任险为例,一个人的保费平均每月仅2.73欧元。(《人民日报》2017-08-16)

(111) 当然,“国家结婚补贴”也不是任何人都可随便领取的,阿联酋婚姻基金会在2010年作出规定,“国家结婚补贴”申请者的月收入上限为1.6万迪拉姆(约人民币3万元)。(《人民日报海外版》2017-02-20)

例(110)的解读是:责任险这种类型的险种,保额可以用欧元进行量化,其最高临界点是125万欧元。例(111)的解读是:在阿联酋存在“国家结婚补贴”,申请人需具有一定的条件,其中月收入条件是可以量化为迪拉姆,其最高临界点是1.6万。

范围构式“X上限/下限Y”最主要的下位类型是表示数量范围,这在我们前文的大量分析中也有所说明。再例如:

(112) 近年来,党中央、国务院对小微企业税收政策进行了多次调整,逐步将减半征税标准从年应纳税所得额上限6万元提高至10万元、20万元和30万元“顶格”,到此次再度“破格”提升到50万元,体现了对小微企业的重视和支持。(《人民日报》2017-06-08)

(113) 苏贞昌放言,服务贸易不只开放产业,也同时开放移民,只要投资20万美元就可以到台湾,可以进来两个人,30万美元就来3个、上限7人,还可以带子女,3年居留期满还可以申请

不限次数展延，这会造成“国家安全”的问题。（《人民日报海外版》2013-08-07）

也有少数是表示时间范围的。例如：

（114）留置老幼孕不得超过四小时该规定施行后，老幼孕等4种特殊人群在接受“继续审问”时享受上限4小时的“特殊待遇”。（《人民日报海外版》2004-08-10）

（115）据台媒报道，对于游览车司机的工作时长，台当局“劳动部”表示，单日工时上限12小时。（《人民日报海外版》2017-02-16）

也有一些属于人物范围中的能力范围。例如：

（116）英格拉姆上限杜兰特，下限德罗赞。

（117）张老师八面玲珑，做官有方，官运上限校长，下限也是个处长。

“杜兰特——德罗赞”是篮球能力值的范围，“校长——处长”官运值的范围。

3.3　“X上限/下限Y”的用法特点

1）单用多于连用

在我们收集到的语料中，绝大部分“X上限Y”与“X下限Y”是单用，只有少数用例是两者对举使用的，形成一个闭合的范围。例如：

（118）今早听电台，说今年经营正常的企业，要给职员增加11.5%的工资，上限16%，下限4%。（BCC微博）

（119）跨行异地存款，收0.5%手续费，最低1元，上限100元。（《福建日报》）

（120）此次活动只接受科鲁兹车主捐款，底线100上限500。（BCC微博）

“X上限Y”“X下限Y”组合的构式义也可相应作些修改，可概括为：某种背景下对对象X或其某个特性进行量化后的取值范围。

与对举形式相对应的，单用的“X上限/下限Y”构式表示的是半开放式的范围，以非确定范围为主，但有时候只说一个，另一个是不言而喻的或没有设定。例如：

(121) 1997年之前，国家对于碘盐中碘含量只设定了下限50毫克公斤，而没有设定上限。(《文汇报》)

(122) 以2017/18年财政预算案为例，全香港企业可获得75%利得税减免，上限2万元，预计政府收入减少19亿元。(《人民日报海外版》2017-11-13)

例(121)中没有上限设定，主要是针对缺碘严重的情况；例(122)中未表明下限，可以理解为0元。

2) “X上限Y”的用法多于“X下限Y”

从我们收集的有限语料来看，“X上限Y”明显多于“X下限Y”，大概的比例是5：1。我们认为主要的原因是：大部分情况下限为零，可以默认，不必提及。

3) 语体倾向

我们认为“X上限/下限Y”构式具有正式体特征，原因如下：

我们收集的语料主要集中于报刊与微博，两者比例3：1。报刊是正式语体，微博相对正式度低，而其更多地出现在报刊中，可见正式度较高。还有一个有意思的现象是，“X上限/下限Y”经常在注释部分出现，而有注释的文本一般正式度较高。例如：

(123) 华立控股(000607)增发3500万股，融资4亿元(按每股发行价下限11.43元计算)。(《都市快讯》)

(124) 您每转发一次本微博，迪士尼将向香港救狗之家捐出1港元(直至上限10万港元)。(BCC微博)

这种注释即便出现在微博中，也显得正规、庄重，因其出现的目的在于把事情叙述清楚，并增加信息的可靠程度。

汉语中也有一些相关的用法，如动词“封顶”对应于“上限”(“下限”没有对应的词)，其语体色彩相对口语化。例如：

（125）尊享专属特权：订阅 5 个微博的更新提醒，每日上限 20 条，每月 300 条封顶。（BCC 微博）

（126）以越秀区淘金花园为例，以前小区的停车费为每天封顶 16 元，但去年 8 月新政出台后，小区物管立即单方面涨价，停 3 个小时收 10 元，超过 3 个小时则每小时收 5 元，上不封顶。（《人民日报》2017－03－30）

“封顶”与“上限”可以配合使用，也可以单独使用，单用时二者相对语体色彩有些差异；此外，“封顶”是动词，偏好结构也不同，倾向在结构末出现。

4. “（大/小）部分/半个 N”构式群比较研究

我们这里讨论的“（大/小）部分/半个 N”构式群，具体由以下构式组成：

	A	B	C	D
Ⅰ：	小部分 N	（一）部分 N	大部分 N	→所有/全部 N
Ⅱ：	小半个 N	半个 N	大半个 N	→整个/一个 N

这个构式群的特点是，对 N 的范围进行不完全的量化。横向来看，又可以分为两组构式：第一组对应的完全量化构式是“所有 N/全部 N”；第二组对应的完全量化构式是“整个/一个 N”，各自构成一个量化序列。例如：

（127）非洲西起毛里塔尼亚，东止索马里，跨越十个国家的全部、大部或小部分区域，是受到撒哈拉沙漠入侵和沙漠化威胁最严重的地区。（《人民日报》1979－07－09）

（128）他只用小半个心去听吴荪甫的话，另有一些事占住了他的大半个心。（茅盾《子夜》）

（129）要想变一个鸡仔，就非一个鸡蛋不行，半个鸡蛋能行

吗？不但半个鸡蛋不行，就是差一点儿也不行，坏鸡蛋不行，陈鸡蛋不行。（萧红《呼兰河传》）

例(127)中的“全部、大部(分)、小部分”是一个范围量化序列；例(128)—(129)中“一个(鸡蛋)、大半个(心)、半个(鸡蛋)、小半个心”是另一个量化序列。

这个构式群的共性是对对象N的某种特性(如数量/空间)进行的模糊的范围量化、限定。这个构式群横向可以分为两组(Ⅰ、Ⅱ)，两组之间除了形式上、结构上的类似以及都是限定性范围构式这些共性外，也有一些差异；另外，纵向上可以分为三组(A、B、C)，纵向观察每组构式除了差异外，也有些共性区别于其他组。本节主要分析比较它们的差异。

4.1　Ⅰ、Ⅱ组构式中变量“N”的特点比较

1) 专有名词用Ⅱ不用Ⅰ

(130) ？大部分上海　　大半个上海

　　？小部分南京南站　小半个南京南站

(131) 从业人员往少里算也数以百万，以这么多人为对象的奥运培训等于把小半个北京城变成了大课堂，不难想象这该是怎样的一个大教育工程。(《人民日报海外版》2005-09-23)

(132) 半个月亮的寒光落在窗纱上，印出些鬼蜮一样的树影。(茅盾《虹》)

(133) 曾经参加过省港大罢工的老工人刘福在二十多年航海生活中走遍了大半个地球。(《人民日报》1958-07-27)

我们一般不能把例(131)—(133)中的“小半个北京城”“半个月亮”“大半个地球”改说成“小部分北京城”“部分月亮”“大部分地球”。

2) 作为人/物的构件用Ⅱ不用Ⅰ

(134) ？大部分头　　大半个头

　　？小部分脚趾　小半个脚趾

(135) 那人脸上看得见的部分显得年轻——大部分面孔都叫雪白的胡须遮住了。(杰克·伦敦《马丁·伊登》)

(136) 为人民服务要“完全”、“彻底”,就是要全心全意,不能大半个心为革命,留着小半个心为自己,不能有一点私心。(《人民日报》1966-03-23)

(137) 大夫摸着他的披满了半个胸脯的苧麻般的大胡子,着重地再说了一遍。(莱蒙特《福地》)

例(136)—(137)当中的“小半个心”“半个胸脯”都不可以说成“大部分心”“部分胸脯”。例(135)中“大部分面孔”用法有误,应该说成“大半个面孔”更为准确。至于“公司大部分面孔我都不熟悉”这种用法则另当别论,是用了借代的修辞方法。

3) 集合名词用Ⅰ不用Ⅱ

(138) 小部分书本　?(小)半个书本　小半个书
大部分马匹　?(大)半个马匹　大半个马(身)

(139) 大宋与西夏的大部分马匹都出自凉州,回鹘人从马匹的买卖中发了大财。(井上靖《敦煌》)

(140) 大部分书籍虽然只写给巴黎人看的,但是,外地人如果能在这里读到对我们这种绝妙刑具的描写,一定会感到满意。(巴尔扎克《交际花盛衰记》)

(141) 整篇讲演从头到尾都很动人,看看讲完后的热烈鼓掌情况,就可看出大部分听众也有同样的感觉,他们可都是花钱买票进来的呢。(阿瑟·黑利《汽车城》)

(142) 从目前现场情况来看,大部分船舶能够按照定线制规定要求,服从现场海事巡逻艇和 VTS 中心的指挥,正确选择航路;但也有小部分船舶,尤其是小型船舶,不能正确选择航路,对部分的通航秩序造成了一定的干扰。(BCC 科技文献)

例(139)—(142)中“大部分马匹”“大部分书籍”“大部分听众”“小部分船舶”中的 N 都是集合名词,不能说“大半个马匹”“大半个书籍”“大半个听众”“小半个船舶”。

4）抽象名词用Ⅰ不用Ⅱ

（143）大部分思想　？（大）半个思想

小部分情绪　？（小）半个情绪

（144）他们的远离故土的营地，他们的猎区，他们的几百个妇女儿童以及大部分实力，实际上全在法国人的势力范围内。（詹姆斯·费尼莫尔·库柏《最后的莫希干人》）

（145）适当低价出让并非是拿国有资产打水漂，而是暂时舍去小部分利益换来企业的大发展。（《人民日报》1998-04-13）

例（144）—（145）中的“大部分实力”“小部分利益”，其中N是抽象名词，我们不能说“大半个实力”“小半个利益”。

5）“时间”与“时间”词

“时间”这个词本身就表时间，但表时间还有其他的一些更具体的词语，如：时、分、秒、时辰、钟头，等等。有意思的是，这些表时间的词语当中，只有“时间”这个词本身可以与“大部分”“小部分”搭配，其他的只能跟“大半个”“小半个”搭配，换过来说是不行的。例如：

（146）半个钟头以后，艾林太太戴好帽子，披上围巾要走了，苏好像感到了莫名的恐惧。（托马斯·哈代《无名的裘德》）

（147）半个时辰后，另一拨人马离开了西结古寺。（杨志军《藏獒1》）

（148）大部分时间，她都静静地坐着，注视着我们，好像要把我们的容貌刻到她的脑海中。（米涅·渥特丝《女雕刻家》）

（149）课中剩余小部分时间可选做一些发展学生反应能力的小游戏，用以活跃班内气氛，（BCC科技文献）

例（146）中的“半个钟头”不能换作“部分钟头”，例（147）中的“半个时辰”不能换作“部分时辰”，例（3）中的“大部分时间”不能换作“大半个时间”，例（4）中的“小部分时间”也不能换作“小半个时间”。原因在于，“时间”这个词相比较于那些表时间的词语更为概括抽象，“部分”倾向与更概括的词语搭配，而“半个”更适合于具体的词语搭配。

4.2　Ⅰ、Ⅱ组构式的语义特点比较

Ⅰ、Ⅱ组构式在具体的表义上也有一些差异，这与它的句法搭配特点是一致的，具体如下面两个方面。

4.2.1　类的量化与个体/部位的量化

如果我们把两组构式都看作是对某个对象的范围进行量化的话，那么第Ⅰ组构式偏重于对某一个事物类的量化；而第Ⅱ组构式则偏重于对某个个体对象进行量化，甚至于对某个对象的组成部分进行量化。例如：

（150）妻子对婚姻不满的最大原因恐怕因缘于男女婚姻观之不同。大部分男性认为：只要结婚了，一切都有了归宿，妻子也得归自己统治。（渡边淳一《男人这东西》）

（151）叶家山一期发掘出的文物达700余件套，小部分随葬品显示墓主人身份非同一般。（BCC科技文献）

（152）大半个后脑勺粘在雪地上，跟雪地冻成了一片，三角巾无论如何垫不进去。（严歌苓《陆犯焉识》）

（153）现在我看见母亲几乎大半个身心都沉浸在母性的悲叹之中，就突然感到我自由了。（三岛由纪夫《金阁寺》）

我们无法说“大半个男性”，也不能说“小半个随葬品”，因为这里的名词都是表类别的；同样的道理，我们也不能说“大部分后脑勺”“大部分身心”。越是具体的对象特别是某个对象的组成部分，越不能用“部分”量化；即使存在“部分”限定具体名词的情况，具体名词也受到构式压制而指称事物类，如“大部分鸡翅”“小部分猪腰子”虽可以说，但“鸡翅、猪腰子”更倾向于表类。

4.2.2　数量范围与空间范围

“（大/小）部分/半个N”构式群可以表示多种语义类型的范

围范畴,如上面例子当中的时间范围等。总体而言,Ⅰ组构式更偏向于表数量范围,Ⅱ组构式更偏重于空间范围。例如:

(154) 大部分乡村酒馆里光线都很差,在它们的圆木结构的墙壁上,几乎看不到那些为一般农舍所不可缺的花花绿绿的通俗版画。(伊凡·谢尔盖耶维奇·屠格涅夫《猎人笔记》)

(155) 虽然分水的订单量减少了将近20%,小部分企业出现了停产的情况,但绝大部分都还能过。(《人民日报》2012-08-24)

(156) 安妮来了还不到半个小时,似乎大半个餐厅都挤满了人,虽说那是个宽宽敞敞的大餐厅。(简·奥斯汀《劝导》)

(157) 摔车过后第一次运动,长江游泳小半个河道,来回大概1200米左右用时半个小时,脚裸还有点微微的疼。(BCC微博)

"大部分乡村酒馆""小部分企业"都表数量范围,"大半个餐厅""小半个河道"都表空间范围。这种倾向性出现的原因是:与事物类别的量化倾向于表数量,数量是其焦点;而对个体甚至于构成部件进行量化倾向于表对象本身,而这个对象大部分都具有空间性,空间是其焦点。当然这主要是从概率上说的,具体情况要复杂得多。

4.3　C组构式倾向于表"多/大/全量"

从"(大/小)部分/半个N"构式群纵向来看,可分为A、B、C三组,其中C组指"大部分N""大半个N",在这个序列外,还有"全部N""所有N""一个N""整个N"来表示全量。我们在分析语料的时候发现,C组构式也倾向于表全量。具体有两种表现:

1) 以C式的形式表D式的意义。例如:

(158) 夏天流逝过去,大部分田地已收完庄稼,光秃秃的,视野之广出人意料。(纪德《窄门》)

(159) 二人一面说着话,一面在平坦的路上走着,不觉兜了大半个圈圈,把出大门的路走过去了。(张恨水《金粉世家》)

例句中用的是“大部分田地”“大半个圈圈”，但从上下文语境来看，其实就是“全部田地”“一个圈圈”。用“大部分”“大半个”是为了留有余地，不把话说得太满。构式在句中充当主语或者宾语。

2) C组构式常与“都”“满”组合。例如：

(160) 一栋楼上大部分人家都这样拼命占领公共领空。(严歌苓《陆犯焉识》)

(161) 台下大部分人都觉着奇怪了，暗想胜利了为什么还有坏消息。(赵树理《李家庄的变迁》)

(162) 李某家里，挤满了大半个屋子的邻居们开始帮忙做中饭，要留法官们吃个“便饭”再走。(《人民日报》2017-04-12)

(163) 那棵枝叶婆娑地爬满了大半个院子的葡萄，肥大的叶子上，也布上了一层毛茸茸亮晶晶的霜花儿，使得那叶子骤然厚了许多。(《人民日报》1962-12-03)

例句中虽然没有用“全部”“一个”“整个”，用的是“大部分”“大半个”，但它们所在的句子当中经常有表全量的“都”“满”等词语搭配，表达的是部分量中的全量。

4.4 “小半个N”未必表“少/小量”

“(大/小)部分/半个N”构式群中的“小半个N”位于序列的末端，一般来说表少量或小量，但从语料情况来看，未必都是如此，有的甚至于表示多量或大量。例如：

(164) 月亮进入了云里，天色阴暗，更显出火势在扩大，红光竟然布满了小半个天空，地上的石板和屋上的瓦都映红了。(巴金《家》)

(165) 定娶这五个女人花费的粮食棉花骡子和银元合计起来顶得小半个家当且在其次，关键是心绪太坏了。(陈忠实《白鹿原》)

(166) 他毅然背起药箱，走出院门，顶着凛冽的寒风，翻山越

岭，穿屯访队，走了小半个公社，一连送药十多家。(《人民日报》1976-06-26)

很显然，上例中“小半个天空”指空间范围非常大，“小半个家当”指数量范围非常大，“小半个公社”也指空间范围非常大。

下面我们比较一下类似用法：

(167) 两家原本相隔不远，却一定要租来的车绕行大半个北京城。(毕淑敏《紫花布幔》)

(168) 逛小半个城区才找了这么一家烧烤店。(BCC 微博)

上面例句中，“大半个北京城”可以改说为“小半个北京城”，“小半个城区”也可改为“大半个城区”，都是说明空间范围非常大。为什么会出现这种情况呢？我们认为，主要原因是由N的特征决定的，N本身就表示空间范围非常大或者数量范围非常多，即便用了“小半个”仍然表很大的数量或者很大的空间，如上面的“北京城”“天空”“家当”。

我们注意到“小部分N”并没有这种用法。

4.5 “半个N”可以表示否定全量

“(大/小)部分/半个N”构式群中的还有B组“半个N”。一般来说，“半个N”从横向上看是属于Ⅱ组的，能搭配的N必须是可以进行一分为二切分的对象。例如：

(169) 那辆橄榄色小吉普猛一刹闸，靠着飞驶的惯性，在河滩上兜了半个圆圈，才横着停下来。(刘白羽《第二个太阳》)

(170) 他拾起那练习簿看一眼，这是算草，字迹很端正，屡次都得八十分，然而最后一次的习题只答好了三道，第四题仅写了半个题目。(茅盾《锻炼》)

上例中无论是“圆圈”还是“题目”都可以一分为二，进行量化切分。

但我们也发现有些不能进行一分为二切分的对象也可以与“半个”搭配，但有个条件，即结构中一定要有否定词语，是全量否定构式。例如：

(171) 半个客人也没有。无人的白圆桌上放着一台老收音机，播放的净是哀愁的外国歌曲。(森见登美彦《宵山万华镜》)

(172) 现在医生捞的是金币，老实巴交的生意人却连一个铜板也捞不到——一个铜板！不，连半个钢板也捞不到——半个钢板，不，半个铜板的一半也捞不到！(狄更斯《双城记》)

(173) 我的双唇是如此沉重、麻木，以致说不出半个字来。(西蒙娜·德·波伏娃《名士风流》)

一般情况下是不能说"半个客人""半个铜板""半个字"的，但结构中一旦出现否定词语情况就不同了，就表示全量的否定。

"部分 N"没有这种用法。

4.6 "小部分 N"可以表示例外

"小部分 N"主要是表示量级低的数量范围。例如：

(174) 可以说，我们会花大部分钱把工作做得更好，把小部分钱给用户。(BCC 科技文献)

(175) 由于农村学生吃干、咸菜时间长(特别是住校学生)，同时小部分家庭主妇仍按油—盐—菜的老习惯烧菜，从而影响了食物含碘量和机体摄碘量。(BCC 科技文献)

但有时，当"小部分 N"与"仅""除了""只有"等范围副词、范围介词、范围连词组合时则凸显"例外""特殊"义，意在说明"大部分 N"的情况是常规的情况、普遍的情况，这是在表数量范围外引申出来的意义。例如：

(176) 他们除了小部分人有个自产自销的铺面外，大部分人要依靠商人来买货。(《人民日报》1954-05-15)

(177) 当时的拉萨城里只有一台小发电机，仅小部分官家贵族才能享受这稀有的光明。(《人民日报》2011-05-24)

(178) 这个队的下放劳力，大部分都是农民，只有小部分人对农业技术比较生疏。(《人民日报》1960-11-23)

(179) 作家中虽有小部分人分流“下海”经商，也有小部分人去从事通俗文学乃至“广告文学”，但文学队伍的绝大多数仍然坚守自己。(BCC科技文献)

例(176)旨在说明这个地方的人大部分情况下还是要依靠商人还买货，能自产自销的极少；例(177)说明的是拉萨城当时基本都不通电，能享受电的是少数人；例(178)则是说这个队的农业技术整体都不错，不会的是极少数人；例(179)是说文学队伍整体上能够坚守自我，那些屈从于现实的人还是少数。

我们发现，“小半个N”并没有这种用法。

4.7　小结

上文从句法、语义、语用多个角度纵向、横向比较了“(大/小)部分/半个N”构式群中相关构式的共性与差异。从我们分析的结果来看，构式群当中的具体构式既有形式、意义上密切的联系，用法与功能上也有明显的分工。当然，我们的分析还是初步的，比较也是在同一个构式群中相关构式之间进行，并没有将它们与相应的全量构式进行比较。

5. “N1中的/之N2”限定范围构式研究

朱军(2017：179—191)讨论了极性程度义构式“N中的/之N”的形成过程，这个构式显著的特点是两个N同形，这也是能产生极性程度义的基础。当然，这种构式更常见的则是两个N不同形的用法，主要是前N对后N的限定关系，这其中前者大部分情况是充当后者(对象)的范围成分，构成限定范围构式。“N1中的/之N2”结构表范围构式的关键点有两个词：“中”与“的”，前者设定了范围语义，后者构建了范围与对象之间的限定关系。

本节主要讨论这种范围关系的细节，如N1与N2之间的关系，N1的羡余情况，范围关系的下位类型等。

5.1 N1 与 N2 的关系类型

并不是所有“N1 中的/之 N2”都构成限定范围构式，需要具备一定的条件，最主要的是 N1 与 N2 之间必须有一定的语义关联。我们认为主要有三种关系类型。

5.1.1 容器物品关系

N1 与 N2 之间是容器与容器中盛装的物品之间的关系，具体而言，又有三种类型：常规性的容器物品关系、临时性的容器物品关系、隐喻性的容器物品关系。

1）常规的容器物品关系

常规性的容器物品关系指的是 N1 本身就是一个容器名词，也是盛放 N2 这种物品常规的容器。例如：

（180）死者脚边放了一只没有图案花纹的碗，碗中的煤油通过一根灯芯在燃烧，这是长明灯。（余华《世事如烟》）

（181）郭滨继续告诉他的朋友们，马儿屋中的家具是在白色的基础上闪着粉红的亮光，地毯是米黄的颜色，墙壁也是米黄，就是马儿的衣服，他结婚以后购买的衣服也都有着米黄的基调。（余华《为什么没有音乐》）

（182）仍然压抑不住奔向幸福时的激动，我不知道她是否更多地想奔向国庆口袋中的糖果。（余华《在细雨中呼喊》）

（183）朱叶梅一点也没感到小约沉重，她抱着他，好像是一个襁褓中的婴儿。（毕淑敏《跳级》）

上例中的“碗中”“屋中”“口袋”“襁褓”都有明显的容器功能，是“煤油”“家具”“糖果”“婴儿”这些物品的常规容器。

2）临时性的容器物品关系

临时性的容器物品关系一方面指 N1 并不是一个常规容器，或者 N1 与 N2 间也不是常规的容器物品关系，但在使用时临时作为容器，盛放物品。例如：

（184）雾里的山岳不是丘陵；雨中的橡树也不是垂柳。（冰心

《冰心全集第六卷》)

(185) 没想到沙漠中的雪化得这样快,才片刻,地上已见斑斑沙底,却不见湿痕。(余秋雨《阳关雪》)

(186) 我手里握着的不是笔,是兵士手里的枪,是舟子手中的桨,是伐木者手中的斧子。(冰心《冰心全集第八卷》)

"雨""沙漠""手中"都是非常规性的容器,而是临时性的容器;另外"雨"与"橡树"、"沙漠"与"雪"、"手"与"桨/斧子"之间也不是常规的容器物品关系。

3) 隐喻性的容器物品关系

这里有两种情况:一种是 N1 隐喻化为容器或 N2 隐喻化为物品,另一种是 N1 与 N2 都隐喻化为相应的容器与物品。例如:

(187) 四爷是都市中的虫子,轻易不动气。(老舍《四世同堂》)

(188) 我到底还是推上三百斤小麦,沿着绿色海洋中的黄色土路,向钢磨坊走去。(莫言《石磨》)

(189) 现实的紧张关系中,在他们笔下,只有当现实处于遥远状态时,他们作品中的现实才会闪闪发亮。(余华《活着》)

(190) 当时此地的黎民百姓,因为继承了远古的迷信传说,认知鳄鱼为水中之神灵。(《文汇报》)

(191) 胡同笔直而幽深,恍若密林中的小径。(余华《四月三日事件》)

(192) 他所展露给我们观览的每个人物,仅有一副模糊的轮廓,好像雾中之花似的,血气精魂,声音笑貌,全谈不上。(苏雪林《沈从文论》)

例(187)是 N2 隐喻化为动物;例(188)是 N1 隐喻化为容器;例(189)中 N1、N2 都是抽象的,组合在一起,可视为隐喻性容器物品关系;例(190)—(192)都是将某个对象隐喻为某个容器中的物品。

5.1.2 整体部分关系

N1 与 N2 除了容器物品关系外，还有整体与部分关系，即 N2 是 N1 的组成部分。例如：

(193) 这图中的人物位置时时在变动，有时会变出极好的构图来，疏密匀称姿势集中，宛如一幅写实派的西洋画。(丰子恺《野外理发处》)

(194) 巫山县的大宁河与长江交汇处碧波千顷，成了重庆库区中目前最大的江中之湖。(《人民日报》)

(195) 她们是一代女杰，酒中之酒精，茶中之茶素，盐中之盐。(张世君《红房子的兄妹们》)

例(193)“人物(位置)”是“图”的组成部分；例(194)“湖”是“江”的一部分；例(195)“酒精”“茶素”分别是“酒”“茶”有机组成部分。

就 N1 与 N2 的关系而言，又有两种情况：

从 N2 是 N1 的一部分还是全部的角度来说，可分为选取类与全取类。例如：

(196) 树梢的间隙，仿佛橙色台灯罩反射的灯光一样，令人身感柔和舒适。山中的气如同被放入红叶的筛子中筛过和净化过一样，给人以格外的清新感。(冰心《我自己走过的路》)

(197) 三民主义中的民族、民权、民生可以看作政治问题底三大基本范畴。(李敖《孙中山研究》)

例(196)中“气”只是“山”中一物；例(197)中“民族”“民权”“民生”是“三民主义”的全部内容。当然，绝大部分的关系是选取类。

选取性也有倾向性，N2 有时是典型者或杰出者，有时也是异质者。例如：

(198) 我是非常的尊敬与喜爱全世界上任何一个少年学生，因为学生是社会中的知识分子，他们年轻，勇敢，前进，天真而又纯洁。(冰心《冰心全集第三卷》)

(199) 因此在那里，表演者声音中的弱点，也没有了任何地

位。(冰心《冰心全集第六卷》)

上例中"知识分子"是"社会"的重要组成部分,是杰出代表;"弱点"是"表演者声音"中不容存在的。

5.1.3 属种关系

N1与N2是属种关系。属种关系是逻辑概念外延之间的一种关系,表示N1真包含N2。与整体部分关系不同的是,属种关系还有一个特性,就是N2一定具备N1的基本属性或特征,如"学生中的大学生""医生中的一线医生",这是整体部分关系所不具备的。例如:

(200) 当房子开始老化和年久失修的时候,居民的成分便日益低下,贩夫走卒中的佼佼者,也可以买下一间两间旧房了。(池莉《生活秀》)

(201) 桂花乌龙茶,以桂花的馥郁芬芳衬托茶的醇厚滋味而别具一格,成为茶中之珍品。(BCC微博)

(202) 中东被称为"世界热点中之热点",非洲则是世界上政局复杂多变的地区。(《人民日报》)

(203) 牡丹系花中之王,它以自己的艳丽赢得了人们的喜爱。(《福建日报》)

上面例句中,"佼佼者"也是"贩夫走卒","珍品"也是"茶","热点"当然也是"热点","(花)王"也是"花",每一组对应成分之间都具有明显的属种关系

属种关系的"N1中的/之N2"有非常强的倾向性,就是N2表示N1中最特殊的一类、最为典型的一类。最为显著的形式之一是N2与N1同形,如例(202),详见朱军(2013)对"N中的/之N"的分析;还有一种形式是N2中极性词的使用,如上面的"佼佼者""珍品""王",再如:

(204) 今日得《毛泽东选集》精装本第一册。排校、印刷、装帧均可谓近来出版物中之上品。(《人民日报》)

(205) 在中国古代,凡是像样的画家都会有笔墨趣味的,即使到了现代,国画家中的佼佼者也大抵在或低或高的笔墨趣味间遨游。(余秋雨《青云谱随想》)

(206) 一遇到什么庆典或什么纪念,我就成了药方中的甘草,万不能缺。(季羡林《大觉寺》)

(207) 横挡在袖案前的一张褪色泥金雕花木板却像是古物中的精品。(张爱玲《重访边城》)

(208) 此殿壁画内容为道教题材,其中戏剧壁画是壁画中的珍品。(林徽因《晋汾古建筑预查纪略》)

(209)学者中的优秀者,能够与西方的科学家相媲美。(林语堂《吾国吾民》)

"上品""精品""珍品""优秀者"等都是带有极性词特征;"甘草"似例外,但也是药品中必不可缺之物。

当然也有例外。例如:

(210) 哈:一个凶手、恶徒,一个不如你前夫二百分之一之佣奴,一个王者中之丑角,一个篡夺江山、王位之贼子。(莎士比亚《哈姆雷特》)

"丑角"应该是"王者"之中的异类,既不是常规的一员,更不是最典型的一员。

5.2　羡余性 N1 及其作用

"N1 中的/之 N2"结构还有一种用法,就是语义上,N1 是羡余性的,删除其对语义表达没什么影响。例如:

(211) 这个女人对潮湿有着惊人的敏感,她都可以用手去感觉空气中的湿度。(余华《在细雨中呼喊》)

(212) 最令人羡慕的是它北部的大海和海中的岛屿,那真是一处仙境啊!(张炜《你在高原》)

(213) 沈朝忠没有完全听懂冯文俊话中的含意,但却被冯文俊的话所提醒。(张贤亮《灵与肉》)

上面例句中“空气中的”“海中的”“话中的”都可隐去，完全不影响句法上的合格度以及语义上的完整性，这就是典型的羡余性范围成分。

那么，这些羡余性范围成分在语义上没有实在价值，为何在句法上存在。我们觉得主要有两个方面的原因：

一是强化范围成分，虽然这个范围成分在语义上暗含或由语境显示，但使用“N1 中的/之 N2”结构能更加凸显这种范围—对象关系以及限定功能。例如：

(214) 文学作品中的闺怨诗，大都是男子手笔。（沈从文《新摘星录》）

(215) 端午以为他是戏中的丑角，可细细玩味他的一长串念白，才发现他居然是乔装打扮的革命党。（格非《江南三部曲》）

(216) 我想他脑子中的印象，可能有些中西合璧，天使是外籍的，魔鬼却好像是国产。（毕淑敏《天使和魔鬼的较量》）

“闺怨诗”当然是文学作品，“丑角”当然是戏中的角色，“印象”当然是脑子中的，这些不言而喻的限定关系用“N1 中的/之 N2”结构显性化，是为了凸显 N1 与 N2 的关系。

二是结构的呼应，除了强调外，羡余性“N1 中的/之 N2”结构的使用还有一个功能是为了结构的均衡、对应。例如：

(217) 但是，我同许多乡下人一样，对鸟并不特别感兴趣。我感兴趣的是昆虫中的知了（我们那里读 jieliu，也就是蝉），在水族中是虾。（季羡林《喜鹊窝》）

(218) 这些画家的作品常常因高雅精美而让人叹为观止，但毕竟还缺少一种更强烈、更坦诚的东西，例如像文学中的《离骚》。（余秋雨《青云谱随想》）

(219) 那么叶莲子的青色棉布大褂在这一服装大系中，其地位可能仅相当于鸟类中的麻雀。（张洁《无字》）

例(217)中“昆虫中的知了”与“在水族中是虾”对应，没有羡余定语“昆虫”，就对应不了；例(218)中“文学中的《离骚》”与“这些画家的作品”对应；例(219)中“鸟类中的麻雀”与“服装大系中的青色棉布大褂”形成对应，即便后者并没有用限定性结构来表达。

5.3 “N1 中的/之 N2”范围成分的语义类型

范围构式“N1 中的/之 N2”中由 N1 表示范围，其具体的下位类型主要表示空间范围，也有少数表示人物范围或事物范围等。

5.3.1 空间范围

“N1 中的/之 N2”表空间范围是最典型也是最常见的形式，表示在某个空间范围内存在的对象。例如：

(220) 晨光裹着一丝淡雾映在荒落的大院子中间，庭院中的水磨方砖被上一层霜屑像谁泼洒了一地白粉。(司马中原《狂风沙》)

(221) 觉英从地上爬起，和觉群两人沿着花丛中的石板道走到井边，站在栏杆前低声谈论什么，又俯下头往井内看。(巴金《秋》)

(222) 写成的一部文章又因上面有太多的牢骚无人能买，家中的母亲一到下午就发烧，额部如火，胸部作喘。(沈从文《采蕨小说集》)

上例中的 N1 都是现实世界中具有空间范围义的词语，N2 是现实空间中的对象。

有时候，N1 提供的是隐喻的空间范围，N2 是在这个隐喻空间存在的对象。例如：

(223) 桂英理想中的家乡，一定是和住西山旅馆那样舒服。(张恨水《欢喜冤家》)

(224) 泪眼中的月亮大而模糊，银色的，有着绿的光棱。(张爱玲《倾城之恋》)

(225) 坐在我们中间。孙广才觉得这并不是不可能的，所以他必须重视祖父心目中的棺材。(余华《在细雨中呼喊》)

(226) 你知道，我是现实中的厂长，而不是小说中的厂长。（毕淑敏《送你一条红地毯》）

从上面的例子可见，N2 仍然是客观世界存在的对象，而 N1 提供的是一个隐喻的空间范围。“泪眼中的月亮”不是“天空中的月亮”，“理想中的家乡”不是“现实世界中的家乡”，“父母心目中的棺材”不是“真实世界的棺材”。例(226)是一个比较典型的例子，“小说世界的厂长”与“现实世界的厂长”进行对照。总体上都是容器物体的关系。

5.3.2 人物范围

N1 是表示类别的词语或者具有多个体可量化的人物，N2 是表示个体或部分个体，两者之间是属种关系。例如：

(227) 焉识很快又是教授中的明星，一条甬道从校门口进来，他必须忙碌地两面点头回礼。（严歌苓《陆犯焉识》）

(228) 漂泊者中的绝大部分是独身男子。（余秋雨《漂泊者们》）

(229) 到底是我们的文化太多了，专家太少了，还是专家中的志愿者太少了？（冯骥才《大雪入绛州》）

(230) 他也仿照着老党员中的群众工作者，在腰带后面掖着一条毛巾，代替手帕，那是在战争期间从日本兵那里传来的风气。（张爱玲《秧歌》）

例(227)指“教授群体中的明星教授”，对象是个体对象；例(228)指“漂泊者中的绝大部分漂泊者”，是某个人物范围中的部分对象；例(229)指“专家中的志愿者专家”；例(230)指“老党员中的那部分群众志愿者”。总体上都是属种关系。

5.3.3 事物范围

N1 本身就是指事物，N2 是 N1 这种事物中的个体或部分个体(可量化的话，就是属种关系)，或者 N2 是 N1 的组成部分(整体部分关系)。根据 N1 的特点，具体可分为两种类型：

N1 为具体事物，N2 是其个体或组成部分。例如：

(231) 这种度数细到小数点后面数字的新品种，被誉为酒中之花，占尽了风流。(《人民日报》)

(232) 阑尾刘用废汽油桶凿成一个硕大的铁皮炉，宛若欧洲贵族客厅中的摆设。(毕淑敏《阑尾刘》)

(233) 它是有生命的东西，它是我的心血，它是我大脑中的化合物。(张贤亮《男人的一半是女人》)

“酒中之花”指酒中特别优异的种类，是事物范围；“欧洲贵族客厅中的摆设”不是空间范围，摆设是客厅的组成部分，所以是事物范围；同样，“化合物”也是“大脑”的有机组成部分。

N1 为抽象事物，N2 是 N1 的个体或组成部分。这是不同于隐喻的空间范围的，差异在于，隐喻的空间范围中，N1 与 N2 间是容器与物体的关系。例如：

(234) 我无法预计，如果台湾相声中的俏皮话今晚引不出应有的笑声，我会多么难堪。(余秋雨《华语情结》)

(235) 这一切使得这个十六岁的青年活像傀儡戏中的木偶。(巴金《春》)

(236) 但是当我诗中的稚气到了太冒失的地步的时候，他就忍不住哈哈大笑起来。(冰心《冰心全集第六卷》)

(237) 传说中的鬼魂是没有影子的，可惜我刚才忘记了看看她有没有影子。(莫言《四十一炮》)

(238) 说不出他是否赞成诗词中的心境，不过他沉浸到诗里的境界去了。(林语堂《朱门》)

(239) 至于占卜之程序及内容，碍于序言中之原因，目前尚未决定是否发表。(朱邦复《易经明道录》)

(240) 韦姓同学惨白的脸上，眼镜的粗重黑框把他的圆眼睛越描越黑，使得他神色中的凝聚力被不近人情地强调了。(严歌苓《陆犯焉识》)

(241) 十年大庆，作为市劳模，他上过一次观礼台，但记忆中的场面，远不如这一次热闹。(孙力、余小惠《都市风流》)

上例N1“相声”“木偶”“诗(词)”“传说”“序言”都是与文学艺术等相关的事物名词，而相对应的N2“俏皮话”“木偶”“稚气”“鬼魂”“心境”“原因”是其组成部分，所以构成的也是事物范围；另外，N1“神色”“记忆”是抽象名词，与之对应的N2“凝聚力”“场面”是其组成部分。

5.4　“N1中的/之N2”的语体特征

朱军(2017：191)讨论了“N中的/之N”的语体特点，认为其主要出现在[+主观性]特征的正式体中。从我们收集的语料来源来看，“N1中的/之N2”所具有的特征与之较为近似，其在文学作品与报刊杂志中有大量用例，文学作品也主要出现在叙述部分，所以，其整体的语体特征较为正式。

(242) 我甚至在极短的时间里迅速回想了一遍记忆中的平原，令我惊异万分的是，它真的与童年的平原大相径庭了！(张炜《你在高原》)

(243) 在这些小说里，给予他们的就只是灰色的阴暗的结局，问题中的主人翁，个个是消沉了下去，憔悴了下去，抑郁了下去。(冰心《冰心全集第七卷》)

(244) 他描写社会的画，题材是多种多样的。有以周围环境中的人物为模特儿的，而大部分却是以民间生活、都市生活中的见闻、感想为题材的。(丰一吟《丰子恺潇洒的一生》)

(245) 像三明印染厂党委那样，面对生产现实，想念四化前程，大胆选拔专业人才中之佼佼者到领导岗位上来，既使英雄有用武之地，也使用武之地有英雄。(《福建日报》)

(246)《山水清音图册》作于1982年，是壮暮翁后期山水落墨画中之精品。(《文汇报》)

如果把“N1中的/之N2”中两个构式分开来看，“N1中之

N2”正式度显然要高于“N1 中的 N2”，这与“的”“之”本身的语体差异有直接关系；另外，从语料的分布情况看也是如此，“N1 中之 N2”更多地分布于正式度更高的报刊杂志。

6. 结语

范围构式是个开放性的话题，我们在全书涉及到很多不同类型的范围构式。本章重点选取了限定范围构式这种大类中的数种类型，即便如此，也只是挂一漏万。但本章的意图很明确，通过对这些范围构式的分析，加深人们对范围范畴的了解，另一方面也能对一些构式的不确定问题提供一种解决的途径。

第 9 章　汉语范围范畴与汉语语法教学

1. 引言

以上数章研究明确赋予范围以语义范畴的身份并建构了范围范畴系统的大致框架，脱离了过去只把范围作为一个空间概念看待的固有做法；同时也将改变凡提范围表达手段只会想到范围副词的情况；我们相信，这会大大扩展且深化人们对范围概念的认识。而且，这样的研究不仅具有理论上的意义，更重要的是对现代汉语部分语法点的教学有重要的启示和价值，特别是对汉语国际教育的影响更为明显。本章我们将从不同角度来讨论这个问题。首先，我们选择几个与范围范畴有关的语法疑难点来谈谈其对汉语语法教学特别是对外汉语教学的作用；其次是看留学生在学习与范围范畴有关的知识点时的主要习得偏误情况；最后是语法教学中对范围范畴有关知识点教学策略的初步建议。本章涉及到的中介语语料主要取自华中师范大学中介语语料库。

2. 与范围范畴相关的几个汉语语法疑难问题

2.1 “左右”“上下”“前后”“内外/里外”的属性

在一些现代汉语教材中，“左右”“上下”“前后”“里外”的定位是不同的，有的看作复合方位词或正反义方位词构成的特殊方位词（邵敬敏 2016：8）；刘月华、潘文娱等（《实用现代汉语语法》，商务印书馆 2003：52）则认为成对使用的单纯方位词已经成为一个词，表概数，表方位等。

而在《现代汉语八百词（增订本）》中，对这几个词语的解释要详细很多：

【前后】方位词语（见 p. 449）

1. 用于空间，指事物的前面或后面；

2. 用于时间。

【上下】方位词语（见 p. 477）

1. 用于空间，指事物的上部和下部、以上和以下、从上到下。

2. 用于数量，指比某一数量稍多或稍少。只用于数量词后；

3. 用于人事方面，指上级和下级、上辈和下辈，可重叠。

【左右】方位词语（见 p. 704）

1. 用于空间，指事物的左边和右边。

2. 用于数量，指比某一数量稍多或稍少。只用于数量词后。

3. "左"和"右"分开连用。指动作多次重复。

《八百词》中没有收录"里外""内外"。

《八百词》还比较了"上下"与"左右"，认为"上下"多指年龄，不能指时间、距离，"左右"不限。（p. 477）

无论是教科书上粗略的说明还是《现代汉语八百词》中较为详细的说明，即便有的提到了"左右""上下""前后""里外"可以用于数量、用于时间甚至用于人事，但都是作为方位词语来处理的，那么，这就给教学带来一个很麻烦的问题，为什么可以表数量的、表时间的成分是方位词？这是很多学生不能理解的。看下面的例子：

空间	时间	数量	人事
桌子上下	上下五千年①	75公斤上下	组织上下
椅子左右	一小时左右	7厘米左右	身边左右
书房前后	端午节前后		
屋子内外			组织内外

如果将之处理为"范围(标记)词"而不是方位词、"方位标记语",效果应该更好。我们将此类词笼统称为"范围标记语",如需说明次范畴,则进一步指明为空间范围、时间范围、数量范围、人事范围等。

要注意的是:1)当表示时间或数量范围时,"左右""上下""前后"这些范围标记语主要表示约量范围,但有时也可表确量,表确量时主要是表全量范围;它们对所依附的NP特性也有一些要求。如果忽略了这些范围标、NP的特性,就会出现一些错误的用法。2)另外,范围标所附着或指向的成分与范围标本身的表义要一致。我们也注意到一些留学生在习得这几个范围标记语时,也常有一些偏误的情况:

(1) *从报纸上,电视上我们都知道河内有很多的名胜古迹,可是我前后没有机会在河内旅游。(越南/二年级下学期/谢光静/《给朋友的一封信》)

(2) *我的朋友们上上下下都喜欢我。(韩国/二年级下/姜怜贤)

(3) *这儿武汉的气候同大阪的气候很相似,气温高、湿度也高。上个星期左右,在日本已经梅雨期过去了,可是在这儿因为同长江很近,所以一定夏天一直闷热得很。(日本/短期班/竹内

① 《八百词》的说法有些绝对,"上下"并不是绝对不能表时间和距离,如"上下五米""一尺上下"。

雅则）

（4）大概去年6月20号左右，我第一次来到武汉，来到华中师范大学。（韩国/二年级/赵宰范）

例(1)中“前后”表约量，根据句意句中需要一个表全量的成分如“一直”“总是”；例(2)“上上下下”表示全量，但前面需要一个限定成分，这里的“我的朋友们”本身不具有范围特征，起不到限定的作用，改成“我们班”“我的朋友圈”则可以；例(3)中原表达“上个星期”表时点、时段不确定，“左右”前面需要一个确定表示时点或时段的时间成分，如“一个星期左右”或“上个星期三左右”，如例(4)。

2.2 “X以上/以下”与“X上/下”的区别

在现有的教材中，“以上”“以下”“以前”“以后”“以内”与“上”“下”“前”“后”“内”等都是作为方位词处理的，表示“处所”“方位”，而并没有说明它们之间的差异，但它们的差异其实比较明显。例如：

（5）脖子以下世界级　*脖子下世界级

这句话是说一些运动能力很强但球商一般的运动员，只能用“以下”不能用“下”，因为这里是一个范围概念，而不是处所概念。

我们再看下面这个例子，游泳运动员孙杨于2019年8月21日发表了微博：“水面之下我想要更快、更强。水面之上我想拥有一颗更强大的心脏。”这则微博主要是针对世锦赛中他的兴奋剂争议事件说的，这里的“水面之上”“水面之下”如作简单的处所词处理明显不妥当，看作范围标记更合理。

我们可以作一个大致的区分：

范围标（以上/以下）	**方位标**（上/下）
肚子以上	肚子上
楼板以下	楼板下面
三小时以上	？三小时上
三个以上	？三个上

很明显,“以上/以下”与“上/下”的对立较为明显,前者表示范围,可以表示处所、时间、数量,后者只能表示方位、处所。“以前/以后/以内”及“之前/之后/之内”“前/后/内”也都是范围标,以及“中间/之间”都可以看作范围标,可以表示处所、时间。例如:

(6) 房子以前/以后/以内　房子之前/之后/之内
房子前/后/内
三天以前/以后/以内　三天之前/之后/之内
三天前/后/内
朋友们之间/孩子们中间　桌子之间/中间

这些范围标的使用,有一些值得注意的问题:1)带范围标的短语如果有直接限定的对象,一般在其后;2)不同范围标的特性有差异,要与组合的成分在语义上不相悖。下面是留学生使用“以上”有偏误的例子,各代表了一种类型和情况:

(7) *做紫菜包饭的时候,需要的东西准备完的话,从此可以做它。在紫菜上面放<u>米饭半碗以上</u>。然后米饭上面放各种各样的东西。最后,卷那个。那么好吃的紫菜包饭完成了。原来的样子可以吃或者切成也可以吃。(韩国/二年级下学期/张恩贞)

(8) *也许那个时间华师有下雨,所以天气很冷,因为我们家温度从来常常<u>从二十几度以上</u>。(越南/一年级下学期/吴世全)

(9) *通经那个经验,我获得自信我会认识到我有<u>自己想像以上</u>的能力。(日本/短期班/泷本理博)

(10) *老太太悠然自得,从容不迫,她仍是戴着一顶圆锥形斗笠,近前发现,这斗笠带子是一条布巾,它足够将<u>眼睛以下到下巴</u>的面部全部遮蔽。(越南/二年级下/杜范琼儿)

例(7)中范围标“以上”与前面的数量成分“半碗”构成一个范围限定成分,正常情况下它应该位于被修饰成分“米饭”的前面,这是语序方面的错误;例(8)中“以上”前面也是数量成分,共同构成一个范围成分，这个范围成分不适合前加表示起点的介词（从），应删除；例(9)中，“以上”表达抽象事物（想像力）范围，“以上”作为范围标，前面适合出现一个体词性词语，应该将“想像”改为“想象力”更为合适；例(10)中有一个范围结构“眼睛到下巴”，要么不出现范围标（以下），要么配套使用（眼睛以下到下巴以上），在这个结构中不能单个出现范围标。

2.3 “从X到Y”及“从”“到”的词性

“从X到Y”中“从”“到”的词性是动词、连词还是介词？还是一介一动？在教学中一直存在这样的争议。我们（朱军2010a）曾认为，把“从”“到”看作动词、介词，是将“从X到Y”构式拆开来看的结果，所得到的词性也就是“从X”“到Y”中“从”“到”的词性；但“从X到Y”是独立的、整体性的构式，“从”“到”是构式中的有机组成成分，故在整体构式中我们倾向于把“从”“到”看作连词，联结范围的两个端点。我们的意思是如果是表示范围义的构式，看作连词更合适一些（例12）；非范围义一介一动更合适（例11）。比较：

(11) 从北京到上海了。

(12) <u>从北京到上海</u>大概要5个小时。

但以上看法也存在一些问题，《八百词》及《现代汉语词典》（第7版）中“从”都只有介词、副词的用法，“到”在《八百词》中有动词和趋向动词的用法，《现代汉语词典》中只有动词和形容词的用法，二者的连词用法在词典层面得不到支持。

所以，我们认为，1)在教学上首先要区分出“从X到Y”是否是个表示范围语义的构式，如例(12)。如果是范围构式，则作为整体看待，不必细分构成成分词性；如果不是范围构式，则“从”为介词、“到”为动词。2)另外，如果“从X到Y”是范围构式，X、Y在语义、属性等方面应该具有一致性。3)同时，范围构式（成分）具有高位特征，需要位于事件或动作的前面，一般不出现在后面，除非特殊的句法操作。下面是留学生使用“从 X 到 Y”有偏误的例子，各代表了一种类型和情况：

(13) * 在我们心中每个人都有一个家庭，从小时候到长成的人，家庭的要素是很重要的。(越南/四年级/侨世欢非即兴)

(14) * 绝对不能让生日的主角从头到尾都自己来准备，更何况这里的主角是一个患有心脏病的老人？(越南/四年级/黄香离即兴)

(15) * 从这儿到黄山坐长途汽车。(韩国/二年级下学期/张恩贞)

(16) * 我从早上 8 点至晚上 6 点一直上课了。(韩国/二年级上学期/姜怜贤)

例(13)是“从 X 到 Y”中 X、Y 属性不一致的偏误，“小时候”是表时间，“长成的人”与之不一致，改为“长大成人”即可。我们收集的类似例子很多，如“从小到现在”(应为“从小时候到现在”)、“从孩子到现在”(应为“从孩提时到现在”)、“从开始到结尾”(应为“从开始到结束”或“从开头到结尾”)等等。例(14)是语序不当，“从头到尾”作为范围构式应在“让生日的主角”之前，起到“框架”的作用。例(15)的例子有点特别，如果把“从这儿到黄山”看作范围构式，则需在“坐长途汽车”前加“需/要”，否则话没有说完；如果“到”看作动词，语序要变，“从这儿坐长途汽车到黄山”。例(16)中“从 X 到 Y”表示时间范围，即时段，这样的句子一般表示进行态，不表完结态，去掉“了”，也可再加上“在”。

2.4　主语、宾语的语义类型

汉语宾语的语义类型不仅种类众多，而且难以判断，是汉语学习的难点。(朱军 2009)在一般本科教材中，宾语的语义类型都会简化处理为施事宾语、受事宾语及中性宾语(当事宾语)；但进一步深究的话，中性宾语(当事宾语)里面就有很多类型；更为麻烦的事情是，有些宾语的类型不好确定，例如：

爬山/压马路：处所宾语？受事宾语？范围宾语（与“目标宾语”相对）

吃食堂/吃馆子：处所宾语？受事宾语（转喻）？范围宾语

“爬山”“吃食堂”处理为常规的受事宾语或处所宾语都不太好理解，处理为范围宾语也是一个思路。按照系统功能语法的思路，范围宾语是与目标宾语相对应的，显然，目标宾语是动作直接作用的对象。

我们再来看一组特殊的主语句（袁毓林 1998：52）：

(17) 班长选了张三。
　　苹果吃了三个。
　　参考书借了 1982 年版的。
　　导师选了陈果仁。
　　彩电买了海信，空调买了海尔。

此类句子之所以特殊在于主语与宾语之间要么是领属关系要么是整体、部分关系，与动词之间都能构成“动核＋受事”的关系，但问题在于，一个句中的主语和宾语都是受事不符合语义规则，那么主语的语义角色怎样处理呢？袁毓林（1998：52）倾向于把主语处理为范围，宾语处理为“受事”，我们觉得是合理的，可以在教学中使用。另外，还有一个与此相关的经典例句也可仿照此法处理：

(18) 王冕七岁死了父亲。

此例是语法学界的研究热点，包括主语“王冕”的角色认定也是一个难点，大致的看法是：“父亲”是动词“死”的施事，主语“王冕”是施事的领有成分。但这样在教学中不太好处理，不妨看作范围主语，这也是一个处理之法。

范围主语与范围宾语都出自特定的句式或结构，其用法特点需要掌握：1）范围主语在概念范围上大于宾语；2）主宾语是限定关系，充当范围主语成分不在宾语中重复出现；3）范围宾语一般语义较泛，不适合加限定成分，“吃食堂”很自然，“吃南苑食堂”就不自然。下面是留学生偏误的例子，各代表了一种类型和情况：

(19) *苹果买了水果。(留学生测试例子)[①]

(20) *苹果吃了三个苹果。(留学生测试例子)[②]

(21) *我们逛在阳朔各地。(韩国/二年级上/成银英)

(22) *三天我先在北京过了一下儿。逛一点街以后我觉得武汉比北京漂亮得多。(波兰/二年级下/赵英秀)

例(19)明显是违反了“框架大于内容原则”，语序颠倒；例(20)范围主语“苹果”可以看作宾语分裂出来的，不适合重复出现；例(21)范围配项应该用宾语，而不是补语；例(22)“逛街”不适合在范围宾语“街”前加限定成分。

2.5　“除了X，Y”结构的语义

朱军、盛新华(2006)认为汉语中的“除了X，Y”式隐含四种语义关系：排除关系、加合关系、选择关系和等义关系，是一种范围构式。例如：

(23) 第一教学楼除了这间以外，其余的教室都没空着。

(24) 提前到校的，除了张三，还有李四和王五。

(25) 最近几天我除了上课，就是开会。

(26) 房间除了书，还是书。

很明显，不同的类型都有特定的标记：排除关系的标记是“都”(后面部分)和否定词(不是必然项，可前可后)；加合关系的主要标记是“还有”；选择关系的主要标记是“就是”；等义关系的主要标记是“还是”。这些标记是不能省略的，否则会产生错误的理解或歧义。下面我们看看留学生偏误的例子：

---

① 例(19)、例(20)主要来自我们对留学生的测试题，该例句部分学生的答案。原题是：1.(　)买了(　)。A 苹果　B 水果

② 原题是：2.(　)吃了(　)。A 苹果　B 三个　C 三个苹果

(27) ? 除了我一个人以外,都玩儿,但我毅然坚持学习。(韩国/二年级/沈玟英/非即兴)

(28) * 因为除了他们的爱情以外,很多地方可以感受到人际间真正的感情。(韩国/三年级/金秋/即兴)

(29) * 春节和中秋节在韩国是大节日。除了春节和中秋节以外都有国庆节。在韩国国庆节是休息一天。(韩国/二年级上学期/崔美炅/《韩国的春节》/说明文/非即兴)

例(27)原意是排除关系,也有标记"都",但后句缺少主体(谁玩儿);例(28)原义是加合关系,但缺少标记词"还",导致表义不清楚;例(29)原义也是加合关系,但标记词用错(都),应该是"还"。

3. 留学生汉语范围范畴习得的偏误类型

在第7章中我们已经提到,学界对范围副词的偏误研究较为充分,有综合性的偏误分析,有根据范围副词类型进行的偏误分析,也有常见范围副词个案的偏误分析,还有一些是汉外一些范围副词的对比及习得研究。我们研究范围范畴,超出了范围副词的范围,涉及到方方面面,包括上一节中的一些疑难问题。本节考虑的对象是范围范畴的全部对象与表达手段,并不刻意避开范围副词;但考虑到研究现状,也不以范围副词为讨论中心。

3.1 词类误用

因为汉语主要词类的多功能特点,对汉语词类的确定是留学生的一大难点,但大部分留学生因母语的原因而对词类非常依赖,这个矛盾使得词类误用在留学生的习得偏误中十分常见。

1) 范围词误用为程度词

(30) * 爸爸是个很少说话的人。每天到了休息的时间他就用很短时间来看电视、报纸或者做别的事情,最少用来说闲说。我爸的工作是职工在我们工做,他常常去出差所以我了解他的不

多，不过我爸很喜欢看书，打网球（网球是我爸自己学会的）。（越南/二年级下/阮竹草）
根据语篇的意义，“最少”这个位置应该出现一个带有程度或频率的词，最合适的是“很少”，而“最少”是约量范围副词，不表程度。这是误用了范围词。

2）形容词误用为名词（短语）

（31）*我觉得男人和女人之间有很多共同，也有很多差别。可我还想做一个女人是因为：当女人很幸福因为你在别人的眼里，女人总是很脆弱应当有人来保护，照顾，关心。也许是因为我是一个内心的人，所以我很喜欢有人来照顾，关心我。（越南/三年级/阮海琼英）

（32）*酒在李白的诗歌中是诗人的文学特殊之一。随着他的想象酒就是他诗中的独特，给读者（与）欣赏的人带来一种美的感觉。（越南/三年级/管国仁/非即兴）
“共同”是含有范围语义的形容词，“很多”也是形容词短语，后面应该是一个名词（短语），最为合适的是“共同点”；“特殊”“独特”都是形容词，无法作为范围结构的中心语，此两处都应为“特色”。

3）范围副词误用为代词

（33）*是两个人从小的时候已经相爱了，后来发生一些事情所失去联落（络），后来又见面，已经拿好了对方的电话号码，不幸的事是：那两张写（了）互相的电话号码（的纸）都被雨淋湿了，不幸的是他们再一次失去了连落（联络）。（越南/三年级/潘氏垂莲）
“互相”是范围副词，在这个例子里作为定语使用，显然是不合适的。根据语义，这里应该用相互代词“彼此”。当然，这句话中很有很多其他的错误（括弧内为笔者补充的内容，余同）。

3.2　语序不当

无论是外国留学生还是中国本土学生，在汉语语法学习中常出现语序不当的情况，尤其在表达不同范围语义的范围成分的语序上容易出错。下文我们通过列举一些偏误案例看看留学生出现与范围范畴有关的语序错误类型。

1）话题后置

（34）*他什么都可以吃中国菜，但是不料不能吃松仁玉米。（韩国/二年级/文那允）

上面例子的语序错误在于：陈述对象“中国菜”在句末，而范围副词“都”基本是前指的，所以这里的“中国菜”要前移至句首或其他的“都”前的某个位置，对象成分前移后句子合格。例如：

（34）'a. 中国菜他什么都可以吃

b. 他中国菜什么都可以吃

c. 他什么中国菜都可以吃

下面的例子可能有两种情况：一种是宾语“我”是受事的话，说话人错误地将其前置，正常情况下“我”应该在“认识”后面，为“大家都认识我了”；还有一种情况是“我”为小主语，说话人错误地将“我”后置，正常情况下“我”应该在“都”前，为“大家我都认识了”。

（35）*我最感谢的是来这儿以后，大家都我认识了。（密克罗尼西亚/一年级下学期/安飞/即兴作文）

2）限定语后置

（36）*奶奶打量了我半天才说：“啊！怪不得你的眼睛很深还双皮眼，我们中国人的眼睛大部分是单皮眼的。”我们都笑了。（越南/二年级下/潘氏草）

（37）*我的好朋友中大部分是他们先对我有关心。以后他们常常跟我聊天儿。（韩国/二年级/吴美知/即兴）

“大部分”是形容词性的限定成分，限定对象如果出现的话，限定成分应该在其前，上例正确的表达应该是“我们大部分中国人的眼睛”“我的大部分好朋友（作主语范围标记“中”要删除）”。

3）时间范围后置

（38）*老师对我们不止一次地说，你们一定要努力学习。

(韩国/二年级/成银英/非即兴)

(39) *他在报纸上,电视上不止一次登上寻事。花了半年才找到那个女医生的家里,但是那时他才知道在战争之间她已经死了。(越南/二年级/甲文维/即兴《我最喜欢的一本书》)

多个范围成分共现时,或时间成分与其他状语成分共现时,倾向于位置在前,所以上面例句的正确语序应该是“老师不止一次地对我们说”“他不止一次在报纸上、电视上”。

4) 范围副词前置

(40) *我希望2005年的全都事情忘掉了。新年1月1日,重新开始。我对自己很不好意思。其实来到这里以后没有努力。(韩国/二年级下/白璟烈/即兴《最难忘一次新年》)

范围副词在语义上有前指与后指的差异,特定的范围副词语义指向是确定的,如全量范围副词“全”“都”一般都是前指的,所以对象成分应在它们前面,正确的语序应该是“2005年的事情全都忘掉(事情未发生所以“了”也要去掉)”。

5) 范围成分后置

(41) *现在已经过了七个月。学习越来越难。我也快要考HSK在四月20号大概。(泰国/二年级下/陈美丽)

汉语范围成分除了在一些特殊句式中充当宾语或特殊动词(如单音节)后作补语外,大部分情况是倾向于前置的,此例也是如此。另外,例子中使用了范围副词“大概”,它是后指的,应该在对象前面。所以正确的语序应该是“我也大概快在四月二十号考HSK”。

6) 其他语序错误

还有其他一些语序错误。如约数范围标记有前标与后标之分,后标要在数量词后面。例如:

(42) *我来中国大概多六个月,长时间不见您们的面我好想您们!(越南/二年级/田红英/非即兴)

“多”是约数后标,此处用作前标,应为“六个多月”。

在一个复杂的范围表达式中，汉语主句的位置一般是后置的，而其他语言中一般主句在前，从句在后，故有时会产生偏误。例如：

(43) *我的钱包里有除了50块钱以外，还100块钱。(韩国/二年级/郑树敬)

上例是一个表示加合关系的范围结构，句中谓语动词“有”应该在“还”的后面。

还有一种情况是，汉语中有一些离合结构，一些数量成分可以插入到离合结构中间；其他语言中少有这种现象。例如：

(44) *我们大概二十分钟打电话。(韩国/二年级上/崔美灵/《写一个本班同学》)

(45) *他和我不过一次见面而已，但我硬着头皮求情。(韩国/二年级下/尹星雅/非即兴)

同样一个意思，汉语可能有多种表达方式，但汉语有一种选择趋向，即整体结构上的趋简，当然后果可能是内部结构的复杂，如汉语的动补结构、离合结构。上面例子的正确说法应是“打二十分钟电话”“见一次面”，前面都有范围副词，这就是追求整体结构上的简洁。

3.3　成分残缺

与范围范畴有关的成分残缺主要是缺主语、缺状语、缺范围标记及其他。缺主语的情况是将范围成分或范围标记直接置于主语位，导致原有主语缺失；缺状语就是直接缺范围成分；缺范围标记主要是配套范围标不完整。

1）主语残缺

(46) *这个人性格真好，(缺主语)上上下下都喜欢他。(韩国/二年级/成银英/非即兴)

(47) *除了我一个人以外，(缺主语)都玩儿，但我毅然坚持学习。(韩国/二年级/沈玟英/非即兴)

(48) * 还有，中秋节。大部分(缺主语)可以休息一天左右。我最喜欢的节日是春节。(韩国/二年级上学期/姜怜贤/非即兴说明文《韩国的春节》)

(49) * 算起来，一天内大部分的(缺主语)我都用越南语所以我的汉语口语还不好，我跟中国人说话时反应还不灵活。(越南/二年级/黄素源/即兴)

上述例句都缺主语，但有一个共性，就是句中都有范围成分共现，例(46)的"上上下下"，例(47)的"除了我一个人以外"，例(48)、(49)的"大部分"，可能是这些范围成分对说话者产生了干扰作用，让其误以为它们是主语。

2) 状语残缺

(50) * 她的与众不同的身材，让所有的男人(缺副词"都")很着迷。(韩国/二年级/郑树敬/非即兴)

(51) * 每逢春节的时候，我(缺副词"都")收到了很多压岁钱。(韩国/二年级/徐允阿/非即兴)

(52) * 他的身材、相貌以及性格(缺副词"都")让我喜欢。(韩国/二年级/沈玟英/非即兴)

(53) * 我想起，这一天我特别兴奋，心里高高兴兴对大家说："我要去中国！我要去中国！"亲朋好友都特别满意，仅仅(缺副词"只")有我的外祖母舍不得让我离开她。(法国/二年级/尼古拉/非即兴)

(54) * 他们不欺骗外国人。大概除了我之外，别的外国人(缺副词"也")喜欢武汉。(韩国/二年级/曹东薰/即兴)

(55) * 想做这个菜就很简单的，首先要准备好原料。大概(缺动词"(需)要")买一斤排骨，一点升(生)姜，辣树蒜，……最重要的是醋和糖。(越南/二年级下学期/甲文维/《糖醋排骨》/说明文/非即兴)

语言表达中需要前后照应，如形态发达的语言非常注意形态之间的对应，如主语的人称与谓语形态的对应。汉语形态上没有那么丰富，主要通过词汇手段完成表达以及照应。例(50)—(52)谓语前各种范围成分的出现，如“所有”“每”“他的身材、相貌以及性格”需要一个范围副词与之呼应。例(53)中动词“有”前虽然出现了唯一范围副词“仅仅”，但“有”是单音节动词，更倾向于与单音节的范围副词组合，如这里也可以说“仅有”，所以这一例也可以看做韵律错误。例(54)中出现的是“除了……之外”加合类关系的范围构式，后面主句部分需要加合关系副词“也”标明关系，而不能不出现。例(55)严格说，与范围范畴没有直接的关系，缺的是动词；但从语言表达习惯上看其实也有关系，如果动词前没有出现范围名词“大概”的话，是不需要补出动词“(需)要”的。

3) 范围语义配套残缺

(56) *你好！我(缺介词“自/从”)前天到华中师范大学以来，生活慢慢儿习惯了。(日本/短期班/寒竹麻依子/非即兴)

(57) *在我们国家(缺“(最)近”)10年以来，学汉语已经成了一类潮流。有这样的潮流是随着世界“汉语热”而流行。(越南/三年级/黄英明/即兴)

(58) *笑而不答有很多意思包含(缺范围标记“在内”)，其中一个答案是自己自身里存在的，谁也不会告诉我这个答案，自己找自己彻悟是最好的答案。(韩国/三年级/李尊熙/非即兴)

上述例句语义虽然表达清楚，但句法上是不完备的，原因是一些范围表达式形式上是不完整的。“……以来”如果在主语后面，则需要框式介词，前面的介词是不可省的；同样“10年以来”在句首可以说，但前面有其他成分时，需要把范围限定清楚；“包含”是及物性的动词，后面需承接一定的内容。

4) 缺其他完句成分

(59) *我们失去自由，因为我们不是自己的主人，现代生活是我们的主人，我们的心大部分是空。(俄罗斯/三年级/欧丽娅/

即兴）
这一例涉及汉语的“是……的”分裂句式，“的”是不可省去的。

3.4　成分多余

与成分残缺刚好相反，成分多余现象是句中有多余的成分，这些多余的成分要么影响到了句法的合格，要么影响到了语篇的连贯。与范围范畴有关的成分多余现象主要包括主语多余、结构助词多余、领有范围成分多余与状语多余。

1）主语多余

主语多余的情况包括主语重复多余或从属于主语的补充成分多余等。例如：

（60）*我来了（删除）中国的时候，想家人，四个星期以后，仍然我（删除）想家人。（韩国/二年级/文那允）

（61）*今年，对我来说，是我最喜欢与最让我满意的（一）年。我来中国以前，汉字什么（“汉字”“什么”删除一个或变序）都不会写，什么都不会说。（法国/一年级下学期/高宓垓/即兴作文）

（62）*人们个个（删除）都有自己的路，可我要感谢我认识的全体人。（日本/三年级/吉富久美子）

上面例子多余的主语既影响了语篇的连贯，也影响了语义表达，例（60）在时间范围成分之后，主语不删除的话就应该变序到句首，否则说不通。

2）结构助词多余

结构助词多余主要是“的”的使用不当。汉语中限定成分与中心语之间结构助词“的”的隐现有很多限制，也有一些约定俗成的用法习惯，如范围成分“大部分”限定单音节中心语时不能用结构助词“的”，时间名词“现在”更多的是在语义上限定对象，也不用结构助词“的”，这些都会造成语用偏误的出现。例如：

（63）*现代社会是金钱万能主义，所以大部分的（删除）人都追求金钱。有的时候金钱比自己的健康和生命更重视。（韩国/

三年级/具知恩/即兴）

（64）*现在的（删除）各国所有的总统都是男人。（韩国/三年级/金素希）

3）领有范围成分多余

一般来说，限定范围的领有成分是必要的，但不能重复。例如：

（65）*现在的各国所有的（“各国”“所有的”删除其中一个）总统都是男人。而且社会的重要的人物大部分男性。这是意味着传统观念还留在现代。（韩国/三年级/金素希）

上例“各国”“所有的”都是充当领有成分，其中一个成分冗余。

4）状语多余

状语多余主要指的是范围副词的误用，特别是全量范围副词“都”，语句中没有全量的成分却使用了“都”。例如：

（66）*对我来说，我真的很感谢在中国认识大家都（删除）！谢谢！（密克罗尼西亚/一年级下学期/安飞/即兴作文）

（67）*不瞒你说，她都（删除）听到了这消息，她就一个劲儿地哭。（韩国/二年级/沈玟英/非即兴）

3.5 词语误用

词语误用有多种情况，除了上文提到的那些与句法有关的因素（如语序）外，还有韵律方面的、语义方面的各种误用。下文具体说明。

1）韵律错误

汉语有特定的韵律特征，如单音节与单音节匹配、双音节与双音节匹配等，若不掌握这些特征，便会产生偏误。例如：

（68）*老两口晕头转向忙到天擦黑，儿子们陆续来到，还带着两个孙子两个孙女热热闹闹地聊天，生日宴会开始饭菜摆了满（满）一桌，一家人围坐（在）一起，气氛很浓。（越南/四年级/陈氏梅花/即兴）

(69) * 故事讲得很深奥，全文章(全文)仅仅两个人物，情节也不多，但是通过这篇文章我们明显地领会作者的表达意图。(越南/四年级/阮红君/非即兴)

汉语中“满桌”“满满一桌”都可以说，但“满一桌”不能说；“坐一起”“围坐在一起”都能说，“围坐一起”却不能说；能说“全文”不能说“全文章”。

2) 意义错误

意义错误的偏误类型主要是范围成分与句中其他成分间的意义不匹配问题。例如：

(70) * 我觉得汉字的用法很有意思。本来整个(每个)汉字都有个别的意思。(日本/四年级/户松红花)

(71) * 凡是(要是)你买这件衣服，我就不反对。(韩国/二年级/郑树敬)

(72) * 我们都知道现在她很痛苦，悲伤。她要抛弃凡是(所有)东西。(越南/二年级下/杨丽菁)

(73) * 我觉得武汉人比别的地方的中国人很(更)好。(韩国/二年级/曹东薰/即兴)

例(70)中“整个”针对的是同一个对象，与语义不符，应换为指某个集合体中的所有成员的“每个”。例(71)中“凡是”作为范围副词表示全量，表示所有买衣服的事件，而其后对象仅为单量，不适配，且“凡是”应与表全量的“都”共现，而非“就”，此处应换为假设连词“要是”。例(72)中“凡是”一般位于句首而非句中，应换为位置自由的“所有”。例(73)是比较句，“中国”范围内武汉人与武汉外人们的比较，比较句表程度要用“更”。

3) 近似词语用法错误

下述例句中用法错误是在两个用法非常接近的词语之间，这些近义词有些细微的语义和搭配区别，留学生恰恰没有掌握好。例如：

(74) * 下次有机会的话，我一定去那。旅行中间(期间)，天气很热，所以有点吃力，但是对我来说，这次的旅行我一辈子忘不了。(韩国/二年级下学期/郑连珠/非即兴记叙文《旅行》)

(75) * 去年，我父亲病倒了。现在好了，但是这以来(以后)，我的关于家庭(的)看法变了。(日本/三年级上学期/大城寿笑/即兴记叙文《我家》)

(76) * 儿子媳妇纷纷向母亲敬酒表示孝心。个个(每个)人酒足饭饱了然后告辞离去。家里又只剩下老两口。(越南/四年级/李英松/即兴)

(77) * 人们个个都有自己的路，可我要感谢我认识的全体(所有/每个)人。(日本/三年级/吉富久美子)

例(74)，"中间"是时间点，"期间"才是时间段，表示时间范围；例(75)，"以来"是过去到现在的时间范围，"以后"是现在往后的时间范围；例(76)，量词重叠式"个个"就是"每个人"的意思，不适合限定中心语"人"；例(77)，"全体"与"所有""每个"意义相近，但搭配习惯不同，不能与"人"直接搭配，也可以把"人"换为"人们"。

4) 语法错误

像前文所说的语序错误、成分多余、成分残缺都可能导致语法错误，这里所说的语法错误主要指词语误用导致语法不通的情况。例如：

(78) * 自从我去过中国的时候。我的(对)世界的看法漫漫变革了。我第一次去中国的时候，我不知道也不懂中国的规矩。在几年来我知道了也懂一点儿。(美国/一年级/欧为仁)

上例中介词被误用为结构助词，使整个语句不够畅通，在同一个小范围的句法结构中一般不适宜连用多个结构助词"的"，因为那样会使整个语句结构过于松散。

有时候，也会出现多种错误杂合的情况，例如：

(79) * 我们班由于一个个学生每天要复习和预习，(插入连

词)我们班得到好成绩。(韩国/二年级/成银英/非即兴)

上例中至少有四处错误,“一个个”应为“每个”,“要”要么删除要么改为副词“都”,后分句中“我们班”应删除,并添加连词“所以”。只有这样,此句才是一个合格的句子。

3.6　标点错误

最后我们再说一下习得中与范围范畴相关的标点错误,主要有缺少必要的标点、多用标点、错用标点几种情况。

1) 缺少标点

(80) * 在火车上我一眼就看到很多漂亮中国的地方(,)包括农村。(越南/二年级下学期/阮氏翠/非即兴记叙文《寒假的时候》)

上例表示包容范围,“包括”介词化为范围标记,需要与主句之间有标点断开,否则形成杂糅表达。

2) 多用标点

(81) * 我从些(此)以后,再也不能像这样期待他了。(越南/四年级/黎和平/即兴)

上例较短,一般情况下不需使用停顿标点,且关键是时间范围成分在主语之后作句中状语,若“从此以后”在主语之前,则停顿是自然的。

3) 用错标点

(82) * 可自 17 岁以来。(,)她的生活变起化来。(,)她的妈妈已经满(瞒)了她一个 18 年的事实。(越南/二年级下/阮氏翠)

上句的问题是把句号用作逗号。时间范围成分“从 17 岁以来”开启了一个叙事故事,后文展开,用句号则戛然而止。

4. 汉语范围范畴教学策略的思考

无论是范围范畴的语法点难度,还是留学生实际的偏误情况来看，中国学生与留学生完全掌握范围范畴都具有一定的难度。关键原因在于，范围范畴是一个新的概念，在此之前，大家最为熟悉的可能仅是其中的范围副词，正因如此，无论是教师还是学生都还没有做好应有的准备。为此我们从教师授课、教材设计、教学安排等角度提出以下建议。

4.1 教师应建立范围范畴的概念与知识系统

这是从教师的角度而言。对于一般人甚至专业教师而言，提起范围概念，大概只会想到两个方面，一是空间、处所范畴中表示范围意义的成分，二是范围副词，而并没有形成完整的范围范畴概念，缺乏宏观上的认识。从以往的研究看，非常注重细节的研究，如“都”与“全”的区别，“一律”与“一概”的区别等等，这些都是教师必要的知识储备，也需要教师在教学中抓住区别的核心点，“稳准狠”地进行教学，通过相关联系或纠错让学生很快地掌握这些常见词的用法要点。这方面的讨论非常丰富，成绩是值得肯定的，我们不再赘述了。

我们想强调的是，除了这些分散知识点的知识储备，教师还需要有范围范畴的整体概念。首先要认可语言中存在范围范畴这样的事实，并能够把范围范畴作为一个原型语义范畴看待，知道其具备多成员多层次的特点，也有核心成员与边缘成员的区别问题，另有不同范围子范畴之间的隐喻问题，诸如此类，等等。只有建立了范围范畴的概念与知识系统，在教学中才能够游刃有余，讲授任何相关的知识点，都能够放到这个整体的框架下进行；若非如此，则可能会出现一些教学问题。打个比方，讲授范围副词，有各种分类，教师讲到任何一个具体的范围副词，都会说这是什么样的范围副词，如“都”“全”等是总括性范围副词，“但”“仅”“光”等都是限定性范围副词，但都局限于对范围副词本身语义的分类，同时还要考虑到不同教材说法的差异，显得比较零碎化。在讲到方位处所词语时，仅按方位处所词语的一套系统进行分析，例如“上下”“左右”，是复合方位词，附在其他词语后面，表示方位，有时也可以表示时间、数量等。孤立地看，它们是完全独立的知识点，教师的讲授也没有大的问题，但教学效果未必好。而若教师有范围范畴的整体概念，情况则会大不同，便可以从整体上去把握这些知识点，如从特征角度把范围范畴分为了“确量范围”与“不确量范围”，如方位词里面的“上下/左右”就表示“不确量范围”，范围副词里面的“大体”“大略”“大致”也是表示“不确量范围”；限定成分“所有的X”“整X”“全X”表确量表全量，范围副词“都”“全”也可以表全量表确量，范围标记（介词）“除了……”可以表排除范围，也可以表加合关系，而范围动词也可以表示这些类型等等，等等。如果能够把这些看似分散，实则有内在统一性的现象用同一个理论贯之，可能在教学上就能够以简驭繁，达到事半功倍的效果。

4.2　大纲教材范围语法项目的安排要合理有序

教学大纲是总旨，教材是具体贯彻大纲精神和实施大纲内容的主要手段。大纲与教材的好坏会直接影响教与学的效果。高质量、适用性强的大纲与教材都是非常难得的。我们认为具体到范围范畴，教学大纲与教材设计要做到以下十六个字：多点撒网，分级安排，详略有度，集中提升。

多点撒网。它指的是将范围范畴的概念和表达手段渗透在各个具体语法点和课文当中，增加范围概念在大纲和教材中的出现频率，而不限于只在提到范围副词时才出现，在相关的名词、动词、形容词、数量词语及格式中也要提及范围的概念，只有多提多说，才能形成与深化认识。当然这一点也有难度，要建立在人们对范围范畴完全接受的基础上。

分级安排。这是大纲处理不同使用频率词语和不同难度语法点的常见办法，如不同范围副词出现在不同年级的教材中，不同的教材可能对具体某个词的处理方式有差别，但一般都会秉承分级处理的做法。这样做的好处是可使学生在学习的不同阶段接触、学习不同难度的词语，提高接受度，并深化认识；坏处是有些相关、近似的词语分隔太远，不便于联系学习。

详略有度。总体上来说，对外汉语教学的大纲、教材涉及的是整个汉语语法系统，语法点的教学一般来说很难做到详尽。语法教学与语法研究最大的差异是，前者主要关注那些用得多、具有普适性的语法规律，而语法研究更关注一些特殊的、边缘性的语法现象，它们可能在日常语言使用中甚至于很难见到。通过本书研究，很显然，范围范畴与人们生产生活密切相关，属于普适性的语法规律，对于留学生学习汉语而言，是无法回避的内容，所以有必要让学生建立起范围范畴的概念。因此将一些重要的范围范畴的知识点在大纲、教材中予以体现甚至较详细的体现，是非常有必要的。

集中提升。当留学生汉语水平达到一定程度，特别是到了研究生阶段，对汉语语法的体会和理解加深后，可以适当进行提升。例如在语义范畴的设计中，不但要有疑问、否定、时间、空间、数量这些被大家广泛接受同时也具备类型学意义的专题性讨论，也应该加入范围范畴的专题讨论；而且它的研究空间更大，可以让学生结合自己的母语进行跨语言比较和类型学考察。

4.3 教学方法应该多项并举不拘一格

语言教学特别是第二语言教学的方法问题是教学领域永恒的课题。如汉语国际教育领域，学者们结合国内外各种语言教学理论与自身课堂实际情况提出了很多种具体的教学方法，其中有一些很好的方法，如针对具体的语法项目提出要用比较法，就是找到比较对象之间典型的差异点，可以说切中了要害；另外，很多人提出了“情景教学法”，模拟现实场景进行教学，效果最为直接有效，在条件允许的情况下，确实是一种可取之法；还有很多人主张采用“多做练习法”，之所以叫“多做练习法”，是因为“练习法”

是教学的常规方法，大家都会采用，而“多做练习法”有点近似题海战术，当然这种方法对于应付考试可能有效果，是不是一种好的语言学习方法，还是有待考证。以上种种方法，对于我们教授汉语范围范畴有关知识点是非常有效的，一些学者已经进行了探讨。我们这里针对范围范畴的教学，另外提出两种方法，或者叫教学思路，以供参考。

1）教学中结合或者吸收各种最新研究成果

不完全局限于教科书甚至大纲的设定（如果教科书或大纲没有跟进的话）。如说到“以上”这个词，不必一定强调它是个方位词，虽然教材是这样说的，词典（如《现代汉语词典》（第 7 版））也是这样写的，但这明显是与用法不符的，甚至与人们的常识有些距离，如《现代汉语词典》（第 7 版）一方面说“以上”是方位词，另一方面又解释“其表示位置、次序或数目等在某一个点之上”，这种解释对于汉语水平高的人而言，是可以理解的，而对于汉语水平稍低如大部分留学生而言是有难度的，不太能理解为什么会这样，还需要教师进一步解释。但如果解释为范围标记，可以表示各种范围，就能更好地与语言事实结合起来了。

2）主动与其他语言特别是留学生母语进行衔接

在第二语言学习中，有一个基本的概念“母语迁移”，分“正迁移”与“负迁移”，在汉语习得中，人们发现“母语负迁移”现象可能更普遍。当然，这种“母语负迁移”也会随学习者目的语水平的提高逐步减弱或消失。对此我们的建议是在涉及一些范围范畴的语法项目时，教师对学生母语相关语法项目的共性差异应有一定的了解，可适当在教学中加入语言比较的内容，当然这种比较可能是初步的，但如果能抓住关键点（包括共性与差异），一定有助于教学效果的提升。如针对的是英语母语的学生时，我们讲汉语范围介词“除了……”，可以结合 besides，except，我们讲范围构式“从……到……”，可以结合“from…to…”。这样做的一个好处是让学生知道母语、目的语对应成分的共性差异，主动或更早地化解“母语负迁移”的影响。当然，这对教师的要求相对比较高，特别是一些学生的母语为非常用语言，资料方面也是一个问题，仍需进一步改进。

5. 结语

我们在前面多个章节中提出范围的概念以及试图建构范围范畴系统，从多方面讨论其理论意义。本章则是从汉语教学的角度（包括汉语作为第一语言和第二语言）讨论范围概念提出的必要性，以及范围范畴的一些内容对于汉语语法教学与学习的重要性，主要包括：一方面，使用范围概念及相关的说法，在教学中可以让一些本来不好定位的语法语义成分得到较得体的处理；另一方面，使学生一些习得的偏误能得到比较清晰的分析，便于更正。另外，从教学者（教师）以及教材大纲、教学方法等角度提出了一些建议。虽然范围范畴提出的时间不长，以及一些观点不一定成熟，系统仍需要进一步完善，但对于汉语教学以及语言实践的作用会越来越明显，也会越来越值得重视，这是我们的一个预期。

全书总结及展望

范围这个概念是一个既普通又特殊，既旧又新的研究课题。说它普通，是因为语言中有很多类似的与人们生产生活密切相关的语义范畴，如时间范畴、空间范畴、数量范畴、疑问范畴、否定范畴等等；说它特殊，是因为它跨越了很多其他的语义范畴，如空间范畴、时间范畴、数量范畴、限定范畴等，与它们有部分交集而又独成一体。说它是旧课题，是因为范围副词、空间范围这些概念和表达手段都是汉语学习者、研究者耳熟能详的；说它新，是因为学术界很少有人把它作为一个独立的研究对象展开研究，其实它涉及的语言层面非常广泛，词、短语、句子甚至句群、篇章以及特殊构式等都有体现。所以，即便本书是研究范围范畴的专著，涉及以下诸多方面，如范围范畴的界定、范围范畴的表达手段与表达系统、范围范畴的下位类别以及建立在特征基础上的系统、范围标记、范围配项、范围动词的句法语义结构、范围副词的句法语义特点、范围构式、范围范畴的教学等等，但也可能只是挂一漏万，点到为止。不过没关系，希望我们的研究能够引起同仁共鸣与重视，逐步深化对这个领域的研究。

以我们之浅见，除了汉语本体范围范畴研究的完善与细化外，下一阶段的研究重点应该是结合汉语丰富的方言资源以及结合汉语、民族语言、外语比较基础上的类型学研究。本书只作了初步的、零碎的比较探讨，如英汉范围标记的用法比较、个别范围动词的用法比较、个别范围副词的用法比较，远没有达到类型学研究的要求。而作为一个与人类生产生活密切相关的概念，在不同语言中都会有或多或少的表现，一定有一些共性特征和一些个性差异。

那么，何为类型，何为类型学。金立鑫(2011：3)在《什么是语言类型学》(上海外语教育出版社)一书中有较为通俗的解答，“语言类型实际上就是语言学家对世界上所有的语言进行划分的结果”，“世界上的语言有多种多样的分类，每一种分类都有自己的目的，或者都有自己的解释价值。当然，也有些分类是我们认识对象的需要，即为了我们方便地认识对象所进行的分类”。类型学研究既可以是宏观上对一种语言进行不同角度的归类，如“话题结构化语言”或“焦点结构化语言”“宾语居动词前语言”或“宾语居动词后语言”等等；也可以是比较具体的、微观的类型比较，如有的语言具有“联系项居中”的特点或倾向，有的则具有“联系项居句首”的特点或倾向。范围范畴的类型学研究应该要落实到具体的表达手段上来，也可以与已有的类型比较研究进行结合，比如范围标记研究可以结合联系项原则进行跨语言比较研究；再例如，人们常说汉语是意合型语言(与形合型语言对立)，这在语言的很多层面都有所表现，同样在范围语义的表达手段上是不是也有诸多表现呢？这都是值得我们进一步研究的论题，也是我们下一步努力的方向。

参考文献

[美]戈德贝格(Goldberg)著,吴海波译　2007　《构式——论元结构的构式语法研究》,北京大学出版社。
[美]兰盖克(Langacker, R. W.)著,牛保义等译　2013　《认知语法基础(第一卷):理论前提》,北京大学出版社。
艾桂芳　2015　对外汉语教学视角下的"在……里"介词框架研究,河北师范大学硕士学位论文。
安俊丽　2009　《大正藏》译经在汉语史上的语料价值,《盐城师范学院学报》第6期。
安玉霞　2006　存在句语义要素匹配关系研究,北京语言大学硕士学位论文。
奥莉娅　2014　现代汉语范围副词研究,上海师范大学博士学位论文。
毕亚丽　2012　现代汉语范围副词研究综述,东北师范大学硕士学位论文。
蔡　旭　2015　存现句动词词义的游移与句式语义研究,《唐山师范学院学报》第4期。
蔡永强　2008　汉语方位词及其概念隐喻系统——基于"上/下"的个案考察,北京语言大学博士学位论文。
柴同文、梅　丽　2007　存在句构式的概念隐喻及其评价功能研究,《英语研究》第2期。
车淑娅　2009　"全都"类单音总括范围副词历时发展研究,《山西师范大学学报(社会科学版)》第1期。
陈　忠　2006　《认知语言学研究》,山东教育出版社。
陈昌来、朱　峰　2009　"除"类介词及"除"类介词框架的产生和发展,《上海师范大学学报(哲学社会科学版)》第2期。
陈芊芳　2012　存在句中处所介词"在"的隐现,湖南大学硕士学位论文。
陈羽琳(SHERYN PARAMITA HARTLAND)　2016　汉语范围副词"都"与印尼语"semua"、"seluruh"与"-pun"对比分析,福建师范大学硕士学位论文。

陈小荷　1994　主观量问题初探——兼谈副词“就”、“才”、“都”,《世界汉语教学》第 4 期。
陈志永　2007　现代汉语存在句语义研究,首都师范大学硕士学位论文。
陈祖荣　1995　浅谈动词的分类问题,《四川师范学院学报(哲学社会科学版)》第 1 期。
程文文　2018　先秦两汉范围副词研究——以出土医书为中心的考察,《重庆工商大学学报(社会科学版)》第 2 期。
储泽祥　1997　《现代汉语方所系统研究》,华中师范大学出版社。
储泽祥　1997　名词的空间义及其对句法功能的影响,《语言研究》第 2 期。
储泽祥　2011　强调高程度心理情态的“一百个(不)放心”类格式,《世界汉语教学》第 1 期。
崔建新　1987　隐现句的谓语动词《语言教学与研究》第 2 期。
崔益勇　1982　“等”“等等”跟省略号的异同,《汉语学习》第 1 期。
戴春蕾　2013　汉语范围构式群“x 前后/左右/上下/内外”的共性与个性,湘潭大学硕士学位论文。
邓慧爱　2010　限定范围副词演变研究,湖南师范大学硕士学位论文。
邓慧爱　2012　限量限定范围副词语义来源浅探,《绥化学院学报》第 6 期。
邓慧爱　2017　明清白话小说中不同次类范围副词的连用,《文教资料》第 3 期。
邓仁华　2007　存在型强势主位结构的句法—语义分析,《外语学刊》第 5 期。
丁碧草(DINH BICH THAO)　2015　汉、越语言空间维度范畴研究,吉林大学博士学位论文。
丁后银　2003　副词“只”和“only”的语用歧义探讨,《运城学院学报》第 6 期。
丁声树等　1980　《现代汉语语法讲话》,商务印书馆。
董志翘　2003　关于助词“等”表列举后煞尾用法的时代,《辞书研究》第 1 期。
樊　星　2016　汉英存在句对比及其翻译,华中科技大学硕士学位论文。
范　晓　1996　《三个平面的语法观》,北京语言学院出版社。
范　晓　2003　说语义成分,《汉语学习》第 1 期。
范　晓　2004　三维语法阐释,《汉语学报》第 6 期。
范　晓　2013　论语序对句式的影响,《汉语学报》第 1 期。
范　晓、杜高印、陈光磊　1987　《汉语动词概述》,上海教育出版社。
冯　璠　2018　定中结构“大略”的词汇化与语法化,《安庆师范大学学报(社会科学版)》第 3 期。
高　原　2012　现代汉语空间关系构式认知研究,东北师范大学博士学位论文。

高凌主编　2010　《英汉大词典》(第2版),外文出版社。
高名凯　2011　《汉语语法论》,商务印书馆。
高晓芳　2008　从语义指向看范围副词次类划分的合理性,《科技信息(学术研究)》第32期。
葛　林　2002　浅析东西方文化中的空间语言,黑龙江大学硕士学位论文。
葛　玉　2008　汉语“有”字存在句的语义分析,湖南大学硕士学位论文。
郭　攀　2001　“时点性参照点+双向复合性方位词”的综合考察,《汉语学习》第5期。
郭　锐　2017　同形删略和离合词、不完整词形成机制——兼论准定语的形成机制,《语言科学》第3期。
杭仁童　1985　范围副词“都”及其逻辑作用,《逻辑与语言学习》第1期。
杭仁童、孙莲芬　1986　范围副词“都”及其逻辑作用,《语文学习》第9期。
胡裕树　1981　《现代汉语》,上海教育出版社。
胡壮麟、朱永生、张德禄、李战子　2005　《系统功能语言学概论》,北京大学出版社。
黄伯荣、廖序东主编　2012　《现代汉语(下册)》,高等教育出版社。
江蓝生　2008　概念叠加与构式整合——肯定否定不对称的解释,《中国语文》第6期。
贾彦德　1999　《汉语语义学》,北京大学出版社
金立鑫　2011　《什么是语言类型学》,上海外语教育出版社。
鞠彩萍、周建兵　2003　范围副词研究综述,《贵州教育学院学报(社会科学)》第1期。
黄丽蓍(JULIANA GUNAWAN)　2016　汉语范围副词“全部”和印尼语对应词“seluruh”、“semua”和“segenap”的对比及偏误分析,福建师范大学硕士学位论文。
兰碧仙　2012　论“唯”从语气副词向范围副词的转化,《集美大学学报(哲学社会科学版)》第4期。
黎锦熙　1924　《新著国语文法》,上海书店出版社。
黎锦熙、刘世儒　1959　《汉语语法教材》,商务印书馆。
李　成　2015　汉语隐现句的结构特征及其组合变式的认知分析,《现代语文(语言研究版)》第3期。
李　明　2013　关于范围副词语义指向偏误的考察及分析,《辽宁教育行政学院学报》第5期。
李菲菲　2017　In和“在……里”的认知语义对比研究,宁波大学硕士学位论文。
李福印　2008　《认知语言学概论》,北京大学出版社。
李临定　1990　《现代汉语动词》,中国社会科学出版社。
李向农　1997　《现代汉语时点时段研究》,华中师范大学出版社。

李运熹　1993　范围副词的分类及语义指向,《宁波师范学院学报(社会科学版)》第 2 期。
李志忠、张晓宁　2011　现代汉语范围副词研究 20 年综述,《湖北第二师范学院学报》第 12 期。
李志忠、张晓宁　2012　近 20 年现代汉语范围副词研究综述,《通化师范学院学报》第 1 期。
李宗江　2002　关于语法化的并存原则,《语言研究》第 4 期。
连　蜀　2006　浅议范围副词,《语文学刊》第 24 期。
林　曙　1993　确定范围副词的原则,《上海师范大学学报(哲学社会科学版)》第 1 期。
蔺佳影　2010　《西游记》总括范围副词"都""皆"比较研究,《通化师范学院学报》第 5 期。
刘公望　1981　代词"等""等等"的一些用法,《语言教学与研究》第 1 期。
刘公望　1988　试论"等"和"等等"的词性及语法功能,《新疆大学学报》第 1 期。
刘立成　2005　汉语唯一性范围副词的研究与应用,吉林大学硕士学位论文。
刘立成　2008　现代汉语限定性副词研究,吉林大学博士学位论文。
刘晓静　2008　《现代汉语词典》中范围副词释义研究,河北师范大学硕士学位论文。
刘月华、潘文娱、故韦华　2003　《实用现代汉语语法》,商务印书馆。
卢小群　2014　北京话中的"容"字句,《中南林业科技大学学报(社会科学版)》第 1 期。
卢英顺　1995　副词"只"和"only"的句法语义和语用比较,《汉语学习》第 1 期。
卢英顺　2008　关于认知图景的几个问题,《语言科学》第 11 期。
卢英顺　2017　《认知图景:理论构建及其运用》,学林出版社。
鲁　川　1998　汉语的意合网络,《语言文字应用》第 2 期。
鲁　川　2000　语义的先决性・句法的强制性・语用的选定性——基于三个平面理论的汉语信息语法的构思,《汉语学习》第 3 期。
鲁　川　2001　《汉语语法的意合系统》,商务印书馆。
鲁　川、林杏光　1989　现代汉语语法的格关系,《汉语学习》第 5 期。
陆俭明　2009　构式与意象图式,《北京大学学报(哲学社会科学版)》第 3 期。
陆俭明　2014　句子的合格与不合格,《当代修辞学》第 1 期。
罗梦劼　2013　浅议范围副词"仅"的主观化,《现代语文(语言研究版)》第 6 期。
吕叔湘　1984　疑问・否定・肯定,《中国语文》第 4 期。

吕叔湘 1998 《语文常谈》,生活·读书·新知三联书店。
吕叔湘 1999 《现代汉语八百词(增订本)》,商务印书馆。
马 喆、邵敬敏 2015 “包括NP在内”的语义功能及其焦点凸显作用《汉语学习》,第1期。
马建忠 2009 《马氏文通》,商务印书馆。
马清华 2005 《语义的多维研究》,语文出版社。
梅家驹等编 1996 《同义词词林》,上海辞书出版社。
孟 琮等编 1999 《汉语动词用法词典》,商务印书馆。
明 琴 2007 试论现代汉语范围副词的分类及语义指向,四川师范大学博士学位论文。
牛津大学出版社编 2013 《新牛津英汉双解大词典》(第2版),上海外语教育出版社。
潘大雄 2016 汉语副词“只”与泰语副词“[p～hia]”的对比,《语文学刊(外语教育教学)》第5期。
齐沪扬 1998a 《现代汉语空间问题研究》,学林出版社。
齐沪扬 1998b 现代汉语的空间系统,《世界汉语教学》第1期。
乔东蕊 2007 容器类宾语的区别及典型性考察,《安徽文学(下半月)》第5期。
邱 峰 2012 副词“并”的语法化,《商丘师范学院学报》第1期。
尚 宇 2010 现代汉语范围副词语义指向研究,黑龙江大学硕士学位论文。
邵敬敏 2011 汉语框式结构说略,《中国语文》第3期。
邵敬敏 2016 《现代汉语通论》(第三版),上海教育出版社,2016。
邵敬敏、任芝锳、李家树、税昌锡、吴立红 2010 《汉语语法专题研究》,北京大学出版社。
申文安 2003 英汉语言对比研究——英、汉动词对比分析,《西北民族大学学报(哲学社会科学版)》第6期。
申小龙 1988 汉语动词分类研究述评,《绥化师专学报》第4期。
沈家煊 2001 语言的“主观性和主观化”,《外语教学与研究》第4期。
沈家煊 2016 《名词和动词》,商务印书馆。
时昌桂 2009 范围介词“除”的产生和发展,《伊犁师范学院学报(社会科学汉文版)》第2期。
宋云凤 2007 古代汉语总括范围副词语义义源浅探,《科教文汇(上旬刊)》第1期。
孙汉萍、储泽祥 1995 方位标的性质、意义及标的替换,《湖南师范大学社会科学学报》第2期。
邰 迪 2012 李白乐府诗中的范围副词研究,《绵阳师范学院学报》第1期。

覃冬冬 2015 汉语副词“都”与泰语副词“LUAN”的比较,《广西青年干部学院学报》第2期。
唐为群 2004 《百喻经》中的副词“都”和“相”,《武汉大学学报(人文科学版)》第3期。
王德春、陈瑞端 2000 《语体学》,广西教育出版社。
王 洁 2007 表量级递推的“N中的N”,《广西社会科学》第5期。
王 娟 2012 现代汉语范围构式“X+(的)+L”研究,湘潭大学硕士学位论文。
王 力 1985 《中国现代语法》,商务印书馆。
王 敏 2018 总括副词“都”的语源及其语法化,《阴山学刊》第6期。
王 寅 2007 《认知语法概论》,上海外语教育出版社。
王立力 1981 范围副词在动词性谓语句中的作用,《汉语学习》第5期。
王丽香 2013 现代汉语“全都”类总括副词研究,浙江大学博士学位论文。
王双燕 2010 现代汉语隐现句与动态句的比较研究,东北师范大学硕士学位论文。
王艳梅 2016 现代汉语范围副词次类划分和语义指向研究,《科技资讯》第2期。
王玉姣 2013 汉语总括式范围构式群“满/全/整NP”的共性与个性,湘潭大学硕士学位论文。
韦司乐 2014 网络流行词“单纯”的范围副词化研究,《文学教育(上)》第4期。
魏 红、朱 军 2009 汉语论元结构的“动态性”,《思想战线》第3期。
魏 红、朱 军 2012 汉语范围范畴初探,《新疆社会科学》第5期。
温 婷、魏玉清 2010 排他性范围副词功能语用分析:基于双语语料库的英汉对比研究,《辽宁大学学报(哲学社会科学版)》第2期。
温锁林 2012 话语主观性的数量表达法,《语言研究》第4期。
吴传飞 1999 存在句语义结构的分类和描写,《广播电视大学学报(哲学社会科学版)》第4期。
吴为善 2011 《认知语言学与汉语研究》,复旦大学出版社。
吴为善 2016 《构式语法与汉语构式》,学林出版社。
伍谦光 2012 《新编语义学概要(修订版)》,北京大学出版社。
武振玉 2005 试论副词“全”的产生与发展,《贵州大学学报(社会科学版)》第3期。
武振玉 2005 试论副词“总”的产生与发展,《天津师范大学古典文献研究所学术论文集(中国古典文献学丛刊第四卷)》。
武振玉 2010 殷周金文范围副词释论,《长沙理工大学学报(社会科学版)》第1期。
夏焕乐 2019 “莫不”的历时演化过程,《四川职业技术学院学报》第2期。

《现代汉语常用词表》课题组 2008 《现代汉语常用词表(草案)》,商务印书馆。
肖奚强 2003 范围副词的再分类及其句法语义分析,《安徽师范大学学报(人文社会科学版)》第3期。
辛 慧 2012 HSK丙级词汇“到处”的语法化,《赤峰学院学报(汉文哲学社会科学版)》第2期。
邢福义 1991 汉语里宾语代入现象之观察,《世界汉语教学》第2期。
邢福义 1996a 《汉语语法学》,东北师范大学出版社。
邢福义 1996b 方位结构“里”和“中”,《世界汉语教学》第4期。
邢福义 2010 “X以上”格式在现代汉语中的演进,《语言研究》第1期。
熊细滚、许实年 2011 限定性范围副词的再分类及其与动词(短语)组合分析,《语文知识》第4期。
熊仲儒 2014 《论元结构与汉语构式》,安徽师范大学出版社。
徐 杰 1985 “都”类副词的总括对象及其隐现、位序,《汉语学习》第1期。
徐以中 2010 “只”与“only”的语义指向及主观性比较研究,《语言教学与研究》第6期。
许剑宇 2015 “包括”联系的前后项名词语之间的关系,《语言研究》第4期。
许实年、蔡淑珍 2011 限定性范围副词的再分类及其与N(P)组合分析,《萍乡高等专科学校学报》第5期。
宣恒大 2016 隐现句的语体差异考察,《合肥师范学院学报》第2期。
宣恒大 2017 从原型理论看隐现句与领属句的分合,《合肥师范学院学报》第4期。
杨 佳 2010 “凡是”的句法功能及其语法化过程,《大众文艺》第24期。
杨国文 2001 汉语物质过程中“范围”成分与“目标”成分的区别,《语言研究》第4期。
杨荣祥 2000 “范围副词”中的功能差异:兼论副词次类的划分问题,《湖北大学学报(哲学社会科学版)》第4期。
杨淑璋 1981 代词“等”和“等等”的一些用法,《语言教学与研究》第1期。
姚 远 2009 限制类副词研究,上海师范大学硕士学位论文。
叶 蕾 2011 “既”的语法化,《温州职业技术学院学报》第3期。
叶文熙 2016 《语义学教程》,北京大学出版社。
尹百利 2007 现代汉语范围副词研究,西北师范大学硕士学位论文。
尹百利 2013 现代汉语范围副词的确定原则,《语文知识》第4期。
尹百利 2014 现代汉语范围副词的分布考察和句法功能,《焦作大学学报》第3期。
尹百利 2014 现代汉语范围副词再分类,《焦作大学学报》第4期。

尹百利　2015　现代汉语范围副词的语义指向分析，《兰州教育学院学报》第 4 期。
尹百利　2015　与范围副词语义指向相关的歧义问题，《昭通学院学报》第 4 期。
余夕仁　1996　“等”的两种用法及其纠结，《六安师专学报》第 4 期。
袁毓林　1998　《汉语动词的配价研究》，江西教育出版社。
袁毓林　2010　《汉语配价语法研究》，商务印书馆。
张成进　2005　汉语存现句语义格分析，《宜宾学院学报》第 10 期。
张　洁　2010　用构式语法分析汉语的存现句和容纳句，《西安社会科学》第 6 期。
张　敏　1998　《认知语言学与汉语名词短语》，中国社会科学出版社。
张　惟、高　华　2012　自然会话中“就是”的话语功能与语法化研究，《语言教学与研究》第 1 期。
张玲玉　2017　肯否同义构式“数量＋动＋(不)＋补＋的＋N”研究，湘潭大学硕士学位论文。
张维鼎　2007　《意义与认知范畴化》，四川大学出版社。
张文轩　1989　《老乞大》《朴通事》中的“但、只、就、便”，《唐都学刊》第 1 期。
张煦涵　2014　“NP＋内/外”的研究，浙江师范大学硕士学位论文。
张　烨　2009　论外加类范围副词的语义指向，大连理工大学硕士学位论文。
章宜华　2009　《语义・认知・释义》，上海外语教育出版社。
张谊生　2001　论现代汉语的范围副词，《上海师范大学学报(哲学社会科学版)》第 1 期。
张谊生　2004　《现代汉语副词探索》，学林出版社。
张谊生　2004　《助词与相关格式》，安徽教育出版社。
张　宇　2008　古汉语总括范围副词研究综述，吉林大学硕士学位论文。
张豫峰　2004　“X＋前后/左右/上下”的分析，《语言教学与研究》第 3 期。
张豫峰、曹秀玲主编　2017　《现代汉语句式研究(第二辑)》，复旦大学出版社。
赵艳芳　2001　《认知语言学概论》，上海外语教育出版社。
赵永新　1980　谈汉语的“都”和英语的“all”，《语言教学与研究》第 1 期。
中国社会科学院语言研究所词典编辑室编　2016　《现代汉语词典》(第 7 版)，商务印书馆。
钟玲萍　2019　比较视野下的汉语范围动词及其句法语义特点研究，湘潭大学硕士学位论文。
钟玲萍　2019　范围动词“包括”与存在动词“有”的比较研究，《文学教育(下)》第 4 期。
钟玲萍、朱　军　2019　汉语包容类范围动词及其句法语义结构的倾向性研究，刘顺主编，《汉语句式问题探索——汉语句式国际学术研讨会论文集》(第三辑)，南京大学出版社。
周小枚 2011 范围副词的隐性否定功能研究，《文史博览(理论)》第 2 期。
周小枚 2011 现代汉语范围副词的隐性否定功能研究，湖南师范大学硕士学位论文。
朱 军 2009a 《现代汉语受事宾语句中论元共现规律及管控机制研究》，中国社会科学出版社。
朱 军 2009b 汉语论元结构的互动性与层次性，《宁夏大学学报》第 5 期。
朱 军 2009c 现代汉语受事宾语句中配项的匹配规律研究，《暨南大学华文学院学报》第 3 期。
朱 军 2010a 《汉语构式语法研究》，中国社会科学出版社。
朱 军 2010b 汉语范围构式“从 X 到 Y”研究，《语言研究》第 2 期。
朱 军 2011 构式“独立性”的成因，《湘潭大学学报》第 1 期。
朱 军 2017 《汉语语体语法研究》，南京大学出版社。
朱 军、盛新华 2006 “除了”式的语义研究，《语言研究》第 2 期。
朱 军、钟玲萍 2019 “范围”标记及其跨语言比较，《语文学刊》第 6 期。
朱 真 2007 “X 里/中/内”的语义系统研究，华东师范大学硕士学位论文。
朱德熙 1959 说“差一点”，《中国语文》第 9 期。
朱德熙 2001 《现代汉语语法研究》，商务印书馆。
朱德熙 2016 《语法讲义》，商务印书馆。
朱晓军 2008 空间范畴的认知语义研究，华东师范大学博士学位论文。
Chomsky, Noam 1980 On Binding. Linguistic Inquiry 11.
Croft, William 2001 Radical Construction Grammar: Syntactic Theory in Typological Perspective. Oxford: Oxford University Press.
Goldberg, Adele E. 1995 Construction: A Construction Grammar Approach to Argument Structue. Chicago: The University of Chicago Press.
Haliday, M. A. K. 1985 Introduction to Functional Grammar. London: Arnold.
Traugott, Elizabeth. C. & Graeme. Trousdale 2013 Constructionalization and Constructional Changes. Oxford University Press.

后　　记

我对汉语范围问题的思考，前后有近二十年的时间。2006 年正式发表相关论文《“除了”式的语义研究》(与盛新华教授合作)，后又陆续发表了两篇论文《汉语范围构式“从 X 到 Y”研究》《汉语范围范畴初探》(其中后一篇与魏红教授合作)直接讨论汉语范围问题，我的博士论文以及其他几篇论文也涉及范围问题；在这期间还陆续指导了五篇与范围问题直接相关的硕士学位论文，作者分别为王玉娇、王娟、戴春雷、唐卫卫、自然(前两位虽没挂在我名下但论文都是我直接命题与指导的)，这些工作都使我对范围问题的思考逐渐深入。在此基础上，2017 年我们申请到了江苏省高校哲学社会科学基金(重点)项目，近两年又陆续发表了数篇范围问题的论文，本书是项目的结项成果，是我们对汉语范围问题所做的一个阶段性的研究总结。

著作是由我与课题组主要成员卢芸蓉博士、钟玲萍博士共同完成，大致的分工如下：

朱军第 1 章、第 2 章、第 4 章(第 6 节除外)、总结与展望，全书的统稿与校订卢芸蓉第 3 章(第 8 节除外)、第 7 章(第 1 节除外)、第 8 章、第 9 章钟玲萍第 3 章第 8 节、第 4 章第 6 节、第 5 章、第 6 章、第 7 章第 1 节本书只是一个阶段性的总结，我们对汉语范围范畴的深入研究还有很长的路要走，除了因能力原因导致的不足需要不断完善外，对方言中、其他语言中相关现象的比较研究、类型学研究因篇幅的原因也没有能够展开；另外，在写作过程中，又有很多新的想法萌发出来。这些将是我们下个阶段研究工作的重点。

书稿能够完成，非常感谢曾合作发表相关论文的硕士导师盛新华教授，同学魏红教授，我的上述几位学生以及项目组成员；书稿能够出版，感谢南京审计大学文学院院长刘顺教授，上海三联书店杜鹃编辑；还要感谢一直润物细无声般默默支持我科研工作的诸位师友、家人。

学术之路无止境，唯有竭力而求索！

朱军

2020.6.28

于南京

图书在版编目(CIP)数据

汉语范围范畴研究/朱军,卢芸蓉,钟玲萍著. —上海:上海三联书店,2020.10
ISBN 978-7-5426-7147-9

Ⅰ.①汉…　Ⅱ.①朱…②卢…③钟…　Ⅲ.①汉语—语义—研究　Ⅳ.①H13

中国版本图书馆 CIP 数据核字(2020)第 159272 号

汉语范围范畴研究

著　　者 / 朱　军　卢芸蓉　钟玲萍

责任编辑 / 杜　鹃
装帧设计 / 一本好书
监　　制 / 姚　军
责任校对 / 张大伟

出版发行 / 上海三联书店
(200030)中国上海市漕溪北路 331 号 A 座 6 楼
邮购电话 / 021-22895540
印　　刷 / 上海惠敦印务科技有限公司

版　　次 / 2020 年 10 月第 1 版
印　　次 / 2020 年 10 月第 1 次印刷
开　　本 / 890×1240　1/32
字　　数 / 330 千字
印　　张 / 13.125
书　　号 / ISBN 978-7-5426-7147-9/H·93
定　　价 / 59.00 元

敬启读者,如发现本书有印装质量问题,请与印刷厂联系 021-63779028